大学史および大学史活動の研究

鈴木秀幸

日本経済評論社

明治大学史資料センター開設記念式典における記念講演（作家井上ひさし氏、明治大学）〔平成 15（2003）年 5 月〕

資料所蔵者・郷土史家・地元有志者と明治大学史資料センターとの安藤正楽関係合同資料調査（四国中央市）〔平成 16（2004）年 8 月〕

全国大学史資料協議会による全国大学史展示（明治大学）〔平成 22（2010）年 1 月〕

明治大学創立者・宮城浩蔵
〔明治中期〕

明治大学
〔昭和 9（1934）年〕

刊行にあたって

大学史への関わり

本書のタイトルは「大学史および大学史活動の研究」である。このうち、「大学史」という語は、大方、理解されると思う。この用語以外にも大学の歴史、大学史料といった類のことばを耳にするからである。この大学史は教育史の一分野であり、小学校史、中学校史などと同列のジャンルである。その研究者は少ないとはいえないが、小学校史等と比べれば、決して多いというわけではない。

率直にいって筆者は大学史のことに関心を持っていなかった。というよりも、大学史に強く興味を持つほどに学問上の視野がなかったといった方がよいかもしれない。いずれにしてもこの分野に直接関わる以前は研究の成果を見聞することはあまりなかった。筆者にとっては、幾人かの教育学系の研究者が主に外国の大学の歴史を研究しているといった程度の認識しかなかった。

そもそも筆者は歴史学の立場から教育史を研究することを選んだ。とくに江戸後期から明治初年にかけて隆盛をきわめた寺子屋・私塾、それは地域の知的状況を見とどけるためには好テーマと察したからである。しかも木村礎先生の指導を受けたことは全くの幸運であった。先生は歴史学界において、日本史研究の第一人者であり近世史、とくに日本村落史の研究で有名であった。学問研究にはきわめて厳しく、汗をかいて自分なりに必死に資料を求め、それをもとに、考えた結果はえらく褒めてくれたが、そうではないものには大暴雷を落された。筆者は村人の村人による村人のための教育・文化の足跡を求めて、時には先生に付き従って、時には先生主宰のOB・OGによる合同合宿調査に参加し、またある時には一人っきりで村を歩いた。地域・庶民生活・教育文化は日本の近代史を考えていくうえで大きなキー・ポイントと位置づけたのである。

自治体史編纂から得たこと

一方、いくつかの自治体史編纂に関わることができたことは、現場の実態を知るうえで有意義であった。とりわけ、全国の文書館運動の牽引者でおられた吉本富男先生（のちに埼玉県立文書館長、全国歴史資料保存利用機関連絡協議会参与等）を中心とする『川口市史』近代部会では市内外の資料調査に積極的に繰り出した。また資料目録の作成ではいく度かの合宿を行った。構成メンバーは当時若年者が多く、近代史の解釈をめぐり、正しく口角泡を飛ばすことが始終だった。編纂に関しても、資料編解題執筆前には、編纂予定外の出典別の資料年表を計画・提案し、実行した。

また『村史　千代川村生活史』の編纂事業では木村礎先生監修の下、筆者は編さん専門委員長の立場で参画したが、村内全域くまなく多くの村人と歩いた資料調査、村人の生活に即した歴史叙述、事務局をも含めた全員対等でのミーティング、村長以下村ぐるみの強力な行政上の体制、最新の印刷技術の導入等々、新たな、かつ究極の自治体史編纂であった。そして一〇年間で予定通りに完了した。

大学史の活動と本音

はからずも大学史の世界に入った時には、不安な点も少なくなかった。その第一は大学史を専務とする者がきわめて少なかったことである。仮にいたとしても研究者であり、それも欧米を中心とする者が多かった。筆者のめざす日本の大学史研究は必ずしも主流とはいえなかった。第二の不安は、前述の点とやや関連するが、研究は中央史・制度史・思想史の分野がほとんどであり、地方地域史・民衆史・生活史を扱う筆者にとっては大きな落差があるように思えた。第三の不安は、その研究者は全員といってよいほど教育学に基づく人たちであった。彼らの蓄積をいかに学び取り、いち早く自己のものに吸収するか、口でいうほど簡単ではないことは分かっていた。案の定、筆者にとって大学史に関する歩みは順調ではなかった。前記したような不安を解消し、さらに自分なりのものを築くのにはどうしたらよいのか、繁忙な日々の中でも、苦悩は続いた。しかし実務を通して試行錯誤をしたことは、その分、得ることも少なくなかった。机上中心の空理空論ではなく、あくまでも資料に基づいて大学史に当たる。だから極力、「足」を使って現地に赴き、現場で原資料を手にする。そのあと疲れた「足」をさすりながら「頭」を使う（比率は「足」の方が大きい）。これこそが「生きた」大学史ではないのか。「生きた」大学史という表現が情緒的ならば、「実務的」といってもよい。

ここで断っておきたいことは「足」を使うとか、現地に赴くというのは自ら直接に資料を探したり、検証するといった比喩である。したがってテーマや資料によっては地方や個人の家とは限らない。例えば中央の官庁や都市の大学内ということも時にはありうる。

大学史活動と本書の特色

そして筆者は、こうした活動のことを「大学史活動」と呼ぶことにした。具体的には、最も重要な存在の大学資料を調査収集し、保存整理し、利用活用することである。だから、論文作成は「利用活用」の一部に入る。もっとも、のちに利用活用の分野はあまりにも広範すぎ、抽象的なので、「学芸事務」と「社会参画」の分野を独立させた。

したがって、本書の特色は「生きた」・「実務的」な大学史活動について、第I部では資料の調査収集・利用活用の展示・教育・アーカイヴズ等の業務的・実践活動的な項目を扱った。第II部では大学史活動の利用活用のうち、研究について、取り上げたが、それは最初から図式としてあったものではなく、実務・実践をしつつ、あるいは結果として成り立った理論である。

いずれにせよ、両部とも、日々の大学史活動により得たものであることは間違いない。大学史活動は生き物と同じと考えている。活動すればするほど、変化し、進展していくであろうし、そのために本書がその手がかりとなれば幸甚である。

ところで本書、とくにIIの大学史の研究では特定の人物が登場することが少なくない。これも特色のひとつである。筆者は、主に幕末明治期を中心に人物を描くことが少なくなかった。しかし、人物論はやさしそうで、実は極めて難しい。何度論じても満足できないというのが実感である。目下のところ、筆者は人物を描く際に、次の五点を極力意識して当たっている。

・資料の調査収集と選定……なるべく原資料、それもできるだけ私資料を探す。しかもそれらの中から確度の高いものを抽出する。ただし、いくら当たっても見出せない場合もあるが、よりそのことに近いものを利用するということである。
・成育環境の重視……成育環境とは、幼少年から青年初期くらいの人間をとりまく条件・状況のことであり、この場合はごく身近なそれを指す。具体的には生まれ育った地域、例えば村落における景観・親族・文化・風俗・習慣等々である。
・教育の追究……ここでいう教育とは主に学校教育もしくはそれに準ずることである。それは公私を問わない。多くの人は学校教育および学校生活から多大な影響を受けるのはいうまでもないことである。
・時代性の分析……この場合、その人物に影響を与えた事柄とはいっても、社会・国家といったきわめて広範にわたるものを対象とする。対象とする時期は人生すべてである。「人は時代の子」という側面を全くは無視できないのである。
・比較研究……人物を論ずる際、同時代の人物のことを想い描くと偏向的な解釈を避けやすいだけではなく、その人物を豊かに描くことができる。人は一人きりで生きることは極めて困難であるので、比較して研究することは意義がある。

なお、本書に掲載した初出の論文は、後記の「おわりに」で紹介した。いずれの論文も基本的には発表時のままとした。したがって本書刊行の時期とは、時間差がある。そのため、事実が変化している場合もあるが、そのままとした。ただし、字句や文体については修正・追加をした。そのことと関連して各章間で若干、重複する内容もある。このことについても各章の成立上、原文のままとした。

目次

II　大学史の研究

Ⅰ　大学史活動の研究

一　大学資料館の開設

はじめに

⑴「大学史活動」の意味

研究が主となっていた大学史に関する活動は、編纂事業の活発化を契機に、急速に拡充し、発展した。事実、その活動分野は資料の調査・収集、整理・保存、利用・応用などさまざまである。こうした活動のことを多くの関係者は何となく、大学史と総称してきた。筆者も、このことばを括弧付きで使用してきた。例えば「大学史をしてます」、「大学史の集まりをする」といった調子である。しかし、これは不自然なことであり、大学史ということばは経済史や法制史などと同列のそれである。そこで筆者は近年、「大学史活動」と呼んでいる。

ここで、行論上ことわっておきたいことは筆者の場合、「大学アーカイヴズ」ということばを積極的には用いていない。別に意図的に使っていないわけではなく、使うためには、やはり明確な概念規定をしておいた方がよいからである。そうして、もしできるならば本章によって、「大学アーカイヴズ」という用語の意味を明らかにする一助となればよいと考えている。したがって、当面は「大学史活動の拠点」、「大学資料館」あるいは「大学史セクション」といったことばを使う。

本章は、こうした大学史活動が広がりを見せている実情を把握するとともに、さらにはより一層広がっていくために、私たちはどのようなことを考え、実行していくべきかというむずかしくかつ大きな課題に挑戦してみたい。

(2) その「内」と「外」

筆者は、この大学史活動について、内的な側面（「内」と略称）と外的側面（「外」と略称）に分けて考えている。ところが以前は「深まり」と「広がり」という語で表現していた。つまり前者は内容上のこと、例えば調査研究の充実、サービス業務の推進などといった項目である。つまり、ソフト的な側面である。一方、後者は主に制度的なこと、例えば学内上の組織的位置づけ、大学史施設の設置、人的配置などといった事柄をさした。つまり、ハード的な側面である。しかし、ごく最近、大学史活動における「内」と「外」、「深まり」と「広がり」ということについて、図式化してみた。

内的側面（「内」）＝「深まり」＝ソフト＝基礎・基本＝調査・研究等々
外的側面（「外」）＝「広がり」＝ハード＝利用・応用＝編纂・展示・教育普及等々

これとても、まだまだ大学史活動の内容を鮮明に表現しているわけではないが、日々の活動に減り張りを付けることにはなろう。

この「内」と「外」あるいは「深まり」と「広がり」の論理について、付言しておきたい。つまりこのことは、筆者の自論である大学史活動上の基本的姿勢の「足」と「頭」論と全く無関係ではないからである。足とか頭は比喩であり、前者は汁をかく。つまり体を動かし、実行すること、後者は止って冷静になる。つまり頭脳で、抽象化することである。大学史活動の「内」・「深まり」と「外」・「広がり」のためには、「足」と「頭」も必要不可欠なのであり、ともに連動している。

このような意識と観点を持てば、必ず大学史活動は発展していくであろう。

(3) 拠点の必要

大学史活動を行ない、それを広げていくためには、その拠点がなければならない。拠点とは、基地と呼んでいい。この拠点・基地がないことには、実行に移せないのである。

拠点は、全国的なものがあることが望ましい。現在では、大学史活動の世界では全国大学史資料協議会がその役割を担っているが、さらにはその常設的な施設、例えば全国大学史資料センターのようなものがあると、活動はより活発化すると思われる。そのことは、今後の大きな課題であるが、少なくとも各大学には、その拠点は必須である。

冒頭でもふれたように近年、「大学アーカイヴズ」ということばを耳にすることが多い。また、それは「大学アーカイヴズ」だとか、「大学アーカイヴス」とかいった論議に出会うこともある。さらに「年史編纂室は大学アーカイヴスに入れるべきか、否か」という議論もある。そうした論争は全く無意味ではないとも思われるが、いずれにしても、大学史活動の拠点は、以下に掲げる四つの要件が備わっているべきと考える。

(a) 人的配置

大学史活動が長く、しかも発展的に続けられる最も重要な要件は専門的に担当する専任の教職員が存在することである。できるならば、大学史活動を専門とする者がよい。

(b) 独自の経費

大学史活動に関する経費は各機関・部署によりさまざまな手続きや出納と思われる。あるいは出来高払いのような所もあると聞いたことがある。やはり独自の経費がないことには計画的、安定的、そして発展的な活動はできない。この場合、大学史活動を、例えば年史編纂と大学資料保存に費目を区分しておくと、もし前者が期限付きであっても、後者は存続する可能性は十分ある。

(c) 施設設備

どのような小さな室でもよい。貧弱な備品でもよい。「大学史活動に理解がない」とか、「小さな大学だからなくても仕方がない」などといつまでも嘆いているべきではない。廊下の隅をつい立てで仕切ってもよいかもしれない。そして、入口に看板を大きく掲げよう。

(d) 設置規程の制定

規程というと、物々しく、また手間のかかるものという印象がある。事実、その側面もないわけではないが、実際、制定・施行をするとその重さを痛切に感じる。それは何といっても、その機関・部署は確実に行政上位置づけられるからである。俗な言い方をすると、簡単には廃止できないわけである。法の威力である。

筆者は以上の(a)~(d)の要件について、それぞれに強弱があろうとも、満たしていれば、それは大学史活動の拠点、大学資料館、あるいは大学史セクションと思えるし、「大学アーカイヴズ」などと呼ぶことも考えられる。

1　拠点のひとつ・明治大学史資料センター

(1)　設立までの経緯

ここでは、筆者が所属する明治大学を例に、大学史活動、とくにその拠点としての大学史資料センターを紹介する。

明治大学は明治一四（一八八一）年一月に創立されているが、その後、『明治法律学校二十年史』（明治三四年六月）をはじめとする年史編纂、あるいは明治教育文化展覧会（昭和五年四月）を最始とする大学史展が行われた。また昭和初期には「史料編輯部」が設けられたという記録もある。これらは今日からすれば不足や不備はありがちながらも、それなりの意義を持ちつつなされてきた。

ところで資料1の年表のように現在の明治大学史資料センターの前身となる活動は、明治大学百年

資料1　明治大学史資料センター開設関係年表

1962年	（昭和37）	6月	広報課歴史編纂資料室設置（同年5月、企画課より広報課分立）
1967年	（同　42）	7月	『歴史編纂資料室報告』第1集刊行（のちに『歴史編纂事務室報告』、『大学史資料センター事務室報告』）
1977年	（同　52）	6月	歴史編纂委員会設置（100周年記念事業）
1978年	（同　53）	6月	歴史編纂専門委員会設置
1980年	（同　55）	11月	『図録　明治大学百年』刊行
1981年	（同　56）	3月	『明治大学史紀要』第1号刊行（のちに『大学史紀要　紫紺の歴程』、『大学史紀要』）
1985年	（同　60）	9月	百年史編纂委員会設置
1986年	（同　61）	3月	『明治大学百年史』第1巻刊行
		4月	総務部歴史編纂事務室設置
1993年	（平成　5）	10月	百年史刊行記念「明治大学の歴史展」開催
1994年	（同　6）	10月	『明治大学百年史』第4巻刊行（最終巻）

1995年	（同　7）	4月	大学史料委員会設置
		5月	東日本大学史連絡協議会々長校就任
		11月	さよなら記念館「明治大学記念館歴史展」開催
1998年	（同　10）	11月	リバティタワー竣工記念「明治大学歴史展」開催
1999年	（同　11）	2月	駿河台校舎「明治大学小史展」第1回開催
2000年	（同　12）	5月	和泉校舎「明治大学和泉小史展」第1回開催
2001年	（同　13）	11月	創立120周年・創立者生誕150年記念「建学の精神とその歴史展」開催
2002年	（同　14）	5月	全国大学史資料協議会々長校就任

2003年	（同　15）	4月	明治大学史資料センター・同事務室開設
2004年	（同　16）	3月	明治大学史資料センター展示室開設

史編纂事業である。実は当初、八〇年史の編纂が企画され、委員会が設置されながら、実現されなかった。しかし、これは大きな決断となった。つまり、こうした事業のためには専門の者がいること、担当の部署を設けるべきであること、さらに内容のある本を作るべきであることとし、その方向に進んだ。こうして成った百年史編纂委員会および歴史編纂事務室により『明治大学百年史』編纂事業が終了したのは、平成七（一九九五）年三月のことであった。

その間、三度ほど同委員会より大学当局に大学資料館設置の要望書が提出された。しかし、これらは実現しなかった。編纂終了後、百年史編纂委員会は大学史料委員会（事務室名は従来通り）に改組された。その目的はただひとつ、大学資料館の開設であった。設置要望書の提出は当然のこと、大きな記念展を二、三年置きに開催したり、常設の企画展を開始したり、懇談会の場を設けたり、あるいは紀要・報告書・学内新聞雑誌等でキャンペーンをはるなど、ありとあらゆることをした。それでもなかなか実現しなかった。いわゆる総論賛成・各論躊躇の状態が続いた。それどころか、平成一二（二〇〇〇）年九月には、ある委員会より「事務機構改革案」が発表され、トップにゴチックで歴史編纂事務室、博物館へ移行という文字がおどった。業務移行とはいえ、はっきりいえば大学史活動の廃止に近いものであったため、このことをめぐり対策に多くの労力と時間が費やされた。そのことの詳細をここで綴るゆとりはない。資料的には『歴史編纂事務室報告』第二十三集（明治大学、平成一四年三月）、論説としては「明治大学史資料センター設置の経緯・現状および課題」（『京都大学大学文書館だより』第五号、京都大学、平成一五年一〇月）、『大学史資料センター事務室報告』第二十五集（明治大学、平成一六年三月）を参照されたい。

いずれにしても最後の猛烈な運動と活動により、平成一六（二〇〇四）年四月、明治大学史資料センターとして、オープンし、翌五月に記念式典が行われた。このようにして同センターが設置された。その理由を一言で述べることはできないが、いくつかの点を列記してみる。

(a)　やはり百年史編纂時代からの何度かの運動である。運動すれば必ず何かひとつは成果を得られる（例：係が一課として独立）。

(b) 多くの関係者が室の机から外へと腰を上げる。文書から口頭(コミュニケーションなど)へという意識を強く持つようになる。

(c) 編纂をしつつも、その後半にさしかかると、展示へといったように、雁行的に次々とイベントや広報活動を行った。とくに目に見えるというか、成果がはっきりすることを意識して企画・実行した。

(d) 学内外関係の賛同者が日に日に増加し、一丸となって声を大きくしてくれた。

(2) 活動体制

すでに前節で述べたように、大学史活動の拠点(名称は大学資料館であれ、大学アーカイヴズであれ)としては人的配置、独自の経費、施設設備、設置規程の制定を成立要件とした。そこで本節では前記した明治大学史資料センターについて、その四件を中心に説明したい。

資料2の簡単な組織図にあるように、本センターは総長の主管にある。その下に運営委員会が設置され、目下、九名の運営委員が任命され、活動をしている。ここで特徴的なことが三点ある。

(a) この運営委員会は形式的顧問的機関ではないということ。そのような機関は設置せず、運営も研究も行なう実践的組織である。

(b) 教員以外、職員も配置されていること(現在職員三名)。

(c) 本資料では読みとりにくいかもしれないが、例えば教員の選出は学部割などではなく、大学史に興味を持ち、実績のある者とすること。

資料2　明治大学史資料センターの組織（2004年10月現在）

総長

所　　長（委員長）
副所長（副委員長）
運営委員（教職員から委嘱）
研究調査員（教職員から委嘱）

大学史資料センター事務室
事務長
庶務
専門職
嘱託

この運営委員会の正副委員長が、センターの所長、副所長に就任する。さらに運営委員の下に、研究調査員制度を設けた。このメンバーは運営委員が分担して所属する研究の分科会（現在は三つ。後述）で一定期間、調査や研究に当たる。また事務室は現在四名である。事務長以外に、専門職二名、事務職一名であるが、それ以外に嘱託職員が二名配置されている。専門職員は一定の業績を有する者を求めるため既卒者（大学院終了者）が採用され、一般職採用とは異なる側面がある。とくに、この専門職については今後もさまざまな面で拡充していかねばならない。そういう時代なのである。

次に経費のことにふれたい。本論の前に、教訓的なことを一点述べたい。それは、百年史編纂時代、経費を二種組んでいたことである。ひとつは百年史編纂関係（一〇〇周年記念事業としての特別経費）、もうひとつは歴史編纂関係（大学史活動としての一般経費）である。実際には、両者は全く無関係のものではなか

資料3　明治大学史資料センターの施設

名称	場　所	面積（平方メートル）	使用開始時期
事務室	駿河台校舎大学会館	94.5	1989年
展示室	駿河台校舎アカデミーコモン	117.0	2004年
資料室	駿河台校舎14号館	203.4	1998年
作業室	駿河台校舎11号館	99.5	2004年
その他	駿河台校舎大学会館 駿河台校舎リバティタワー（常時、共有）		

注：(1)事務室と資料室は以前は別の場所にあり。
(2)随時使用場所は除く。
(3)資料室・作業室は2006年度に駿河台校舎大学会館に移転予定。

った。そして、前者の事業は終了しても、後者は残ったのである。ただし、大学資料館準備時代（というよりも運動時代）は後者の経費がベースとなったために経費はダウンした。したがって大きな活動は、学内のイベントや記念事業に参画したり、他部署と共同して行うことが多かった。ところが、一委員会からセンターに昇格したことにより、予算が増加したことは事実である。現在、必ずしも十分に満足するものではないが、活動がしやすくなったことは事実である。それだけに責任も重い。さらに、特別経費も認められ、大きな事業にも積極的に挑戦できるようになった。

施設設備について、資料3で説明する。目下、本センターには、施設としては事務室と展示室と資料室と作業室がある。最もメインとなっているのは事務室で、大学本部のある大学会館にある。展示室は新築なった校舎（名称：アカデミーコモン）の地下一階、博物館の隣にある。資料の収蔵と整理作業は資料室（一四号館）、作業室（一一号館）で当たっている。このことで大きな問題点があることに気づく。室がバラバラにあるという致命的な問題が存在している。現在、進めているのは、こうした室の一ヵ所への集中化である。東京の中心にある校舎事情とはいえ、それを実現せねば、業務の停滞をきたしかねない深刻な事態となる。また、設備面では、とくに資料の収蔵面に多くの課題があるが、ひとつひとつ計画的に解決をしているところである。

最後に設置規程の制定について、ふれたい。実際、この規程には多くの労力と時間を要した。だが、皆、「理事会を一回で通したい」という気概に満ちていた。また文書行政にたけた職員が事務室にいたことは大いに幸いした。もちろん大学史料委員長以下、委員や他の事務室員の公私おしまぬ活動もあって実現した。こうして制定されたのが、資料4の「明治大学史資料センター規程」である。この内、第8条の2にある研究調査員の条項は施行約一年後、追加したものである。ややオーバーな言い方だが、設置規程はやはり、その大学の大学史活動の憲法みたいなものだからである。

(3) 目標・目的、そして内容

前後したかもしれないが、本センターの目標は資料5に掲げた。以下の五点である。

(a) 大学の「顔」として存在
(b) 帰属意識の場
(c) 情報のサービス
(d) 伝統の維持・発展
(e) 大学史の開拓・構築

この五点それぞれの解説を、ここでふれる余裕はないので、資料5を一覧されたい。実は、この文

資料4　明治大学史資料センター規程

2002年11月18日制定
2002年度規程第10号

（設置）
第1条　学校法人明治大学（以下「本法人」という。）に、明治大学史資料センター（以下「センター」という。）を設置する。
（目的）
第2条　センターは、本法人の歴史（以下「校史」という。）に関する調査、研究並びに校史に係る資料（以下「資料」という。）の収集、保存及び公開を行い、もって本学の発展に資することを目的とする。
（事業）
第3条　センターは、前条の目的を達成するため、次の事業を行う。
⑴　校史の調査及び研究
⑵　校史の編纂
⑶　資料の収集、整理及び保存
⑷　資料の展示
⑸　展示場の管理・運営
⑹　校史に関する情報の提供等
⑺　出版物等の編集・刊行
⑻　講演会等の実施
⑼　その他必要な事業
（組織）
第4条　センターは、次に掲げる者をもって組織する。
⑴　所長
⑵　副所長
⑶　第8条第1項第3号に定める運営委員
⑷　第8条の2に定める研究調査員
⑸　事務長及び事務職員
2　前項に掲げる者のほか、センターは、事業計画の実施上必要があるときは、嘱託を置くことができる。
（所長）
第5条　所長は、センターの業務を総括し、センターを代表する。
2　所長は、専任教員である運営委員の中から、運営委員会が総長に推薦し、理事会において任命する。
3　所長の任期は、2年とする。ただし、補欠の所長の任期は、前任者の残任期間とする。
4　所長は、再任されることができる。
（副所長）
第6条　副所長は、所長を補佐し、所長に事故あるときは、その職務を代行する。

2　副所長は、所長が総長に推薦し、理事会において任命する。
3　前条第3項及び第4項の規定は、副所長の任期及び再任について準用する。
（運営委員会）
第7条　センターに、次に掲げる事項について審議するため、運営委員会を置く。
(1)　センターの事業計画に関する重要事項
(2)　センターの管理・運営に関する重要事項
(3)　校史の調査及び研究に関する事項
(4)　その他運営委員会が必要と認めた事項
（運営委員）
第8条　運営委員会は、次に掲げる運営委員をもって構成する。
(1)　所長
(2)　副所長
(3)　校史に関して専門知識を有する専任教職員の中から、運営委員会の推薦に基づき、総長が理事会の同意を得て委嘱する者若干名
(4)　総務部長
(5)　大学史資料センター事務長
2　運営委員の任期は、職務上運営委員となる者を除き、2年とする。ただし、再任を妨げない。
3　補欠の運営委員の任期は、前任者の残任期間とする。
（研究調査員）
第8条の2　センターに、研究調査員若干名を置くことができる。
2　研究調査員は、本学教職員の中から、所長が運営委員会の同意を得て委嘱する。
（委員長及び副委員長）
第9条　運営委員会に、委員長及び副委員長を置く。
2　委員長には所長を、副委員長には副所長をもって充てる。
3　委員長は、運営委員会の議長となる。
4　副委員長は、委員長に事故あるときは、その職務を代行する。
（会議）
第10条　運営委員会は、委員長が招集する。
2　運営委員会は、運営委員の過半数が出席しなければ、会議を開き、議決することができない。
3　運営委員会の議事は、出席運営委員の過半数でこれを決し、可否同数のときは、委員長の決するところによる。
4　総長は、運営委員会に出席し、意見を述べることができる。
5　運営委員会は、必要に応じて、運営委員以外の者を出席させることができる。
（事務）
第11条　センターに関する事務は、総務部大学史資料センター事務室が行う。
（規程の改廃）
第12条　この規程を改廃するときは、運営委員会の議を経て、理事会が行う。

（雑則）
第 13 条　この規程に定めるもののほか、センターの管理及び運営に関し必要な事項は、運営委員会の議を経て定める。
附　則（2002 年度規程第 10 号）
（施行期日）
1　この規程は、2003 年（平成 15 年）4 月 1 日から施行する。
（例規の廃止）
2　明治大学史料委員会設置要綱（1994 年度例規第 11 号。以下「要綱」という。）は、廃止する。
（経過措置）
3　第 5 条第 2 項の規定にかかわらず、この規程の施行後に最初に所長となる者については、要綱第 3 条の規定による委員である者の中から、総長の推薦により理事会が決定する。
4　この規程の施行の際、現に要綱第 3 条の規定による委員である者については、この規程による最初の運営委員になるものとする。
（通達第 1185 号）
附　則（2003 年度規程第 22 号）
この規程は、2004 年（平成 16 年）4 月 1 日から施行する。
（通達第 1255 号）（注：センターに研究調査員を置くことができるようにするための改正）

章は資料館建設要望の際に作成したものが基礎となっている。そのため目標という語句の前に「大」を付した方がよいような、かなり気概に満ちあふれた文章であるといまさらながら想う。

ただ、こうした目標だけでは進まない。そこで、センターでは開設に当たって、従来からの業務、さらに今後予定されるそれを整理してみた。それが資料6の「2004年度　大学史資料センターのスケジュール」である。同表の横軸は一七項目ある。つまり一七種の仕事をすることになるが、実際には①の通常業務は八種あり、結局本センターでは約二五種の仕事を年間に行っていくわけである。これではとてもさばききれないことは目に見えており、そこで縦軸のように月別に業務のバランスをとったのである。

そうであっても、やはり日々の業務に流されてしまう。そこで資料7にあるように重点とす

資料5　明治大学史資料センターの目標

⑴　大学の「顔」としての存在

本学の法人部門、教学部門の校史に関する資料の収集・保存・管理の全てを担う。そのことをもとに、本学の情報発信のひとつとなることを目指す。

⑵　帰属意識の場

多くの本学の卒業生・学生・保護者・役員教職員等の関係者にとって、明治大学を強く意識する、具体的な場所あるいは拠り所となるように務める。

⑶　情報のサービス

問い合せへの応対、展示や出版等によるサービス業務はいうまでもない。さらに公的機関では義務付けられた、いわゆる情報公開に向けて準備をしている。

⑷　伝統の維持・発展

創立以来、先人が営み、かつ残してきたものを保存する。さらに精力的な調査と客観的な研究により、将来のために生かしていかなければならない。

⑸　大学史の開拓・構築

日本における「大学史」の分野は、まだまだ日が浅い。しかし近年、急速に注目され、社会的な認知を得た。当センターは積極的に他大学や類縁機関と連携や交流をし、このことに寄与する。

べき業務分野を設定した。それが「編纂」、「展示」、「サービス（情報公開を含める）」の三つである。このうち、前二者は従来からの実績を強く受け継いだものである。一方、サービスは新しく設定したものである（もちろん、ある程度は行っていた）。この点をサービスとしたのは、問い合せ対応、レファレンス、閲覧といったことを総合させたためである。したがって情報公開はサービスの一環と位置づけたわけである。

そして、こうした活動をしていく際、キーとなる項目、つまり活動項目をも設定した。それが、「創立者」「校友」、「地域」（地方を含む）である（資料7参照）。そのわけは本学は私立大学ゆえに創立者たちによる建学の精神を今日まで強く受け継いでいるからである。また私立大学は役員教職員や学生だけでなく、校友（多くは卒業

センターのスケジュール

⑨ 広報部 （目で、他）	⑩ 協議会等	⑪ 紀要	⑫ 広報部 （散歩道、他）	⑬ 委員会	⑭ 委員調査	⑮ 尾佐竹	⑯ 安藤	⑰ 三木
執筆	幹事会	執筆依頼	執筆　吉田	例会				打ち合せ
	研究会・総会		執筆　渡辺	例会		研究会		資料実見
	執筆		執筆　山泉		石川・福井・富山		会議	
執筆	研究会	研究会			長野		愛媛	
執筆		執筆						
		〆切	執筆　鈴木			研究会		
執筆	全国総会		執筆　別府	例会				
	地方史	編集	執筆　秋谷	例会	岡山／和歌山	研究会		
	研究会	刊行	執筆　村松		長崎			
執筆	研究会			例会				
	執筆							
執筆								

生）によって成り立っている。そしてまた日本の大学は中央と地域・地方の相関関係により近代を歩んできたのである。以上のことからこの三点を活動項目として設定したわけである。

この業務分野と活動項目の関係は次のようになっている。例えば創立者について、編纂、展示、サービスを行うといった具合である。

ところで、前述したように本センターには三つの分科会が設置され、運営委員、研究調査員、事務室員、嘱託職員が調査・研究等に当たっている。その内わけを一覧化したのが、資料8である。

なお、事務室では、センター開設に当たり、前記した年間スケジュールとともに「本年度の大学史資料センター事務室の業務について」を作成し、全体、そして個々

資料6　2004年度 明治大学史資料

月	① 通常業務	② 室調査	③ B地区展示	④ 案内・図録	⑤ 小史展	⑥ 地域展	⑦ 報告集	⑧ 講座
4	庶務 調査収集 整理 保存 問い合せ レファレンス 運営委員会 その他		巡回・清掃 （1日2回）					総合 （通年）
5		鳥取		編集		鳥取		
6				編集	和泉／第16回			
7		長野		刊行				博物館
8		愛媛		配布				
9				販売				
10		新潟			第17回			社会人
11							執筆	社会人
12		愛知					執筆	社会人
1					第18回		〆切	
2							編集	
3					第19回		刊行	

の役割を確認し合っている。このことは、その後、各年度はじめに（というよりその年度の直前）に必ず作成するようにした（資料9は平成一六年、つまり二〇〇四年度のもの）。

以上のようにしてくると、あえていえば、明治大学史資料センターは学内行政文書中心の、いわゆる「文書館」、とくに情報公開法に強く影響をうけた大学史活動施設というよりも、さまざまな広がりを求める大学資料館といえよう。もちろん学内文書は重視する[1]。軽視してよいというわけではない。当然、情報公開法も重要な存在である。

資料7　明治大学史資料センターの業務分野と活動項目

センターの目的は規程には、第2条に「センターは本法人の歴史（以下「校史」という。）に関する調査、研究並びに校史に係る資料（以下「資料」という。）の収集、保存及び公開を行い、もって本学の発展に資することを目的とする。」とされている。

その目的は第3条に「校史の調査及び研究」以下9項目が掲げられている。また規程には盛り込まれていないが、所員全員、センターの目標や役割を次のような題名で内部文書に表現している。

・大学の「顔」としての存在
・帰属意識の場
・情報のサービス
・伝統の維持・発展
・大学史の開拓・構築

以上の目的や役割に基づき、当センターの業務分野としては、編集、展示、サービス（情報公開をも含める）を柱としている。またそのための活動項目としては「創立者」・「校友」・「地域」（地方をも含める）に関する事柄を中心にすることにより、とりわけ私立大学としての特質を考慮しつつ展開していく方向である。そのことは当センターの場合、開設までの過去の経緯に既定されているためである。すなわち、前身は年史の編集機関であるため、調査研究およびそれによる刊行物の出版にはかなり力を入れている。目下、3つあるプロジェクト・チームもそのことを目ざしている。また、これまで大学史展は百年史編纂の終了前から大規模なものから小規模なものまで、多種多様な展覧会を開催してきた。その実績を2004年4月オープンした新校舎アカデミーコモン内の大学史展示場に生かすようにした。

（鈴木秀幸「明治大学史資料センター設置の経緯・現状および課題」『京都大学　大学文書館だより』vol. 5　2003年10月31日より一部転載・追加）

資料8　明治大学史資料センター分科会一覧（2004年8月現在）

分科会名	対象	期　間	調査地	参加人員
第1分科会	尾佐竹猛	2003年4月～2008年3月	石川　富山　福井　茨城　東京	12名
第2分科会	安藤正楽	2004年4月～2009年3月	愛媛　東京	5名
第3分科会	三木武夫	2004年4月～2013年3月	徳島　東京	6名

注：調査地は県名、参加人員は明治大学史資料センターのメンバーのみとした。

資料9　2004年度の明治大学史資料センター事務室の業務について

1　目標・目的

(1)　業務分野

創立者、校友、地方・地域

(2)　活動項目

編纂（調査研究による）、展示、サービス（情報公開を含む）

2　重点業務

(1)　創立者岸本辰雄出身地との交流（第1年目）

とくに岸本辰雄の展覧会、鳥取市・校友会鳥取支部との連携

(2)　三木武夫文書の調査・研究

プロジェクト・チームの立ちあげ、目録作成、資料受入体制準備、シンポジウム開催準備

(3)　大学史資料センターの案内書刊行

展示品図録も兼ねたもの、市販

(4)　情報サービス体制の準備

とくに資料公開・閲覧の規定作成、理事会・評議員会資料（非現用分）の収集・マイクロ化

(5)　社会人向大学史講座の開設

10月から、リバティアカデミーに参画

3　通常業務

(1)　基本……大学史資料の収集・保存・利用

(2)　具体……庶務、資料調査収集、資料整理、図書収集・管理、資料保管、問い合せ対応、レファレンス、情報公開準備、資料室移転準備、運営委員会、研究会、編集執筆、展示、全国協議会・学会、その他

4　その他

(1)　資料の入力・出納の体制

(2)　情報公開（非現用分）にともなう問題

(3)　アカデミーコモン内大学史展示室の管理

(4)　三木文書の整理・保存の体制（ハード面）について

(5)　来年度の鳥取本展示について

2　大学史活動の広がり

⑴　読ませる編纂

読まれない大学史関係編纂物を見聞することが少なくない。記念誌、学校案内書的なもの、伝記の類、あるいは前回の年史への付け足し的なものは、とくに読まれない。「どうしたら読ませるか、読んでもらえるか」ということは、単なる編集の小手先的な技術だけの問題ではない。よく聞かれるのは、「漢字に仮名をふるとか、写真やイラストなどを入れよう」といったことばである。もちろんそのことは否定はしない。

問題は、それ以前、つまり編纂の目的、理念、あるいは観点が第一といいたい。編纂物の大小に関わらず、このことが弱いと、編纂の進行に支障をきたすし、結果としての刊行物も不備・不十分、最後は机や踏台の代わりしかならなくなってしまう。

このことについては、明治大学百年史編纂の委員長をつとめた筆者の師・木村礎教授から学んだことが多い。「そうだよ。人はいろいろなことをいってくるものだよ。でもこの編纂の五箇条があれば大丈夫だよ」ということばは印象的であった。実際、同氏は『明治大学百年史』第一巻において、編纂の大方針五点を発表、実践をしたのである。筆者は、その五箇条の宣言を受けて、現代の大学史活動をかんがみ、大学史活動の六箇条を不遜にも考えた。すなわち「大学史活動の基本」（前出『大学史資料センター事務室報告』第二十五集）では、次のような項目を立てて論じた。
(a)　基礎・基本の重視
(b)　史実の解明
(c)　比較研究
(d)　視線の低下
(e)　学生の校友の重視
(f)　地方地域への視野
こうした理念・観点が定まれば、次は内容構成である。章節項を立てたり、資料を用意して、時にはスムーズに、またある時には苦悩しながらも進んでいくことは多くの関係者が周知のことである。ここで筆者が最も強調したいことは、やはり前記した「足」をひたすら使うことである。このことは当たり前のことかもしれないが、大学史関係編纂物の場合、例えば自治体史のそれに比べて劣っていることがある（自治体史書でも資料調査不足のものはある）。もっとも、この資料の存在は理念・観点設定にも影響を与えるので、この段階だけの問題ではない。

以上のことは、とても室の中、その机の上だけでは考えられないことである。常にアンテナを張り学内外、とりわけ外の世界に目を向けていなければ出来ないことである。その上で理念・目的を明確にし、そして資料の調査・操作を展開していけば、すでに編纂の八割は達成したようなものである。

あとは出版技術上のことを模索するのである。また、利用・応用のことも考えればよい。

とはいえ、このことも重要な事柄である。筆者は、近年、一〇年計画でさきの木村礎監修者の下、茨城県の千代川村史編さん専門の委員長をつとめた。(2) そこでは、各巻の編纂を終えるごとに「編集を終えて」と題し、一文を書き続けたが、第三巻では「腐らない本」のために、技術上の工夫も吐露した。とくに一流の出版技術とは何かということを印刷会社から学んだ。また第六巻では同書の効用について記したが、このことにも事務室の人達と苦悩した点である。

実際、同書は読まれた。読まれる編纂物は恐ろしかった。読者がこわかった。でも、そのことが結果としては良かったと思われる。こわくても耐えられる理念・目的・方針を持っていたからである。そして「鍋の底を洗う」ような資料調査をしたからである。

いずれにしても読ませる本を編纂することにより、大学史活動は大きく広がりをみせることは確かである。

(2) 見せる展示

展示は編纂とはまた違った意味で大学史活動にとって有効である。だが、一般に展示というと、「どうも見に行くのは気が重い」、「いつか行くかもしれない」、「小学生の頃、学校の授業で行った」という声を聞くことが多い。見学したとしても、「また行きたい」という風には思わないという人も少なくない。これらの原因はいくつかあろう。広報活動の不足、他機関・学校との連携の不十分さなど、何点か思い浮ぶが、ここでは展示そのものについて、考えたい。

博物館・資料館に行くと、強く印象に残るのは、その展示が静態的、受動的ということである。やはり「見たい」、「見せたい」展示という側面が弱い。筆者がここで最も強調したいことは、前節の編纂の場合と同様に、理念・観点のことである。とはいえ、そのことをあまり難しく考える必要はない。まずは、普段、自分達の行なっている大学史活動の目的や内容、あるいは特色を再考してみる。筆者の場合はすでに述べた目標・目的を振り返るようにしている。また、博物館学における展示論は理念や観点の構築に当たって大いに参考になる。そうした情報を常に手に入れ、大学史展示に利用できることはすればよい。一例をあげれば、博物館関係者で話題の「ハンド・オン」論は単なる技術論とは思えず、実に興味深かった。さらに、そのテーマの研究内容に関することはもちろんであるが、例えば歴史学・教育学等の研究動向にも目を通す必要がある。このことの例をあげるときりがないが、近代の外交交渉、地方自治、あるいは空間論等々参考になることが多々ある。

ただし、以上の理念・観点だけでは、ことが進まない。やはり、構成をしなければならない。テーマを生かすためには、どのように構成したらよいのか。どのような資料を展示するのか。場所の位置やスペースの問題をどうしたらよいのか。このようにしてみてくると、さきの編纂活動と同様のことがいえる。したがって資料および資料調査の重点性がここでもいえよう。書物でいえば、さきの理念・観点が序文や総説ならば、この構成内容部分は本文に当たろう。資料10は、明治大学の大学史展示室のリーフレットである。そう広くないスペースにあって、四つのゾーンを設け、それぞれの角度から理解してもらうようにつとめた。

そして、最後に展示技術の面で工夫をすることである。デジタル機器の応用、照明効果、体験コーナーの設置、さまざまなことが思い浮ぶ。このことは本でいえばレイアウト、装丁、活字の選定等に当たる。このことも、さきの編纂活動と類似しているが、筆者は、展示の場合、この部分の重要度は

資料10　明治大学史資料センター大学史展示室リーフレット

かなり高いと思われる。というのも展示の場合、編纂物以上に一時の視聴度が高いからである。俗にいうしかけが必要である。

次に、見せる展示に向けて、企画展のことを述べたい。明治大学史資料センターでは平成一六年度より、創立者巡回展を開始した。つまり創立者の出身地において展示を行なう。一年目は導入展として写真展（おもに図書館にて）と、二年目は本展示として本格的展示と講演（おもに博物館にて）、一巡するだけで六年かかる。幸いにも最初の鳥取市における写真展には多くの方々が足を運んでくれたし、またマスコミ等も大きく取り上げてくれた。次は天童市を予定して、前向きに話が進んでいる。この方式が良いと思うもう一点は地元の自治体・校友会支部と共同して行なっていることである。

なお、学内の本展示以外でも、見せる展示を考えねばならない。明治大学の場合、本部のある駿河台校舎以外、あと二キャンパスある。その内、文系一・二年生の学ぶ和泉校舎では、同校舎庶務課と共催で和泉展を開催し、新入生に大学の歴史を知らしめるとともに、またその展示を授業にも援用している。

(3)　外への教育・啓発

ここでは、自校史教育、社会人向大学史講座、講演会の三点にしぼって論じたい。まず、自校史教育。明治大学で授業「日本近代史と明治大学」を開始したのは、平成九（一九九七）年度からである。開始の事情、その後の拡大のようす、あるいは大学史資料センター（平成一四年度までは大学史料委員会）の役割については、平成一二（二〇〇〇）年七月の全国大学史資料協議会東日本部会研究会で、メンバーとしてすぐれた授業をしている長沼秀明講師と発表、それはまもなく同氏の原稿とともに部会報『大学アーカイヴズ』（NO・23）に掲載された。したがって、ここではその詳細は省略するが、いずれにしても同講座における大学史資料センターの役割はきわめて大きい。

以上は学生向けの授業であるが、センターでは、平成一六年、つまり二〇〇四年一〇月より一般の社会人向け大学史講座を開設した。同講座は明治大学の生涯教育事業に組み込むことにより、実現した。その方がより有効に報知できるし、事務的な面もスムーズに流れるからである。タイトルを「近代日本と大学」としたのは、受講対象に明治大学関係者以外の方々の参加も望んだからである。したがって、サブ・タイトルの方に「明治大学史を中心に」と題した。また明治大学では博物館でも社会人向け講座を開設しており、大学史資料センターも講義に参画している。

本項の最後に講演会のことを述べたい。講演会はセンター単独で行なうものと、他の部署や団体と共催・共同によって行なう場合がある。明治大学では、前者の場合は大規模な展示を行なう場合に開催した。後者は大学記念事業、外部依頼を含めると年間、かなりの数にのぼる。いずれにしても、こうした講演を通して、出席者からの情報提供だけではなく、さまざまな応援・支援をいただくこととなる。

3　大学史活動のさらなる広がり

(1)　三木武夫資料への挑戦

平成一六年度、明治大学史資料センターには一大資料が寄贈された。それは三木睦子家からの故三木武夫関係資料であり、その数は約六万点にのぼる。三木武夫とは、いわずと知られた元首相である。本人の人となりとともに日本の政治史に関して、興味深い重要資料である。人によっては、こうした資料は大学の政治学研究室、財団の政治研究所、政治史関係の博物館にまかせておけばよいと思うかもしれない。それはそれで意義があるかもしれない。しかし同センターは受入れに大歓迎であった。それは三木武夫が単に卒業生だから、そして校友として母校に関わりがあったというだけではない。三木武夫は明治大学の建学の精神と校風を体現した人物であり、大学の顔としてふさわしい存在と位置づけられるからである。実際、本人の揮毫「権利自由・独立自治」（建学精神）は大々的に、本部大学会館ロビーの大理石に刻み込まれている。さらに多くの関係者が学内に存在すること、また校舎の立地上、学外の方々にサービスを提供しやすいこと（とくに交通上）等々が資料受入れの積極的な理由である。

この資料の寄贈に当たって、夫人の睦子氏から、筆者は次のようなことばを受け、大きな励みとなった。「所有する資料は全て寄贈いたします」。とかく著名人の資料は分散しがちになるので、これほど嬉しかったことはない。さらに、次のことばもあった。「研究の成果は全て公表してかまいません」。このことも人物研究をする私達にとって、ありがたいことばであった。最後に「三木は明治が好きで好きで」と述懐された時は、明治大学、その大学史資料センターが受け入れることが最善であると確信した。明治大学では目下、その整理作業に当たっているが、個別明治大学だけではなく、ワイドな大学史活動の先行的事例としたいと思う。

(2)　大学間共同の調査・研究

筆者はかねてから大学における大学史活動の機関や関係者と共同で行うことを願っていた。こうした過程で広島大学の文書館準備室（平成一六年度より文書館）より、三木武夫資料について、声をかけられた（もっとも一方では本センター設立以前、三木家より明治大学へ非公式の寄贈の打診があったようである）。同館は今まで森戸辰男に関して大きな実績を残していたし、大平正芳文書の目録作成も高く評価されていた。そして明治大学史資料センターの「広がり」論とも相通ずる所があり、結局、三木研究を共同で当たることとなった。とくに広島大学では長期休暇の際、目録作成に加わること、研究に当たってメンバーとして執筆すること、同大学瀬戸内研究の一環として明治大学と調査をすることなどが申し合わされた。明治大学史資料センターではこうした大学史の共同作業や研究を今後も模索していきたい。

(3)「大学史と世界史」の夢

筆者は目下、「地方史と大学史」（なぜ青少年は遊学しようとしたのか、また帰ってどのように学んだことを生かそうとしたのか）・「大学史と地方史」（大学は地方青少年をどのようにいざなったのか、青少年はどのように学生生活を送ったのか）というテーマで研究をしている。次には「世界史と大学史」・「大学史と世界史」というテーマを立てて、現在、試行錯誤をしている。「なぜ彼らは日本の大学に学ぼうとしたのか」、「日本の大学は彼らをどのようにいざなったのか」等、また「大学は彼らをどのように招いたのか」等々、興味はつきない。

また、次のようなことも考える。明治大学もそうであるが、各学校創立者は若き日、外国に留学。帰国後、学校を開いた。「外国でどのようなことを学び、生活をしたのか」、「学んできたことをどのように生かしたのか」。こうしたことも、個別大学で当たるよりも合同でする方が有益に思われる。またそうした資料を有する外国大学と交流をしたり、現地で展示をしたいものである。

おわりに

本章で筆者が述べたことは一言でいえば、大学史活動を広げようということである。そのためには今までの活動を見直そうということである。そして室にこもらず、個別大学の中にいるだけではなく、一人でいるだけでなく、ワイドに考え、行動してみようということである。

こうして述べてくると、ひどく心配する人もいよう。学内行政文書の方はどうするのか。むろん学内行政文書も重要である。今回は、テーマの性格上、そのことに及ぶ度合は少なかったので、別の機会に譲りたいが、すでに述べたように、あれもこれもというわけにはいかないことがある。その大学史活動における目的・理念・観点を考慮して進めていかねばならない。でないと、文書のライフ・サイクル論、整理技術論など（もちろん、このことも重要であるが）にかなり終始してしまう結果となる。もう一点、危惧されることは、三木武夫資料のことであろう。このままいったら、大学史活動は際限なく広がってしまうのではないのかという声である。このことに対し、筆者は、本章で一貫して述べてきた、次のことを伝えたい。すなわちその大学史活動に理念と観点があれば、心配は全く必要ない。そして私たち、大学史活動関係者の楽しみは、無縁と思われることを大学史の世界に有機化させることではないのか。筆者はすでに少なくとも全く接点がなかった大学史と地方史を結んだ「大学史と地方史」研究において、そのように確信している。

注

（1）学内行政文書に対してまず基本的なことは、その大学にとって重要文書は何か、定めておくことである。次に、それがどこに、どのようにあるのかということを確認することである。このことに関して、平成一六年七月の全国大学史資料協議会東日本部会研究会における永田英明氏（東北大学史料館）の報告中の「永久保存文書は原課にある」という発言は示唆的であった。

いずれにしても学内行政文書に対し、学内外の一般文書、つまり公文書に対する非公文書も当然のように重視するということである。

なお、学内行政文書については、拙稿『大学史資料センター報告』第二十五集の「大学史活動の基本姿勢」（前出）を参照されたい。

（2）書名としては、『村史　千代川村生活史』。この「生活史」がポイントであるとともに、理念・目的である。

二　大学資料の調査・収集

はじめに

筆者は今まで「広がり」と「深まり」をキー・ワードとして考えてきた。つまり、事を一本の樹木にたとえるならば、ハードは木・葉にあたり、大学史活動では広報・教育（目に見えやすいもの）の分野であり、ソフトは根・茎にあたり、調査・研究（目に見えにくいもの）のそれであり、この二つの側面から育てていかなければならないとしてきた。ところが、最近、それだけでは物足りない分類であり、もう少し深めていかねばならないことに気が付いた。そこで、時計を例にしてみた。大学史活動という時計を動かす歯車はエネルギー源であり、そのパワーは針を動かす中心部に現れる。動かす人は正しく大学人である。大学人とは教職員、校友、学生である。目安となる日盛はひとつ（左半分）は制度・施設（ハード）、もうひとつ（右半分）は内容でバランスを保っている。その目盛の上を思考（頭）という針と行動（足）というそれが回っている。

こうしてみると、樹木のたとえと時計のそれにさしたる本質的な違いはない。そして、たいしたことを言っているわけではないが、若干、新たな大学史活動を考えようとしていることは察していただけるかもしれない。つまり、ハード＝広がり＝制度・施設＝木・葉＝時計盤左半分、ソフト＝深まり＝内容＝根・茎＝時計盤右半分であろう。問題はこのところに、「頭」と「足」（前記において針でたとえたもの）の時間をいつ、どのくらい費やすのかということである。

1　「頭」と「足」ということ

(1)　ひとつの事例

「頭」と「足」といった。だが、やや抽象的になったので事例をあげたい。こうしたことは大学史活動だけではなく、大学の歴史の中からも見いだせる。「権利自由」を教育精神とした明治法律学校（のちの明治大学）の創立者たちは私学の立場を堅持し続け教育に当たってきた（ソフト）。それに共鳴する人たちも少なくなかった。そのために施設・設備が不足し、ついに借地ながらも神田南甲賀町に自前の校舎を建築した（ハード）。これによって明治法律学校ならではの特色ある教育はますますしやすくなり、志願者は日に日に増加していった。しかし、その間、関係者の涙ぐましい努力と幅広い英知が集積されたのである。その代表的な例は特別生である。当時、ややもすれば書生くずれとなりやすい風潮の中、入学時に修学年限分の学費を一括して納めれば、子弟を学校が面倒をみるという制度である。親は安心し、学校は校舎建築資金をまとめて得ることができた。だから南甲賀町校舎には寄宿舎が多く、また学生指導係がおかれたのである。問題はこの方法を考え出すために、関係者はさんざん「足」を使って行動したのである。創立者らは親戚縁者らから借金しつくしたなかから、あみ出したのである。

こうした先人の業績を知るにつけ、筆者は大学史活動に関わる場合でもハードとソフトの両面を設定し、「頭」と「足」という二つの道具を駆使すべきと確信した。

なお、時計には上部に「竜頭」がある。それは修正や調整の機能を持つ。この存在も気にはなっているが、ここでは論及しない。

(2)　「頭」の人と「足」の人

実際、これからの時代は調和・共生の時代だから「頭」と「足」を使え、ということはたやすい。しかし、そのことを原動力である人間、とくに個人にてらして考えてみると、それほどのスーパー・マンはごく稀である。筆者の知る範囲でもはじめにきわめて冷静、かつ緻密に戦略を立てる人がいる。またさまざまなデータを集積し、論理的に公式をつくる人もいる。「頭」の人、構成力にすぐれた人、論理的な人である。

一方、えらく資料の調査・収集にたけた人もいる。どうして、この人が歩くとこんなにも、しかも当を得た資料が見つかるのかと不思議に思う。資料を見出す特別な嗅覚でもあるのかと疑いたくなる。「足」の人、行動力のある人、実証的な人である。

この事例はかつて全国大学史資料協議会東日本部会誌『大学アーカイヴズ』NO・21所収「大学資

料の調査収集・その現状と課題」で紹介したので、ここでは省略する。

(3) 調査・収集（足）と構成（頭）との関係

ことわっておくが、筆者はこの人は「足」の人、あの人は「頭」の人と決め付けようとしているわけではない。一人の人物における比率や印象のようなものである。したがって、両者（頭と足）の比重は時と場合によっては、その人物の中で変動し、逆転することもある。またすでに述べたように中には、その双方を同等に備えている人もいるかもしれない。ただ、私がここで言いたいことは足から動く人、頭から動く人、いずれにしても大学史活動は資料抜きでは成り立たないということである。

(4) 例えば経済学の経済史と歴史学の経済史のこと

同じようなことは、次の場合にもいえる。時折、耳にすることであるが、例えば、歴史学は資料を集めてから考える、経済学による経済史のそれは問題・テーマを考えてから資料を集める。一見、当を得たような表現であるとはいえ、完全に言い当てているともいえない。そして、この議論は尽きない。いずれにしても資料が必要、かつ重要な存在であることは一致している。「足」と「頭」を使って、資料の調査・収集に努力するしかない。

さらに本章に即して言うならば、とくに資料の調査・収集のためには「足」を鍛えねばならないということである。

2　広がる資料

(1)　一般資料と大学資料

大学資料は一般の歴史資料と比べて、どこが違うのだろうか。確かに大学資料の方は注目されて日が浅い。それに対して一般の歴史資料に対しては一定の蓄積がある。筆者も大学に入学し、日本史学生として歴史資料に接して以来、個人研究、共同研究、あるいは自治体史編纂等々でかなりの期間が経過した。また、時には学会誌等の編集委員として歴史資料論を幾度か特集した。

ところが、はからずも大学史の世界に身を置くこととなり、一般の歴史資料と大学資料の二足の草鞋を履くようなことになった。そうしてみると、別に大学資料は特殊な資料ではないことがたちまちに分かった。ましてや、大学史は特殊な分野ではないことも知った。それに加えて、大学資料に対して、どのような心得や手法を持っていなければ対処できないであろうかという、当初の不安もすぐになくなった。と同時に筆者の資料の世界が広がった。

(2)　大学史活動の「広がり」と「深まり」の中で

以前、大学史活動の「広がり」と「深まり」ということについて、盛んに述べたことがある（『大学史紀要　紫紺の歴程』創刊号「大学史の広がり」、『大学アーカイヴズ』第一七号「『大学史の広がり』を考えて」、同誌第二一号「大学資料の調査収集・その現状と課題」等)。また、本章では冒頭に、もう少し分かりやすくするために、たとえとしての樹木を時計に置き換えて説明してみた。重複するのでここでは繰り返さないが、とくに前記した「深まり」に相当する分野の活動は地道である。それは樹木にたとえれば根や茎に相当するものであるが、それだけに重要な存在である。そして、ややオーバーに言えば、この樹木の養分こそは大学資料といえよう。

(3) 多種多様な大学資料

ところで、今まで、この大学資料は文書資料が主に取り扱われ、例えばモノ資料は対象外とされた。また文書資料ともモノ資料とも区別しがたい中間的なものもある。いずれにしても、図面、ラジオ放送による教育のテープ、制服、さらには学園紛争時の警備用火鉢、海外学術調査の収集品のようにさまざまである。ごく最近では、大正・昭和初期の学園復興関係の図面・絵画等約六〇〇点の調査・収集と処理のために格闘したことがある。土木工学・建築学等々を援用し、いろいろと勉強になった。また、その資料の修復を依頼した修復業者も技術上、かなり努力されたようである。しかし、いずれにしてもこれらはきわめて貴重な資料であることはいうまでもない。樹木の養分とはいえ、さまざまなものがあるのだ。

3　新たな資料問題

(1)　後回しにされがちな資料

資料にはさまざまなものがあるということが知られてきたことは、よいことである。ところが、それだけでは満足できない、深刻な資料に関する問題が起こっていることも事実である。まず、今日、誰もが実感しているように、効率主義・即効主義・実益主義の風潮である。独立法人化や指定管理者制度の政策はその典型である。またバラエティ化、パフォーマンス化の影響がある。テレビ局のクイズ番組制作上の問い合わせに忙殺されるのは、その好例である。その結果、本務である資料の調査・収集等が後回しにされていくのは、ゆゆしきことである。

(2)　「あるもの」としての資料観

一方、資料はコンビニエンス・ストアの商品のように、きれいに整然と並んでいる「モノ」、あって当たり前の「モノ」、そして職員はファミリー・レストランの場合のようにすぐさま出す「ヒト」のように思われている（卒業論文作成に当たって、そこにある資料以上には探さないという嘆きなど）。また、資料館等の出納カウンターでも、すぐさま端末機のキーをたたいて、「そういう資料はありません」という機械的、事務的なむなしい応答を耳にすることが目立つ。資料調査・収集の原点は確実に失われている（むろん、現場職員の責任ではない）。

(3) 事務技術論と複雑・瑣末化

大学資料の分野でも、前記したコンピューター化は急速に進行している。収集資料の分類、所在資料の検索等々には便利である。しかし、ここで留意しなければならないことは資料所在の明示、目録の作成等はシンプルにしなければならないということである。往々にしてこうした議論や作業はやたら複雑化・瑣末化していってしまうものである。ある時はコンピューターによる編集会議がコンピューターの操作方法の情報交換会に変わってしまっていたこともあった。つまり、何のためにしているのか、わけが分からなくなってしまう。目録作成、これは台帳作りなのだと言えば、一番分かりやすい。このことは、『明治大学歴史編纂事務室報告』第二〇集「明治大学の史科」でも述べたので、ここではこの程度にとどめる。

(4) バブルの夢の延長

資料（館）論はいわゆる「バブル」とともに成長したといえよう。大型化というよりも肥大化した建物、万国博覧会日本館のような味気のない施設、ほとんど商業ベースによる展示等々に出逢うと全く資料を生かしていないことに嘆息する。資料調査の段階で納屋の軒先に掛かっていた農具が博物館の大理石の台座（通称「サイコロ」）に展示されていたという事実もある。また、文書発見機のようなものはないのかという質問をうけたこともある。本末転倒も甚だしい。

4　資料調査・収集の原点

(1)　基本・基礎としての資料の調査収集

基本は収集・保存・利用に分類されることが通例である。そして、この並べ方はおおむね一定の作業順序でもある。このことからも一瞥できるように、資料ははじめに調査・収集がなくては成り立たないわけである。ということは、調査・収集は保存や利用を規定する最も基本、かつ重要なことと断定できよう。「はじめに調査・収集ありき」である。

(2)　終わりのない資料調査・収集

この収集・保存・利用は一回性のものではなく、いわばリイクルである。このことを証明するのは難しくない。なぜなら、日々、資料は作り出され、また求められているものだからである。また、知りたいこと、調べたいことは次々と湧き出てくるからである。「歴史は続く、調査・収集は続く」である。

(3)　史実の明確化

しかし、何と言っても本章で強調したいのは、この項目である。なぜ、私たちは大学史に関わるのか、どうして大学資料を調査・収集するのかということである。このことを考えたとき、ある日、語った師の言葉がひらめいた。「新しいものを発見する喜びに変えがたいものはない。歴史学とは史実をつきとめ、それとその周辺の関係を知ることだ」。このことからすれば、新しい資料を見出せば見出すほど、実態が解明されることである。私もいままでなかなか分からなかったことが、資料調査で「ああ、こういうことだったのか」と手を打ったことは少なくない。また、校地買収関係の図面とそのために奔走した人の手帳が別々の方から寄贈された際に、その両者が繋がり、事実が明らかになった時はいたく感激した（明治大学発行『ＬＩＮＫ　ＴＯＧＥＴＨＥＲ』Ｖｏｌ・８所収の拙稿「伊藤家旧蔵資料とＧＨＱ関係文書」）。一方、原稿の依頼者から都合の良いように執筆を求められたと相談を受けた時は、資料を盾に拒否すべきだと励ましたことがある。

(4)「腐る」本と「腐らない」本の元

筆者は学生の頃、ある本を読んで感激したことがある。実にストーリーが明快で、また苦境の中で資料を求めたとも書いてあった。ところが、何度か読むにつれ、あまりにも出来すぎではあるまいか、ここの微妙な各論が書いてないなどと思うようになった。後年、その書に引用されている資料の所蔵者を訪ねたことがある（実はかなり研究者不信に陥っており、資料閲覧は五回目の訪問で実現した）。その方によれば、その時は某大学の先生の弟子が資料を出すようにいってきたという。むろん、その先生は一度も家に来たことはないとのことであった。

一方、自らの足で稼いだ資料に基づいて研究をなされている人もいる。中には文書資料もモノ資料もなく、また話者がいなくても現地で景観をながめるなどして苦労している人もいる。筆者もその貴重な経験と深い造詣ぶりに感激することがあった。また、最近では明治大学において高層校舎建築に際して、遺跡の発掘が行なわれた。遺跡調査は近世・近代までなされ、人学史研究のうえでも大変参考になった。また、その報告書はきわめて貴重なものである。だがまだ、こうした積み重ねは大学史の場合は少ない。範とすべきである。

同じ活字ものでありながら、本に腐るものと腐らないものがある。せめて大学史で刊行するものは腐らないものであってほしい。なお、ここではひとつの側面から「腐る」本と「腐らない」本の要因を述べた。これだけが要因ではないと思われるが、紙数の関係で省略した。

(5)「歩く（足）」ことの意味

歩けば、直ちに資料に接せられる。それなのに前記のように弟子から渡された資料で書いたものには迫力がない。周辺の出来事との関連といった考察は全く弱い。さらには嘘を書いてしまい、そしてそれが孫引きされてしまうという恐るべき結果が待っているし、実際、起こっている。やはり足を使い、汗を流さなければ、良い仕事は出来ないということになろう。

5 資料調査・収集への新たな考え

(1) 調査収集上の観点と判断

ここでは「足」以外に「頭」を使いましょうということを綴る。

(a) 基本資料と特別資料

資料の分類の仕方にはいろいろあるが、次のような考えや方法はどうであろうか。それはまず、基本資料と特別資料という区分である。基本資料とは、その学校や機関にとって最も重要ないわゆる一等資料であり、永久に保存されるべきものである。例えば学校沿革史や理事会議事録である。特別資料とは特殊・特異な資料である。例えば開学以前の地域資料や戦時指令書である。そして、もちろん、対極とも思えるこの両者の間には二次・三次資料が存在することを心得ておく必要がある。

また、「集まる」資料と「集める」資料という区分もしてみた。前者は「集まるようになった」資料といってよいかもしれない。むろん、資料というものは、なかなか向こうからはやってこないが、関係者の日々の努力により、自動的に寄贈や移管されるようになるし、されるべきである。とくに、前記の基本資料はそうである。後者は「集めたい」資料というべきかもしれない。前出の特別資料はそのひとつであろう。あるいは、今日、研究・編纂上、とくに必要な資料、あるいは個人（退職教職員など）が所蔵する資料、さらには散逸・損亡のおそれのあるものやとりわけ大学にとって記念になるものは、この範疇であろう。そして、一般に後者は前者に比べて、どちらかというと調査・収集上、やや主観的であり、受入れ時期も不定である。

なお、「集めなくてもよい」資料というものも考えられるが、これについては後述する。

(2) 戦略的な資料調査

(a)　行事・式典等の積極的な利用

かなり以前、とりわけ戦前の年史の場合は記念式典の引き出物のように扱われてきた。近年では、そのことが批判されている。また、かつての展覧会は一回限りの花火のようであったことが多い。そのことも指摘されている。しかし、そのことを批判してばかりでなく、見直しをすべきである。なぜなら、実際、こうした行事や式典の際は、普段より特別に予算が付くし、また資料に接する機会がはるかに多い。冊子作成、あるいは展覧会開催に当たっては、これを機に、資料の調査収集上、どのような観点で、いかにして実施するかを考えればよい。また積み残し分などはなるべく早い時期の編纂・展示をめざせばよいのである。その機会は意外に早い時期にやってくることが多い。

(b)　さまざまな仕掛け

その編纂や展覧会をありとあらゆる手段で利用すべきである。例えば明治大学では近年、校舎建築を祝うイベントの一環として大学史展を歴史編纂事務室の主幹で行った。そして、実に多くの方が観覧されるとともに、常設展実現の声があがった。そうした世論を背景に、校内の一等地で年四回（連続）の企画展を開催することとした。また、他のキャンパスからも大学史展開催の要望がなされ、実現した。さらに学部間共通の授業「日本近代史と明治大学」には積極的に関与し、筆者は事あるごとに大学資料論をぶつように努めている。授業後の会話「うちのおじいちゃんもここの卒業で…」、「何か、おじいさん、持っていない？」

(3) 保管と調査・収集

(a) 収納スペースの心配

本当に資料の保管場所には悩まされる。資料はほしい。だが、施設と収納備品がない、というのが大方であろう。とはいえ、資料は全部受け入れて、保管すべきかというと議論の余地がある。その結果、考え出されたのが、前記(1)-(a)の調査・収集の観点と判断である。もちろん、他の対処の仕方もあろう。

(b) 他部署・機関との関連

さきに、筆者は「集めなくてよい」資料があるかもしれないと述べた。時には「集めてはいけない」資料があると思うことすらある。例えば、大学内ですら、複数の機関や部署が資料を収蔵している場合がある。もし、そこにおいて厳重に管理・保管され、容易に閲覧できるなら、複数の収蔵でなくてもよいのではないか。大学史の部署ではコピー等で保管すればよいのである。かえって、複数のところで保管する方が安全である。そのように考えれば、資料保管の軽減にもなろう。ましてや所蔵をめぐる他機関・部署との軋轢も防げる。つまり「実をとりましょう」ということである。

(c) 自らのあり方

そもそも、肝心なことは自らの部署・機関は何をめざすかということである。あのようになりたい、このようになりたいと思うのもよい。しかし、それでは絵空事になってしまう。最も重要な存在である資料、そしてその最初の行為である調査・収集を中心に考えれば、図書館的な性格を主とするか（この場合は書籍中心）、博物館的なのか（この場合はモノ資料中心）、あるいは文書館的なのか（この場合は文書中心）、さらには記念館的なのか、研究センターなのか等々、さまざまな選択肢がある。それを決断することであろう。そのように順次実現させ、次へと広げていけばよい。

(4)　予算・経費の問題

各大学の大学史関係機関・部署にアンケート（後掲資料）を集約した結果、今後の課題として予算・経費に関するものが少なくなかった。私も豊かであることは否定しない。清貧に甘んじたり、禁欲を貫こうとは思わない。ところが、「では、正確にはいくらほしいのか？」、「何に、どのように使うのか？」と問われると、返答に窮することがある。だめをおされるように「一しかないものを十にするのが実力だよ」、「プロ野球でもお金があれば強いってもんじゃないでしょ」と諭されるとたじろぐこともある。自らの大学史活動は目下、調査・収集、保存、利用などのどの分野に重点的に経費を投ずればよいのか、次はどこか。やはり初めて関わるなら、まずは資料の調査・収集面から、そしてそれがある程度満たされれば、あるいは元々満たされていれば保存とか利用面に配していけばよい。「予算は計画的に、重点的に」と自戒している。

(5) 組織・体制の検討

(a) 必須の規程と実際の運用

今回のアンケートによれば、大学資料の調査・収集に関する規程を有するところは四九校中、一六校であった。歴史の浅い大学史のことを考えれば、以外に多い。もっとも例えば東北大学のように調査・収集のみの、つまり単独の規程を持っているところは稀有であり、文書の保存規程や取扱い規程などに含まれている学校が多い。それはそれで良いであろう。いずれにしても、この調査・収集規程は学内外に大学史、少なくとも大学資料に関する仕事を公認させるとともに、またその作業の裏付けとなって、スムーズに事を運びやすくさせることは事実である。むやみやたらに規程に頼ったり、いたずらに煩雑なものを作成することは避けるべきにしても、大学資料の調査・収集、さらには保存、利用の規程は制定すべきである。

だが、規程はあるが運用されていないと聞くことがある。運用されていなければ、すればよいのである。運用しにくかったら、しやすくすべきである。かくいう、筆者が勤務する職場の文書取扱規程もあまり運用されていない。

(b) 調査収集にともなう分業・協業

多くの編纂は、さまざまな立場や職業の人たちによってなされることが多い。大事なことは、そうした関係者は編纂に当たり、十分に時間を費やして編纂目的は当然のことながら、組織や体制をも検討すべきである。その方が、のちのためになることもある。検討が甘いと連携にこと欠き、あげくはお互いのストレスが爆発したり、事業が停止してしまう。やはり「何事も準備が六割を制する」と思える。編纂なども例外ではない。筆者が主体的に関わっている茨城県の千代川村史編纂の場合は、当初、この組織、体制について、十分に話し合いをしたつもりである。その際に、編さん専門委員長として最も気になったことは、よく耳にするところの執筆者と事務局との関係である。そこで、例えば資料を差し出す人＝事務局員、文章を書く人＝執筆者というような関係を改めた。共に資料調査をする。共に整理をする。全員が資料のことを知っている。すなわち同じ土俵で資料を探し、資料を利用しようということである。そして、編集などの会議では、大企業の円卓会議のように役員が前に座り、一般社員はその後ろに隠れているような配置はやめて、一緒に一つのテーブルで肩を並べよう。「資料の前では平等、その代わり各人の責任は重い」。

⑹　権利・プライバシー等の問題

ここでは、いままで資料の問題は深刻であること、そして、それに対する行動の仕方や考え方の一案を述べてきた。最後に、もうひとつ大事なことを指摘しておきたい。それは資料の調査収集の際には、資料の所蔵者はいうまでもなく、その地域関係者とも十分に理解し合い、協力して進めねばならないということである。とりわけ、大学は従来、傲慢な態度な態度で略奪的ともいえる資料調査・収集をしてきている。また、いくら大学に寄贈されたものだからといって、すべてが大学のものになったとはいえない。例えば、展示や編纂の際に書簡や日記等の資料は原蔵者らの立場を十分に考慮しなければならない。また、そのためには日々、人権や関係法の学習を怠ってはならない。

6　今後の課題

(1)　大学資料の調査と文書館・資料館

少し長くなるが、ある日の資料調査のことを述べる。地方某大学に藩政資料があるらしいと聞いた。明治初年、その藩の子弟が上京、明治法律学校に入学、その後地元でおおいに活躍をした。どうしてもその資料が見たいと思った。

とりあえず、その大学の代表番号に電話してみた。いわゆる「たらいまわし」のあげく、図書館文献情報課に落ち着いた。例により目録の有無をたずねたところ、あれば郵送するとのことであった。後日送られてきた一片の便箋には〇〇門などとかつて書誌学で用いられていた分類の仕方で大まかに内訳が記されており、最後の行に約一万点とあった。直接うかがって文書を開いてみなければらちがあかないと思った。折り返し、電話で閲覧を願うと書類を提出せよとのことであった。審査には一週間から二〇日くらいかかるとのことであった。閲覧許可証が送られてきたので、複写のことをうかがうと願書を提出するように言われた。送られてきた複写許可証には、コピーは不可、写真撮影に限ると添えられてあった。

久しぶりに重い一眼レフカメラに付属品・三脚という重装備で遠路、その大学図書館に向かった。入館してまもなく驚いたことに、その古文書の出納は一般図書の出納台でなされていた。「出納掛」

というプレートを付けた女性は慣れない業務に悪戦苦闘していた。劣化した茶の封筒をたくさん抱えてきては、「ここから探してほしい」という。やみくもに文書を抜き出していった。抜け落ちている資料を彼女に尋ねると、学内の教員に貸し出してあるものも随分あるという。貸し出したのは一〇年くらい前ということであった。

しかし、彼女に責任があるのではない。むしろ、汗だくになって応対してくれた（一般図書の出納をしつつ）。彼女にこれから写真撮影をしたい旨を伝えると「カメラでしますか、コピー機でしますか」ということであった。

最後の日、彼女に調査終了のことを伝えると態勢の不備を詫びつつ、わざわざ玄関まで見送りにきてくれた。この大学に文書館や資料館があればよいと思ったが、同時に図書館と文書館や資料館とは異なるということを痛感した。

(2) 共同作業の必要

それでも徐々に大学資料館の設立、あるいはそれに向けた動きがあるのは事実である。それとともに、そしてそこで扱う大学資料が多種多様化したり、また資料問題が深刻化すればするほど、ほかとの連携が必要になってくる。ところが、まだまだ大学史の世界はオープンの度合いが少ない（このことは、いささか明治大学『大学史紀要　紫紺の歴程』第三号「関東大震災と明治大学」でふれたことがある）。狭い範囲で自己満足しているといってもよい。

一方、学内にあっても従来ではあまり対象としなかった部署・機関に出向いて調査・収集をする必要に迫られてきている。例えば、理工学部の実験室、農学部の附属農場、福利厚生の保養所等々である。

それどころか、他大学、さらには地域の博物館・公民館等と共同する機会が急増している。例えば、創立者の出身地の博物館との共同事業はその典型である。

ところで、目下、筆者が最も関心を寄せているのは校友関係であり、しばしば地域に出向いて資料調査に努めている。また、自ら関わっている自治体史編纂においても時折、上京・遊学時の資料等を通して、地方・地域から大学史を遠望することにより近代史を考えようとしている。校友への関心はさらに高じて、徐々に海外を意識するようになった。事実、海外資料調査の実績校が少なくない。こうなると単に一校による調査・収集では手におえないので、共同作業の必要を痛切に感じる。

(3) 情報センターの設置

共同作業とともに、より強力なネット・ワーク化が求められる。最も理想とされることは、大学史に関する情報センターの類が設立されることである。大学史の情報を提供したり、あるいは年史等の閲覧ができたり、相談に応じたりするところである。

(4) 他の分野の理解と協同

若い日本の大学史の活動は個別大学内でも学術界でも、急速に認められてきている。しかし、まだ大学史の道は険しい。そうした中で、筆者は全く異なる職種や立場の人達に「大学史は大事だ」

とか、できれば「私も加えてほしい」と言ってほしいのである。

最近、歯科の医師に次のように言われた。「ああ、シガクね。えっ、それじゃ私と同業だ」、「いや、その歯学じゃなくて、史学」、「ああ、源氏物語の」。

おわりに

本章では、まず、これからの大学史活動にとって、「広がり」、これはとくにハード（制度・施設）面の重視、もうひとつを「深まり」、これはとくにソフト（内容）面の重視とした。どちらが縦軸でも横軸でもよい。両者の比重の置き方は状況や立場によるが、いずれにしても調和・共生が必要である。それに立ち向かっていく道具は「頭」と「足」である。

次に新たに起こっている深刻な大学資料問題の実態を今日の社会状況や動向を踏まえつつ指摘した。それは主に資料調査の後回し・軽視、資料および資料調査への無機質感覚、機器優先の傾向と瑣末化、資料に対する人工的・意図的な扱い等々のことである。さらにここでは資料の散逸のことにもふれたかったが、スペースの関係上、省略した。

そうして、資料調査に関して、次の二つのことを述べた。
(1)　なぜ大学資料の調査・収集が必要、かつ大切なのか。それは史実を明らかにするためである。
そのためにはまず「足」を使って動き回らなければならない。それが「腐らない」ものを創る早道である。

(2)　歩くばかりではいけないので、今、何を、どのようにすべきか、を考えねばならない。その第一は資料および資料の調査・収集に対して、一定の観点を持ち、さらに判断をしていくべきである。これが欠けると、何のための行動や作業なのか、わけが分からなくなる。また、資料の調査・収集に際しては、従来のあり方を再検討するなりして、とにかく実をとるようにすべきである。また、ここでは、資料の調査・収集はもとより保存・利用上、気にかかるところの収納スペースや経費のこと、さらには職務のことや人権等の問題にもふれ、「前向きな」方向の一端を紹介したつもりである。

最後に今後の大学資料調査・収集の課題を記した。まずは大学資料の調査・収集の基地である大学資料館の設置を強調した。次に大学史、とくに大学資料の重要性が認識される中、今後はとみに大学内、大学間、そして海外との交流・連携が求められてくること、さらには情報センターのような定置的な連絡・集約・案内の機関が必要になろうと述べた。そして、最後に大学史および大学史活動と対極的な分野やその関係者からも一層、認められるようになることを願った。

以上のようなことは容易なことではない。容易にするためには、本節の冒頭から述べてきた、人の「足」と「頭」に頼るほかはないであろう。とくに資料の調査・収集にとっては「足」の方であろう。

資料　大学資料の調査収集に関するアンケート

1　大学資料の調査収集（保存）の規程について
　　有　・　無（いずれか○・以下同）、　有………規程名と制定時期
　　〔　　　　　　　　　　　　　　　　　　　　　　　　　　　　〕

2　学内における他の大学資料の調査収集の機関、部署について
　　有　・　無、　　　　　　　　　　　有……名称
　　〔　　　　　　　　　　　　　　　　　　　　　　　　　　　　〕

3　おもに大学資料の調査収集する者の立場、あるいは態勢について
　　例：大学史料委員会の委員（助教授）
　　[　　　　　　　　　　　　　　　　　　　　　　　　　　　　]

4　調査収集した学内資料のうち、多いもの（上位３つくらい）
　　例：大学院教務関係（大学院事務室）、学籍簿（教務課）、化学実験器具（理学部山田研究室）
　　[　　　　　　　　　　　　　　　　　　　　　　　　　　　　]
　　[　　　　　　　　　　　　　　　　　　　　　　　　　　　　]
　　[　　　　　　　　　　　　　　　　　　　　　　　　　　　　]

5　調査収集した学外資料のうち、多いもの（上位３つくらい）
　　例：創立・増設許認可関係（国立公文書館）、分校関係（八丈島役場）、校友会香川支部関係（同事務所）
　　[　　　　　　　　　　　　　　　　　　　　　　　　　　　　]
　　[　　　　　　　　　　　　　　　　　　　　　　　　　　　　]
　　[　　　　　　　　　　　　　　　　　　　　　　　　　　　　]

6　国外における大学資料の調査収集について
　　有　・　無、　　　　　　　　　　　有……国、場所、資料名
　　[　　　　　　　　　　　　　　　　　　　　　　　　　　　　]

7　最近における大学資料の調査収集の事例について（いくつか）
　　例：創立者の家から講義録、日記、指導録が出てきた
　　[　　　　　　　　　　　　　　　　　　　　　　　　　　　　]

8　大学資料の調査収集の方法について
　　例：ほとんどがマイクロ撮影である
　　[　　　　　　　　　　　　　　　　　　　　　　　　　　　　]

9　今後、最も調査収集（閲覧）したい大学資料（いくつか）

例：理事会の議事録、ＧＨＱ関係

［　　　　　　　　　　　　　　　　　　　　　　　　］

10　大学資料の調査収集上、現在、問題（課題）となっていること

例：校友の資料がほしいが、各自治体でも資料を収集している（郷土の偉人顕彰のため)。どのように調整すべきか。

［　　　　　　　　　　　　　　　　　　　　　　　　］

お願い

(1)　このアンケートを7月23日までに明治大学歴史編纂事務室（〒101-8301　東京都千代田区神田駿河台1-1）まで御返送してください。

(2)　上記、1の関係資料があれば、このアンケートの回答の際、お送りください。

三　自校史教育の歴史と現状・課題

はじめに

所属する学校の歴史を講ずることを「自校史教育」と呼んでいる。このことは国公立・私立の学校を問わずなされている。筆者の知る限りでは大学において、授業としてなされていることが多く、それは一九九〇年代からと思われる。その最始を正確に把握することはできないが、少なくとも私立大学の方から開始されたことはほぼ間違いなかろう。

筆者の所属する明治大学は平成九年、つまり一九九七年度の開講であり、比較的早い方である。しかもそれは「本格的」なものであった。本格的とは、例えばある教員の既存授業を流用し、実際には自校の歴史を講義するとか、あるいは入学ガイダンスの一環として行なうといった類ではないものである。

同年度に作成された明治大学『学部間共通総合講座　シラバス』はわずか二四頁のものである。ところが平成二一（二〇〇九）年度のその冊子は三〇六頁であるので、一三分の一である。しかもその時に設置された講座はわずか三講座（平成二一年度四九講座）にすぎない。だが更紙で左端中央一箇所留めのそのシラバスからは自分たちの手で創り上げようとする気概が伝わるようである。

そして、開講以来早一四年が過ぎた。一〇年一区切りと言われるが、とりあえず本章においてその経緯を振り返るとともに、現状を認識し、できることならば今後の課題点をも指摘してみたい。

そこで第1節では手さぐりに近い状態で始まった草創期の実態を再現しようとした。具体的には、筆者が平成一二（二〇〇〇）年七月一三日に、全国大学史資料協議会東日本部会の研究部会において、「明治大学における授業『日本近代史と明治大学』について」と題して行った研究報告を復元する。幸いにもこの報告はまもなく同協議会同部会の会報『大学アーカイヴズ』の第二三号に同様の題名で掲載されたので、抜粋してここに転載し、さらに若干の補足をすることとした。

次いで第2節では、またその頃、正確にはその前年に行なわれた授業担当者の座談会およびその座談録（明治大学『大学史紀要　紫紺の歴程』第四号）などをまずは手がかりとして、その後約一〇年間の同校自校史教育の経緯を中心に綴る。それは常に試行錯誤の繰り返しであったが、ありのままの状況を紹介する。

第3節では、そうした蓄積と経験はあったとしても、目下さまざまな問題を抱えていることを素直に述べることとした。近年では自校史教育について、現況報告や研究発表がなされるようになってきたが、まだまだ本質や本音の部分に触れていないことが多いし、また成功談に終始している傾向も見うけられるからである。

第4節では、こうした自校史教育を今後どのように拡充させていくべきかということについて、展望しようとした。

1　自校史教育の開始

以下、立ち上げて間もない初期の明治大学自校史教育について、前出『明治大学における授業『日本近代史と明治大学』について』の中から、まずは開講の契機に関する部分を抽出する。(1)

そもそも明治大学において自校史を授業として取り上げようとした要因は二つある。ひとつは大学史編纂の立場からのものである。すなわち、長年かけた『明治大学百年史』の編纂が終了し、大学史の新規事業を模索する中から生み出されたものである。もうひとつは学校教育の立場からのものである。すなわち、大学の個性化、カリキュラム改革、ひいては大学改革によって考案されたものである。いずれにしても学内教務部委員会、学部間共通総合講座委員会等々の議を経て、一九九七年、和泉校舎（文系一・二年生対象）に開設された。

ところでこの開設の契機・理由を今改めて、簡潔に整理し直してみると、次のようになろう。

(a)　意識改革
・自らのアイデンティティの構築、自己証明、自己発見
・帰属意識の深化、「心」や「体」の居場所の確認

(b) 大学改革
・理念の形成、目的の確認
・大学大綱の推進
(c) 学問・研究の改革
・学際化
・連携・交流の促進

次には、以上のための具体化として設置された学部間共通総合講座、そしてその一環としての授業「日本近代史と明治大学」について、形態あるいは方法を紹介した。さらに実施まもない頃の学生の意見や筆者の授業経験を通して知り得た問題点にも及んでいる。

最後に、同協議会のメンバーとして関心と興味がある教学と法人との関係にもふれている。つまりソフト関係を担う部署とハード関係を担うそれとの連携について述べた（もっとも、すべてをひとつの部署が担当する場合は異なる）。こうしたことについて、やや長文だが、当時の文章をそのまま、引用する。

今年度の場合、講義担当者は一二名であり、一人当たり一コマから一六コマを持っている。受講者はキャンパスにより異なるが、六〇名から一二〇名くらいである。評価は通年受講は四単位、半期受講は二単位とし、各担当者の課すレポートと出席度をもとに、最終的には各キャンパスのコーディネーターが総合的に行っている。

大学史という学問が若く、また本格的な自校史教育ははじめてであるので、講義担当者同士が連絡を密にすることはいうまでもなく、また多くの関係者の声を進んで聞くことに努めている。例えば、最近では次のような学生の意見が検討の題目となった。

(a)　授業担当者が変わると「流れ」がつかめなくなる。また、重複した内容になる。

(b)　レポートを課すことが多すぎる。

(c)　講義形式が一方的なことがある。

(d)　もう少し学生が興味を持てる課題を取り上げてほしい。

(e)　学部のことを取り上げてほしい。

もちろん、これらのことに対して正反対の意見を持つ学生もいる。例えば(a)については、多くの教員の意見を聞けてよかった、講義内容の再確認ができてよかった等々である。それらの意見を検討して、修正や変更をしているが、その事例をあげてみる。平成一一年度より、とくに和泉校舎（一・二年）の学生を意識して予科教育を、また生田校舎（理系）の学生のために科学技術教育史や理系卒業生の動向をテーマに組み込んだ。

それでもなお課題は少なくない。いくつかを列記してみたい。

(a)　本講義と大学全体の方針・経営・教育との関わりや位置づけをどのようにするのか。

(b)　受講する立場を考えて、どのような授業をするのか。例えば学生の参加、「動的」な授業、「うける」授業と「地道な」授業の関係、「大学史」を聞く場合と「近代史」を聞く場合との差

(c)　自校史における「負」の部分の扱いについて

この報告の最後に大学史料委員会・歴史編纂事務室と教務部委員会・教務課との関係を次のように述べている。

平たくいえば、前記の図式に当てはめれば、授業内容の検討や教材提供といったソフトの部門は前者、教学上のセッティングや事務といったハードは後者、その調整・総括は両者で当たることになる。

とにかく、大学史および大学史教育は新しい学問であり、教育である。それゆえに新たな大学の教育や研究のあり方をめざして試行している段階、といってよい。学内では教学と法人の部門が、授業担当者同士が、さらには教員と学生がともに考え、実践していく必要があろう。また、各大学間でこうしたことの交換・交流を活発化させねばならないであろう。当部会が今回、こうした機会を設けてくれたことは大変、有意義であり、またその最初の報告（二本の内）を担わせていただき光栄である。

不安と期待が同居する中、初めて学外へ公表したのであったが、同協議会々員からの反応はかなりなものがあった。筆者はこのあとまもなく大学史研究会の求めにより、同様の趣旨で研究発表をした。以上、本章では初期の自校史教育に対する意識を追懐したわけである。

2　さまざまな経緯

すでに述べたように、ここではこれまでの自校史教育の経緯をやや詳しく追う。時期は前後するが、平成一一（一九九九）年一一月一日、学内において、授業担当者により「総合講座を担当して」と題し、座談会を催したことがある。座談録は明治大学『大学史紀要　紫紺の歴程』第四号に掲載された。

実は大方の授業担当者が一堂に会したのは、この時が初めてであった。というのも当初のカリキュラムの原案は筆者が作成し、二部教務部長と協議、さらにコーディネーターが判断したうえで、大学史料委員会で決定する形で進められた。また業務上の事務手続は教務課とコーディネーター所属の学部事務室で協議するという経緯があった。

その座談会では、開設の意義や目的、現状が話題となった。筆者にとって最も興味深く、かつ重要なことは、本学自校史教育は先進的なこと、学生の反応が良いといった、自己満足的な類の発言よりも、以下の点であった。

(a)　この講座の「日本近代史と明治大学」は科学として、学問として有効性があるのか。

(b)　「日本近代史と明治大学」の内、近代史に力点を置くのか、明治大学なのか。

(c)　この学部間共通総合講座は位置づけとしては、学生に対する学習上の動機づけとするのか、専門的な内容の講座とするのか。

(d)　授業方法を「イベント」的にするのか、「純粋」の授業とするのか。
(e)　いわゆる自らの大学の「正」だけではなく「負」をどのように扱うのか。
そのほかにも、単位は出さなくともよいのではないか、講義担当者が変わることによる弊害が出ている等々、具体的意見も出された。

すでに、この頃には、当初、和泉校舎で行なっていた授業は、やがて駿河台校舎、さらには生田校舎でも実施されていた（前記）。実施すればするほど、開講すればするほど、上記の問題・課題は大きくなっていった。三キャンパスとも最も多くの授業コマ数を持ち、そして学生だけではなく、出先事務担当者（和泉・生田の両校舎）からさまざまな相談を受けることが少なくなかった筆者にとっては日々解決の糸口を模索するようになっていた。

だが、こうした本質的、かつ大局的な問題に対応するのは容易なことではなかった。いろいろと思い巡らせた結果、筆者は現実に実施されており、本教育の中核となるものは、やはり授業そのものであるとし、とくにその内容構成の検討をすることとした。

そもそも同授業の内容構成は、完結まもない『明治大学百年史』に依拠していた。その百年史は、やはり歴史的な時系列を中心とするものであった。筆者はその編纂の中途、つまり通史編の刊行段階から参画することとなった。一方筆者はこの時はすでに、学外では生活史という新しい研究のメンバーとして加わっており、さらに当時の歴史学の分野では社会史の研究が盛んになされていることも知得していた。そして確かに、『明治大学百年史』の編纂方針には、制度史や中央史偏重に留意することもうたわれていた。しかし結果としては制度史・中央史の側面が目立つこととなった。いくら各担当者が個人的レベルでは新しい歴史論を把握していたとしても、それを編纂（とりわけ大学史）にはあまり具体化できなかったといえよう。そのことは総勢三〇名という大所帯の執筆者による体制上の問題も影響していたかもしれない。また通史編の執筆・刊行に際して、筆者のような執筆要員として新たに加えられた人たちより、編集上のコンセプトである「近代」とか、章節編成の経緯等々について、長年関わってきた編集委員から説明をしてほしい旨の要望もあったが、実現はしなかった。あるいは史料編が刊行されて、すでに約五年も経過してしまったという切迫した事情があったかもしれない。それでも筆者の脳裏には、学生の服装、学内食堂、グランド等々、時系列ではない空間的なテーマが次々と浮んでいた。

そのことについては、この自校史講座ではいずれぜひ取り入れたいと思っていた。のちに次のコーディネーターと相談した結果、講義のテーマとして例えばキャンパスやグランドなど空間的なものを採り入れるとともに、さらに人物を中心に語ることも組み込んだ。テーマとしては「明治法律学校・明治大学のトポグラフィー」、「植村直己」等々である。

以上のことをつきつめて言えば、あまり日本史学的でないこと、極力空間的なテーマを取り入れること、キャンパスの事情を考慮した授業内容の構成をめざすということになろう。単なる『明治大学百年史』のPRやその要約授業ではなく、自校史のほやほやの研究成果あるいは進行中のものを教えることは意義があると思われる。「生」の大学史を学生にぶつけるということである。したがって筆者は担当分の授業について、刊行物として公表してまもないものを扱ったり、時には目下、自らが行っている大学史活動そのものを直接伝えることを試みたこともある。このように思うと、新しい学問教育の追及に意欲がわく。

なお、あくまでも参考事例として、筆者が平成二〇（二〇〇八）年に駿河台校舎で担当した「地方で活躍した校友たち」の教材プリントの一部（項目・プログラムのみ。補助教材等は除く）を掲げた。参照されたい（資料1参照）。

旧態依然とした授業では、改革をめざす大学教育の目的には合致しないのである。そのためには授業の方法も検討する必要があった。新たな授業を求めるならば、相変わらず大学では多い一方通行の講義に陥らないよう努めねばならない。とはいえ、ゼミ授業のような小人数ではないため、また教室も中もしくは大教室が当てられる中で、どのようにすれば学生に主体的な参加感を与えられるか、いたく苦慮した。とてもプリントや視聴覚機器といった道具の利用、あるいは話術の工夫といった程度で済むものではない。もっとも筆者は以前、高等学校、しかも授業の成り立たせ方について日夜苦悩する学校ばかりで教育実践をしていたため、その経験は役に立つことも少なくなかった。しかし実際には大学と高校の授業では異なる部分があるのも事実である。幸い同じ担当で大学教育の実践に大変関心をもっている兼任講師がいたので、こうしたことについてしばしば意見交換をした(2)。授業の目的や内容を事前に予告しておく、授業の中ほどあるいは最後に学生に意見を書かせて発表させる、同じ資料を何人もの学生に朗読させる等々は一定の効果があったように思える。

この間、多くの大学でも自校史教育を採り入れるようになった(3)。そのため、明治大学史資料センターに問い合せをしてきたり、直接に来訪してくる大学も少なくなかった。全国大学史資料協議会では全国大会の分科会テーマとして自校史教育を採り上げたり、大学によっては外部の研究費を獲得して

資料1　地方で活躍した校友たち

――明治青年の夢――

2008年度
鈴木秀幸

はじめに
⑴　当時の日本、そして明治大学（確認）
⑵　「校友」の存在と役割
⑶　私の地方史、そして私の大学
⑷　地方史と大学史、および世界史と大学史
⑸　大学史資料館と地方について

1　地方史と大学史〈その1〉東京および上級学校への夢
⑴　あこがれの東京―豊後国の鶴松少年の場合―
⑵　士族の生き方―天童の佐々木忠蔵の場合―
⑶　東京めざして―福井の山田斂（おさむ）について―

2　大学史と地方史〈その1〉学校からの誘（いざな）い
⑴　創立の事情―創立者と第1期生―
⑵　志願者の増加とその理由―自由民権思潮と司法試験―
⑶　学生および学生指導―書生気質、運動会、私学撲滅論―
⑷　貸費制度、特別生制度と寄宿舎
⑸　校外生について
⑹　その他―地域の学術講演会、入学試験、新聞広告―

3　大学史と地方史〈その2〉学生生活・東京生活
⑴　地方青年の東京生活〈その1〉―その後の利光鶴松について―
⑵　地方青年の東京生活〈その2〉―さきの佐々木忠蔵について―
⑶　地方青年の東京生活〈その3〉―その後の山田斂について―

4　地方史と大学史〈その2〉地域における活動
⑴　郷里から郷里へ―登米・佐藤琢治の場合
⑵　時代の風とともに―高知・油井守郎の場合―
⑶　法律および法律学の普及―地方法律学校の初生―
⑷　夢やぶれて―岡山・間野正雄の半生―

5　大学史と世界史
⑴　高まる留学熱
⑵　帰国後の活動―とくに教育を中心に―

(3) その後の彼ら
・佐々木忠蔵について
・間野正雄について

6 その他
(1) 未知の事物と人物を求めて
(2) 地方にもどらなかった人達との関係
(3) 例えば山形天童の本沢竹雲の存在

むすび
(1) 幕末維新における地域教育文化の高揚
(2) 立身出世の時代、長学の時代、公の時代の到来
(3) 上京・在学によりふくらんだり、あるいは変容する社会観・人生観
(4) 中央（大学）と地方の相関による近代
(5) 世界における近代日本の大学の位置と意味（今後の課題）
(6) 進学熱・高学歴化のゆくえ（とくに 1900〈明治 30〉年代）

研究をするところもあった。

3 現状と課題

自校史教育がじょじょに拡充していくことは、大学史の世界だけではなく、大学全体の教育にとっても有意義なことと思われるが、問題や課題はまだまだある。

その最大の点は、大学経営・運営とのかかわりである。このことに関連して立命館大学では、平成一五（二〇〇三）年一〇月二日の全国大学史資料協議会研究発表（於長崎大学）において立命館百年史編纂室長の芦田文夫教授が、平成一四（二〇〇二）年度から開講の「日本近現代と立命館一〇〇年」を報告している。その際に立命館の全学協議会、つまり学生・院生、教職員組合の代表と理事会が学園の課題を協議する方式を紹介している。ただし、その研究報告の際、あるいは報告をまとめた同協議会『研究叢書』第五号（平成一六年一二月）において、自校史教育の成果を全学協議会でどのように具現化した

のかはふれていなかった。もしかするとそうした方向で進めたいという願望かもしれないが、いずれにしてもその行く末が気になるところである。

また大学政策への参画を強く意識し、実践している広島大学文書館では付属学校に出向いて自校史教育を行なっている。このことは、九校により成った同大学の設立事情を反映していることはいうまでもないが、また一方、生徒の進路選択やモチベーションの向上に寄与することにより、大学人としての一体化を図っている。

学内における連携や協力の必要はさまざまの場面で痛感する。すでに述べたように、私立大学では大きく法人と教学の二つの部門から成り立っている。明治大学のように大学史資料センターが法人に属する場合、授業実施のうえで問題も起こりうる。つまり授業は教学部門が管轄するからである。「教学と法人の一体化」は何年も叫ばれてきたし、今もそうであるが、必ずしも口で言うようにはいかない。まして教学の中でも教務関係部署（教務部の類）とコーディネーターの学部（各学部）との関わりもむずかしい。明治大学では、大学史資料センターがテーマ・担当者を選定・編成、教学関係部署が予算・事務処理をし、学生への対応等はコーディネーター所属学部事務室という複雑さである。したがってコーディネーターが交替するたびに担当学部事務室も変わる。もっともこれは駿河台校舎の場合であり、和泉校舎は教務関係部署が、さらに生田校舎では法人部門の生田キャンパス課の施設担当が扱っている。各関係部署だけではなく授業担当者にとってもこうしたことに慣れるのに時日を要する。

担当者同士の意見交換とか交流が始終なされているというわけではない。こうした問題について、大学史資料センターの運営委員会で議題とされることもあるが、限られた時間とメンバー（授業担当者全員が運営委員ではない）であるので、最低限の実務的なことで終わる。

筆者はいずれにしても解決のためには最低限、担当者の会議を設けなければならないと思う。その回数は年一回でもよい。もっとも担当者同士の会議設置については、前記した座談会でも主張したことがある。それは例えば評価の方法、出欠の扱い、授業進度の調整等々である。とくに前二者の類は各学部により取扱いが異なっているからである。また学生の受講姿勢についても、「どこのキャンパスはうるさい」とか、「どこのキャンパスはやる気がない」等々の本音は担当者の立ち話、なげき合いではなく、こうした場で取り上げた方が有効である。

なお、前記の法人と教学の壁の問題を解決すべく、平成二一年度から大学史資料センターでは運営委員会の会議において次年度の担当依頼に関する連絡をセンター事務局で担当することとなった。しかし、このことは事務的、かつ部分的請負にすぎず、単位を出すといった教学上の根本的な問題を扱うまでにはいたっていない。

授業としての位置や意義も明確ではない。開講の趣旨や目的は前記した通りであり、そのことで間違いはないと思われるが、それでも学生の受講目的が読み取れないことが時々ある。すると担当者間の本音では、「わが大学万歳、とレポートに書けば良いと思っているらしい」とか、「保険代りにとっているようだ」といった悲観的な感想を聞いたり、あるいは授業補助を担うティーチング・アシスタントの方から事前に「授業中うるさいですよ」といった予告を受けることもある。しかしそれでも前記したように担当者の中には、大学授業のあり方を研究して情熱的な指導をしている人もいないわけではない。

授業における大学史の「負」の部分の扱いに関する大きな課題も解決していない。このことも担当者の「立ち話し」の際、しばしば話題となる。「本当に創立者はそんなに偉かったのか」、「大学は戦争には協力的だったのか」、「留学生には差別をしたのか」、「早慶に遅れをとってしまったのはどうしてなのか」等々である。

最後に、必ず各大学間で話題となる手当について、ふれたい。明治大学ではこの学部間共通総合講座に関して、手当は学外者の場合はかなりの額を支給している。それは非常勤の講師としてではなく、講演者として扱っているからである。一方、職員は以前は専任教員と同等であったが、ある年度途中より、その四分の一の支給となった。二部（夜間）が設置されていたころは、駿河台校舎の講義が勤務時間外として、専任教員と同額であったが、二部制廃止とともに、そのこともなくなった。かといって、専門職扱いのセンター職員が担当を拒めば、授業編成などに影響が出る。このことはセンターの運営委員会においても協議した結果、「今や教員だ、職員だからといっている時代ではない」という意見が多く、学校当局に改善を要望することとなった。事実、学内の専門職は年々増加している。また一般職員も講義を担当するようになった。さらに各大学も同様と思われるが、すでに専門職制が検討されたり、すでに先進的大学では実施している中、こうしたことは前向きに検討しなければならない。しかし、この手当問題は一向に進んでいない。

4　自校史教育の拡大

さまざまな問題があるとはいえ、自校史教育は今後も拡充すべきと思われる。それは何も学生だけが対象ではない。

筆者は平成一五年度より、新任職員研修において自校史を担当している。もっともその講義は以前からもあったようであるが、筆者が担当することとなった際、以下の点を心掛けるようにした。

(a)　いわゆる一方的な講義をしないこと。見学をしたり、あるいは視聴覚機器を援用する。

(b)　俗にいう「理屈っぽい」内容に陥らないこと。極力、職員として役に立つこと、現代的な課題を含めることを意識して資料を作成する。

(c)　事前学習を課すこと。とくに明治大学史に関する資料を配布しておき、当日配布した質問紙などで質疑応答をする。

(d)　大学資料の収集・保存・利用の重要性を認識してもらうこと。とりわけ現場配属後は、大学史資料センターの業務の強力な支援者となってもらう。

この新任職員研修は他大学でも実施しているので、今後は大学間同士で相互に意見交換をすることが望まれる。なお、明治大学では平成二一年度より新任教員に対しても、明治大学史の講義を始めた。

今ひとつ、自校史教育の拡充例を紹介したい。それは平成一五（二〇〇三）年五月一一日のことであった。筆者は大学史資料センターの飯澤文夫運営委員を訪ねた。同氏は図書館学・書誌学の第一人者であるばかりでなく、当時は事業課長（のちに研究推進部長）をしていた。また同課は建設まもない校舎のアカデミーコモンにおいて生涯学習であるリバティ・アカデミー講座を担当していた。この社会人向け講座に大学史資料センターが参画することはできないものか。状況をうかがうためであった。それまでいろいろと模索していた。例えば千代田区で主催する地域文化振興事業、千代田区もしくは文京区内の大学や千代田区の資料館との共同事業等々である。

同課長から手続・受講料徴収・採択基準等々のことを聞いた筆者は検討のうえ、センター運営委員会の承諾を得て、次年度からの開講をめざした。そしてアカデミー講座の運営委員会でも開講が承認されたのであるが、いざ準備に入ると全くの前途多難であった。同課から宣伝方法・講師数、あるいは講義方法について、アドバイスもあり、どうにか開講（テーマ：近代日本と明治大学）にこぎつけた。受講生数には下限もあるため、筆者も受講生の一人として申し込んだ。さらに次年度以降も試行錯誤は続いたが、年々受講者数も安定し、講義担当者の共通認識を得られるようになった。それでもまだ講義回数は一講座当たり六回ほどであり、受講生は二〇名を越えない。講義謝礼も同センター運営委員は無料である（受講料五〇〇〇～六〇〇〇円）。ちなみに『２００８年後期　明治大学リバティ・アカデミー総合案内』によれば、同年度の場合は以下の通りである。

テーマ：歩いて学ぶキャンパス今昔物語

10月19日　キャンパスを歩いた文化人たち　（吉田悦志）
10月25日　人物から見たキャンパスの歴史　（鈴木秀幸）
11月８日　明治大学発祥の地　（別府昭郎）

資料2　アカデミー講座資料
テーマ　人物から見たキャンパスの歴史

2008年度
鈴木秀幸

はじめに
　目的
　　1　明治法律学校（のちの明治大学）はどこに開校し、移転したのか
　　2　そこはどのようなキャンパスであったのか
　　3　そこに人々はどのように関わったのか
　　4　その後、キャンパスはどのように変ったのか
　前提条件
　　1　人物はどのように扱うべきか
　　2　なぜ「場」（キャンパス、場所・建物）を重視するのか

1　借地借家の時代
(1)　近代日本と東京奠都
・江戸の由来と城下
・明治改元および東京の成立
・近代化のはじまり
(2)　旧島原藩邸
・開学記念碑の建立
・開校事情（創立者の岸本辰雄・宮城浩蔵・矢代操、学生達）
・大名屋敷について
(3)　職員・斎藤孝治
・明治法律学校以前
・開校時の活動
・その後

2　借地自前校舎の時代
(1)　神田の町並
・江戸時代
・明治初期
(2)　南甲賀町校舎
・学内状況
・移転理由
・場所の選定と資金調達
・校舎概観
(3)　2人の学生について

・佐々木忠蔵
・利光鶴松

3　キャンパスの形成
(1)　駿河台キャンパス（その1）
・校舎移転（駿河台へ）
・校地拡張
・記念館の建設
(2)　駿河台キャンパス（その2）
・関東大震災の発生
・復旧・復興と移転計画
・記念館建設
(3)　復興校舎設計者・大森茂および当時の学生
・大森のプロフィール
・大森の目的意識と設計図
・学生の動向と利用
(4)　駿河台キャンパス（その3）
・戦後の明大事情
・総合計画と実施

4　キャンパスの拡大
(1)　和泉校舎
・それまでの予科校舎
・和泉へ移転と鉄道
・中央校舎
(2)　生田校舎
・それまでの理系校舎
・目黒の用地（伊藤メモ、設計図）
・生田へ移転
・新旧の校舎
(3)　2人の教職員について
・小林秀穂
・伊藤省吾

5　近年のキャンパス
(1)　建替と継承
・リバティタワーの登場と旧記念館の継承
・周辺景観への配慮
(2)　「都心型」の主張

・移転ブームの中で
・アカデミーコモンの登場と社会参画
(3) 校友・阿久悠
・プロフィール
・記念講演（テープ）

まとめ
1 校舎・校地の拡張（「山あり谷あり」、明治大学そのもの）
2 シンボルの存在
3 建物の中の人とその思想・精神、さらにその継承（三位一体、建学精神；悲喜交々）
4 大学の「広がり」（地域景観１への影響、そして関わりへ）

ＶＴＲ
「明治法律学校が開校された日」

11月15日　和泉キャンパスの今と昔　（山泉進）
11月22日　記念館物語　（秋谷紀男）
11月29日　生田キャンパスの今と昔　（杉山民二）

ここでは、参考までに、筆者担当の「人物から見たキャンパスの歴史」の教材プリント（項目・プログラムのみ。補助教材等は除く）を掲げておく（資料2参照）。

なお受講者は大学院生、在学生保護者、卒業生が多い。またこの講義を受講した場合、アカデミー講座の受講ポイントは星ひとつ（履修単位）であり、数に応じて称号が与えられる。

この社会人向大学史講座は、まだまだ、さまざまな面で改良するべき点は多々あるものの、大学が社会参画するうえで、意義あるものと思われる。

おわりに

以上、本章では自校史教育の歩みと現状を管見してきた。

それは前向きに新しい学問教育の創造をめざすものではある

が、一方では試行錯誤の連続であった。そして、そのことは相変わらず続いている。

だが、大学史活動の現場からの実践に基づいて、また時には「負」の部分や調査研究上の未完の事柄も隠さず訴えようとしてきたのも事実である。そうではないと、新たな学問研究・教育実践への挑戦は持続しないし、目的も達せられないからである。

本章では、各大学の中でも早期に自校史教育に取り組んだ明治大学の場合を土とした。

第1節では自校史教育開講まもない時期の実情を扱った。そこではその契機や体制、開講直後の問題を再現した。第2節では、その後の自校史教育について紹介をした。暗中模索ながらも、それでも意気込みだけはあり、修正や改良に追われた様子を紹介した。第3節ではその後、約一〇年以上を経過する中で、それまでの状況を改めて振り返るとともに、とくに現状を直視し、事実をそのままで紹介したつもりである。最後に第4節では学生外対象の自校史教育について、ふれた。この内、ひとつは新任職員研修のことである。もうひとつは社会人向大学史講座のことである。このことが厳密な意味で、自校史教育の範疇に入るか、否かはともかく（つまり、「自校」とはどのような規準なのか）、その拡大・延長として扱った。

それにしても、当初は私立大学がほとんどであった自校史教育を国立大学でも実施するようになった。また全国的組織の全国大学史資料協議会においてもしばしば研究テーマとして取り上げるようになってきた。このことは、新しい学問研究・教育を追及するうえで大きなきっかけとなろう。

注

（1）この「明治大学における授業『日本近代史と明治大学』について」の書き出しは次の通りである。
当部会として初の自主研修を行ったのは平成九年三月一一日のことであった。それは「這い上がってきた」当協議会が次代に向けて何をしなければならないのか、という使命感に基づくものであった。また個々の大学、あるいは個人のレベルにおいても大学史の飛躍が求められ、それを共に模索していかなければならない、という状況によるものでもあった。

テーマは「大学史の広がり」であった。この時は東洋大学三浦節夫氏、学習院大学桑尾光太郎氏、そして明治大学の筆者が担当した。その概要は「大学アーカイヴズ」NO・17に『「大学史の広がり」を考えて』と題して、まとめた。その研修の中で筆者は翌月より明治大学で開講する予定の授業「日本近代史と明治大学」について、触れた。当時、筆者には大学史の業務について、次のようなイメージがあった。それは大学史を一本の樹木に喩え、高くて太い幹に生い茂った葉、それを支える根や茎と栄養分。前者は制度とか施設設備、いうなれば目に見えるもの（ハード）。後者は調査とか研究、つまり目にみえにくいもの（ソフト）。そして前者を「大学史の広がり」、後者を「大学史の深まり」とした（のちに、この図式は自省し、修正した。まもなく協議会叢書に発表予定）。そして、大学史の授業の場合は前者とした。ただし、ひとつの事柄をどちらかに分けることが難しい場合もある。例えばその大学史の授業とても教材研究をしている時は後者、カリキュラム化され、講義をしている様は前者といった要素もある。だからあまり区分にこだわらない方がよいかもしれない。あくまでも、目標達成のための指標とか目安である。

（2）とくに長沼秀明氏（文学部兼任講師、大学史資料センター研究調査員）と話し合うことが少なくなかった。同氏には前出の全国大学史資料協議会東日本部会研究会において「明治大学における授業実践――教師からの報告――」と題して研究報告をしていただき、その内容は同協議会東日本部会誌の『大学アーカイヴズ』第二三号（前掲）に掲載された。

（3）　山口拓史「国立大学における自校史教育の意義――名古屋大学を事例として――」、『名古屋大学史紀要』第十一号、名古屋大学史資料室、平成一五年三月。

四　大学史活動と地方

はじめに

大学史に関する活動は資料の調査や収集、それによる整理・保存、さらには利用・応用とさまざまである。筆者はこうした一連の活動のことを「大学史活動」と呼んでいる。

であるから、戦前には細々ながらも、戦後（とりわけ昭和四五年前後から）になると盛んになる大学史研究は、この大学史活動の一環、すなわち利用・応用の部分に当たるわけである。それだけに大学史に関する活動の分野は、今日大きな広がりを見せたといえよう。

本章は、この大学史活動における地方の問題を重要視し、行論したいと思う。ところが、論を進めるに際して、やっかいな問題が大きく横たわっている。

ひとつは、「地方」とは何かといった、概念の規定である。このことをめぐり、多くの歴史研究者らによってさまざまな論議がなされてきた。とくに戦前の愛郷愛国的な、いわゆる「郷土史」に対し、中央集権史を批判することによって登場した「地方史」論。あるいは中央と地方との関係を重視する地方史に対し、地域民の主体性を強調した「地域史」論の提唱。さらには社会史、生活史、常民学等々による新たな解釈も登場してきた。ここではとりあえず中央官庁が集中する大都市を「中央」、「地方」はそれ以外のところとして対置的にとらえる。ただし、「地域」の人々の主体性についても考慮しつつ、考えていきたい。

この論議と関連して主に地理的な問題がある。「地方」と「地域」の区別も大きな問題である。このことも歴史学や地理学の研究者によりさまざまな論争がなされてきた。本稿にとっては前者の郷土史・地方史等の区別より、この問題の方が直截的である。ただし、ここでは、両者の区分について、論議するのが本旨ではない。そこで本稿では、ひとつの大学を基点として、その学校に近隣する所、もしくは通常の状態で学生が生活を送れる範囲を「地域」とした。したがって「地方」とは、学校から離れた、通常の学生生活を送りがたい範囲とした。つまり分かりやすくいえば、「地域」は通常の通学ができるのに対し、「地方」は通学しがたい所が主であると極論する。ただし、ことわっておきたいことは、この「地域」と「地方」の範囲は時期・時代によって変化することである。(1)

「地方」の扱いは以上のようにしても、表題にあるその地方と大学という用語は対極にある。はっきりいって、大学が立地するのは都市（時代がさかのぼるほど大都市、そして東京）であり、そこにはサラリーマン、ビジネスマンが多い、一方、地方には少ない、（あるいは全くなかった）し、農林漁業従事者が圧倒的である。前者は人工的であり、後者は自然的ともいえる。そもそも大学教育政策において、地方を意識するのは戦後のことであり、旧制大学以外に地方には大学は全くといってよいほどなかった。その旧制大学ですら在地的意識は濃くはなかった。いうならば、大学と地方とは相対する関係にあったといえよう。

大学史研究のうえでも大学史と地方史は対極的な存在であった。このことも本稿の行論を鈍くする要因である。大学史は高学歴者の歴史を扱うのに対して、地方史は村人のそれを扱う。前者がエリートを対象とするのに、後者はそうとはいいがたい。また大学史は主に教育学の関係者が研究をしてきたのに対して、地方史は歴史学関係者によってきた。こうした研究史の経緯も本章にとって難しい問題点である。

しかも、大学史研究にとって、最も問題点であるとともに、克服すべきことがある。それは主となって進めてきた教育学者による大学史研究者は地方をあまり視野に入れてこなかったことである。そんなことは問題外であったのである。逆に地方史研究者にとっても大学史は視野になかったのである。このことは、全国で大量に出版された自治体史書を見ればよく分かる。大学の記述は欠落しているか、あったとしても概要の紹介程度であり、論をなしていない。帝国大学中心の大学史研究、一方村落中心の地方史研究、といった別々の世界がそれぞれ殻にこもる結果となっていたのである。

近年、筆者は「地方史と大学史——茨城県千代川村における明治青年の夢を追って——」（『地方史研究』第二九七号、地方史研究協議会、平成一二年六月）や「近代日本の教育と青年——干潟地域の井上勇治郎を中心に——」（『国立歴史民俗博物館研究報告』第一一五集、国立歴史民俗博物館、平成一六年二月）等々により、大学史における地方研究、あるいは地方史研究における大学史の重要性を主張してきた。このことの概要は後節で若干論ずる予定であるが、近代日本、そして近代日本教育史を解くに当たって、大学および大学史と地方および地方史は相関関係にあるからである。全く別物ではないからである。このように思っていた筆者は、最近『日本教育史往来』第一四八号において「医学部のなかの教育学研究者――改編前夜の「地方国立」大学で――」（大谷奨、日本教育史研究会、平成一六年二月）を読む機会を得た。地方国立大学の設立の経緯と近年の大学法人化の問題を指摘したものである。戦後の日本大学行政を地方大学の視点から鋭く追求しており、刺激を受けたものである。

なお、本章では、以下、上記のような大きな問題が横たわっていようとも、大学史活動において地方の視点がいかに重要であるかということ、そしてその問題点を突破していかねばならないということを行論していく。とくに、筆者の活動の中心である明治大学を主な事例とするが、私立大学、ひいてはそれ以外の設置主体の大学にも共通することが多いという認識により、進めていく。

1　大学史活動にとっての地方観

(1)　その意義

今日、大学は地方に向けて急速に広がりを見せている。その広がりとはさまざまな分野・場所・人々等々においてである。中央・大都市にある大学の地方への学部・学校・付属学校の一層の進出はいうまでもない。あるいは遠隔教育の実施、通信教育の見直しなどもなされている。

一方、地方における大学の設立、あるいは中央・大都市の大学と地方・地方大学間の交流・提携等も盛んになされている。これらのことは、個別大学の経営戦略といった側面もあろう（大学進学説明会などはこの範疇）が、必ずしもそれだけではない。それは従来、中央＝大都市に立地する大学が地方に対して青少年を吸い上げたり、また一方、教育文化や人材を投下する立場にあったという、つまり一方通行的な役割を担わされていた関係が、変化しつつあるためである。すなわち近年になり、一時はかけ声だけであった地方分権論が蘇生したこと、あるいは大学の生き残りのための改革が急速になされていること、あるいは国際化も含めた視野の拡大により、地方を全面的に重視しなければならなくなってきたからである。であるから例えば「方言の聞える大学」といったキャッチ・フレーズが各地、各学校で聞えるようになってきたわけである。

(2)「大学史と地方史」の視点

従来の大学イコール吸上げ・投下機関という存在は日本の近代の歩みに類似している。というよりも歩を一にしている。さらには大学はその役割を担わされたともいえよう。とりわけ、日本の近代史の大概、とくに制度組織の面ではそうであった。だが、必ずしもそれですべてと断定はできない。そのことを時期と設置主体の側面から簡単に述べてみる。

前節でもいささかふれたが、筆者は「地方史と大学史」、あるいは「大学史と地方史」というテーマで大学史研究に当たっている。実際、各地・各家で資料の膈皆調査を行なうと、大学史関係の資料に出会うことが少なくない。在学中の日記、講義筆記ノート、学生時代の小遣帳、父母への近況報告の手紙、卒業証書、あるいは母校とのやりとりの記録等々、枚挙にいとまがない。

そこで筆者は、「なぜ、全国の青少年は遊学のために上京しようとしたのか」、さらに帰郷後「学んできたことをどのように生かそうとしたのか」、という地元・村、家に即する青少年のようすを「地方史と大学史」と題した。一方、大学は多くの地方青年を「どのように誘（いざな）おう」としたのか、そして上京した学生を「どのように教え育もう」としたのか、あるいはそうした学生は「どのような学生生活を送ったのか」ということ。すなわち、その大学や中央に即したようすを解明することを逆に「大学史と地方史」と呼んだ。(2)

このようにして見てくると、「地方史と大学史」研究からは、近代の到来とともに、実に多くの青少年が夢を抱き上京する状況が分かった。そのことは前掲「地方史と大学史」、「近代日本の教育と青年」といった論文以外、「初期明治法律学校と地域および学生――佐藤琢治を中心に――」（『明治大学教職課程年報』NO・16、明治大学、平成六年三月）、「地方・学生からみた明治法律学校――佐々木忠蔵を中心に――」（『明治大学史紀要』第一二号、明治大学、平成六年一二月）等々で論じてきた。また、これら各論文の後半部では彼らが郷里に帰り、学んできたことを行政に、産業に、文化に、あるいは家政に還元し、応用したのか、あるいはしようとしてもできなかったのかといったことも追った。とくに、近代初期、とりわけ明治期前半、卒業生らは郷里において学校を設立、母校や卒業生同士と連携しつつ知識の啓発・普及を図ることが分かった。このことについては、「明治大学と校友」と題し、『歴史編纂事務室報告』の第十九集（明治大学、平成一〇年三月）・第二一号（同、平成一二年三月）等にまとめたので、参照されたい。ここでは資料1に、「校友のつくった法律学校」を掲げる程度とした。

さらに、上京した学生生活のようす（前記した「大学史と地方史」論の範囲内）は、（『歴史編纂事

資料1　明治法律学校々友の創った法律学校（明治期）

出典：拙稿「宮城浩蔵と山形の人々」『明治大学創立者　宮城浩蔵――国と地域をかける――』
（明治大学校友会山形支部、2002年10月）
注：尾道法律学校は、上記の出版ののち、発見されたため本図で追加した。

務室報告』第二十二集、明治大学、平成一三年三月）にまとめた。そこで取り上げた多くの学生は地方出身者であるが、そのようすについては省略する。また、学校側もありとあらゆる方法と手段により、地方の青少年を求めた。筆者は、『歴史編纂事務室報告』第二十四集「続明治大学と学生」、（明治大学、平成一五年三月）において明治法律学校（現明治大学）について、明治期を対象として学校による学生、とくに地方青少年へ勧誘・案内のようすを追った。そこでは、いくども廃校の危機にさらされながらも、とくに近代化により文明利器や国策の応用（逆用）等々、あらゆる手段・方法を駆使していくことを知りうる。とくに地方青少年に対しては、新聞雑誌の広告、地方入学試験の施行、寄宿舎・下宿の建設・用意、講法会による通信教育等、かなりの意識のほどがうかがえる。

こうした傾向は国立大学よりも私立大学の方

資料2　明治法律学校第1回卒業生（明治15年10月）

氏　名	出身	校友（明治18年）	九大（明治31年）	一覧（昭和10年）
齋藤　孝治	東京	○	○	○
河村藤四郎	佐賀	○（長崎）	○	○
依田銈次郎	兵庫	○	○	○
板橋善四郎	茨城	○	○	○
平松福三郎	三重	○	○	○
高橋安爾	宮城	○	○	○
寺　田　栄	福岡	○	○	○
百瀬武策	長野	○	○	○
安田繁太郎	岡山	○	○	○
吉井盤太郎	岡山	○（東京）	○	○
坂田周太郎	福岡		○	○
小野崎勇平	岩手	○	○	○
間野正雄	岡山	○	○	○
山　口　憲	福井	○（東京）	○	○
田部香蔵	広島	○	○	○
村上官治	福岡	○	○	
山谷虎三	岡山	○	○	○
根本行任	秋田	○	○	○
永尾作十郎	長崎	○	○	○
村　上　純	熊本	○（推）		○
安　部　遜	福岡	○（推）		○
		18名、推2名	19名	20名

注：(1)『明法雑誌』第1号（明治18年2月7日）は以上の21名、卒業とあり。

(2)「校友」＝『校友規則並表』（明治法律学校、明治18年12月）

(3)「九大」＝『九大法律学校大勢一覧』（東京法友会、明治31年4月2日）

(4)「一覧」＝『明治大学一覧』（明治大学、明治10年7月15日）

(5)「推」＝推薦校友

出典：拙稿「宮城浩藏――その東京時代と山形」『大学史紀要』第6号、明治大学、平成13年11月。

が顕著であるが、それは当然経営上の目的もあるが、それだけではなく、建学精神の教育方法といった精神教育の目的も等閑視できない。

なお、筆者は、最近、各学校別学生出身地の比較研究に興味を持っている。例えば『九大法律学校大勢一覧』（三島駒治、明治三一年四月）収載の「法科大学以下各学校卒業者府県別人員一覧表」（明治三〇年一二月末日調）には、九つの学校の数字が掲載されている[3]。この内、東京府出身者の割合をみると、国立の法科大学（現東京大学）一六％に対し、私立の「明治法律学校」（現明治大学）四％、「和仏法律学校」（現法政大学）五％、「法学院」（現中央大学）七％等々である。またこの明治法律学校について、資料2の「明治法律学校第一回卒業生」一覧を見ると、第一回卒業生は正確には一八名であるが、実に一七名は地方出身者である[4]。これだけで私立は地方出身者が多いとはいいがたいが、研究の糸口とはなろう。

(3)　大学資料館と地方

大学史活動を推進する拠点として施設設備が必要なことは誰もが認める。明治大学においても同様であり、年史編纂の最中、三度ほど、その設置運動が展開された。さらに長年にわたった年史の編纂が終了した平成八年度以降、存続となった大学史料委員会（旧百年史編纂委員会）および歴史編纂事務室（旧名継承）を中心に、従来以上に設置の運動が展開された。その間の事情については本書Iの第一章の「大学資料館の開設」や別稿を参照されたい[5]。

その結果、平成一五年四月、「明治大学史資料センター」としてオープンし、目的を果たすことが出来た。このセンターの全体的な事柄は『大学史資料センター事務室報告』第二十五集（明治大学、平成一六年三月）に「大学史資料センターの開設」と題して特集をしたので、ここでは割愛し、地方との関わりについて綴る。

ところで、同センターは開設に当たり、五つの大きな目標を掲げたが、その一番目に「大学の「顔」としての存在」がある。それは全国、ひいては国外に情報発信の基地となることをめざしたものである。またその次には「帰属意識の場」となることをうたっている。このことには、多くの全国各地の卒業生も含まれる。というよりもそれらの人々に母校を強く意識してもらう、具体的な拠り所となってほしいのである。であるから、事業内容の業務分野として編纂、展示のほかにサービスを設定しているわけである。このサービスとは当然、地方に居住し、活動している人々を含んでいる。さらに活動項目としては「創立者」以外に、「校友」と「地域」を取り上げている。校友とは、卒業生・元役員教職員である。また「地域」には地方が含まれていることはいうまでもない。この業務分野と活動項目の関係は、例えば地域（地方）を意識しつつ、編纂を行うなどといった関係にある。

2　大学史活動の地方的展開(I)

大学史活動のはじまりは資料調査といってよい。しかもその資料調査は、ひとつのテーマや事業について、一回きりのものではなく、永遠に続けられるものである。だから、資料調査は大学史活動にあって常に基本であり、基礎であるとともに永遠であるといってよい。筆者はこの資料の調査収集の意義と課題について、「資料の調査・収集をめぐる諸問題」（『年史資料の収集・保存』全国大学史資料協議会、平成一三年三月、追加・訂正のうえ、本書第二章に「大学資料の調査・収集」として掲載）でまとめたことがあるが、その内容は一言でいえば、大学史活動は「頭」（論理、抽象化）と「足」（調査、行動）によるものであり、その内、後者の比率がかなり大であるべきとしたものである。

(1)　資料調査

前節で述べたように、筆者は「大学史と地方史」論を主張し続けている。また明治大学史資料センターでも事業内容の活動項目で「地域（地方）」を掲げていることや、その活動項目には「校友」も含められていることも記した。そうしたこともあり、このことに関してけ、本節の第二項でもふれたい。

同センターでは地方で資料調査を行なうことが多い。それはプロジェクト・チーム（分科会）による大調査から小規模な単発調査までさまざまである。また今後のためや地方からの依頼による予備・臨時的な場合もある。

現在、プロジェクト・チームにより実施しているのは三つの調査研究である。そのうち、第一分科会は「尾佐竹猛研究」を行なっている。尾佐竹猛とは、明治法律学校卒業後、法曹界で大審院判事を務めた後、母校明治大学教員として、とくに文科の設置に尽力した。また研究上では憲政史以外、文化史に実績を残した。とくに本研究では彼の出身地である石川県、あるいは妻方の実家のある福井県等々、北陸地方に出向き、幾度も資料調査を行なった。第二分科会の「安藤正楽研究」でも現地で資料調査を行なっている。安藤正楽は、現在の愛媛県四国中央市中村の農家に生まれ、明治法律学校卒業後、帰郷。生業の傍ら自由・平和・人権運動を展開した人物である。この資料調査は生家や地元に残る膨大な資料を整理するところからはじまった。しかもこの資料調査は明治大学だけではなく、親族さらには同市役所（資料調査当初は土居町役場）、郷土史家、地域有志ら一体となって続けていることが特色である。はじまったばかりの第三分科会は「三木武夫研究」である。明治大学出身の三木武夫は、いうまでもなく首相を歴任した戦前・戦後の政治家である。当面は、同家から寄贈されたばかりの文書の整理に当たるが、やがては出身地であり、選挙区の徳島でも資料調査を展開するつもりである。

すでに述べたように、このような大調査以外、中・小規模の地方調査はさまざまな機会に意図的に進めている。前記した校友による法律学校設立地域以外、創立者の出身地、第一回卒業生のゆかりの地等々で行なっているが、紙数に制限があるので省略する。

なお、本節の最後に例証として、資料3に安藤正楽の資料に関する筆者の一文を掲げおく。

資料3

（略）ところで、安藤家の資料は膨大にある。この資料をどのようにしたらよいのか思案した。このことが気になり、秋が深まったころ、もう一度、両家に伺った。その結果、基礎作業として資料目録を作ることが必要と判断した。順序は安藤家、次に山上次郎家、そして山上蒼（正楽のおい）家とした。資料整理はやさしくはない。それは資料が多いということだけではない。文書（もんじょ）以外、多面にわたっていることであり、その文書のほとんどが私文書であるということによる。しかし、この作業を終えないことには、われわれは正楽のさらなる研究はできないし、資料の劣化を食い止められない。いわゆるつまみ食い的な資料調査は、研究を後退させたり、真実ではないことを伝えてしまうのである。

（拙稿「安藤正楽の調査と研究　上」『愛媛新聞』愛媛新聞社、平成一二年一一月二四日付）

歴史研究とは事実を確定し、さらに他との関連性を有機化するためである。だからどうしても地道な基礎作業が必要なのである。

⑵　研究

本節で扱う研究とは、前出の資料調査と表裏一体的な部分である。そこで両者の重複を意図的に避けるために、ここでは研究として終了したもの、あるいは終了に近いもの（実際には調査研究はつきないものであり、厳密にはそのようなことはありえないが）を取り上げる。次には、これからはじめる三木武夫の研究（既述、平成一九年くらいから研究段階へ）のことも再度ふれたい。

旧年史編纂、そして資料館設立運動の時代に強力に調査と研究をした事項に創立者がある（現在でも続けている）。明治大学の創立者は、鳥取藩出身の岸本辰雄、天童藩出身の宮城浩蔵、鯖江藩出身の矢代操である。三人とも地方出身であるため、その地に出向き再三資料調査を行なった。また各地に居住するその子孫宅に伺うなどした。こうした関係者以外、地元の研究者・資料館・編纂室の指導と協力を願った。私たちはこうした成果を早急に学内紙（学生向と一般向）で報道する。またセンターの運営委員会や事務室ミーティングで報告したり、分科会研究会で研究発表を行っている。

前記した三木研究にとって、特筆すべきことがある。それは広島大学（文書館）との共同研究である。同大学は森戸辰男、大平正芳といった文書において研究実績がある。三木武夫については、資料整理の協力のみならず、瀬戸内研究の一環として三木武夫の出身地徳島県の調査を明治大学と協力して行なう予定である。

このようにして、みてくると筆者のいう「頭と足」の研究の内、調査は足、研究は頭に当たるといえよう。そして、両者とも地味な存在であるが、実に重要かつ基本的な大学史活動といえよう。足を、そして頭も使い、地方で、ワイドに大学史活動をしよう。

次に資料4として、この「頭」と「足」、および両者の関係について、次の文章で若干、補足したい。

資料4

いずれにしても史実を確定するためには足を使って資料を探すべきである。しかも、自分の足で探すべきで、他人に依存してはいけない。歩けば歩くほど精度や確度の高い資料が見つかる。また足で歩くとその資料が作られた時の雰囲気や状況が自然とほうふつされる。ただし、学問の厳しさを痛感するのは、歩きっぱなしでは成り立たないのである。頭を使うことが要求される。足でかせいだ史料をもとに考えねばならない。体系化とか抽象化の段階である。

（拙稿、資料1の出典と同じ）

3　大学史活動の地方的展開(II)

筆者は、大学史活動には「内」と「外」があると考える。「内」とは内的な側面で、前章で述べた調査・研究のような人の目に映ることの少ない地味な基礎的・基本的な活動である。それに対し、「外」とはこれから紹介する編纂、展示のような人の目に触れることの多いアクティブな利用・応用の活動である。本章では、以下、後者のことについて、論じたい。

(1)　編纂

すでに述べた大学史活動における調査研究は、やがて編纂物としてまとめられることが多い。他大学でも類似した方式と思われるが、明治大学では調査研究をしたことを、論文としてセンターの『大学史紀要』や『大学史資料センター事務室報告』などに必ず発表している。近年、品切が出るほどの好評であったのは『大学史紀要』では第六号の「一二〇年の学譜」である。これは創立一二〇周年を記念して、創立者の出身地で講演を行ったものを原稿化したものであり、増刷する結果となった。次の第七号は「「校歌」の史譜」と題したが、これは校歌として名高い明治大学校歌について、地方に住む作詞者ゆかりの人、マンドリン部総指揮者（作曲家）をも交えて執筆したものである。また同センターでは必ず調査記録を詳しく活字にすることに努めている。参考までに述べると、その第二十三集「創立一二〇周年と明治大学史展」、第二十五集「大学史資料センターの開設」は品切の状態であることを記しておく。また時には学内誌（一般向）だけではなく、全国紙・地方紙の文化欄で報知することもある。またこれらの蓄積は、予定される研究叢書・記念誌あるいは写真集等に生かしていく予定である。

そして何よりもこれら編纂物の内容の多くは地方における事柄が多くを占めていることである。このことは特筆すべきことである。したがって、中には新潟県の上越市史編纂委員会のように卒業生の地方法律学校について協力を依頼してくるケースもあった。さらに近年、センター事務室では天童市のように市立旧東村山郡役所資料館の刊行物に執筆の依頼をうけたこともあった。こうした類のことは地方校友会の刊行物においても同様のことがいえる。

なお、以上の証明として資料5に創立一二〇周年記念事業として行った創立者研究の内、宮城浩蔵に関する一文を紹介したい。

資料5

（略）以上のことから、宮城浩蔵は社会、そのもとである地域、その中の個人をベースにして、「権利・自由・平等」の有用化を図るべく、司法はもとより学問、教育、政治とあらゆる分野で全力を尽したといえる。とすると、われわれの耳に残るものは、「自発と共同」、「中央と地方」、（これは「大学と校友」と置き換えられる）、「必要・有用」、そして「権利・自由・平等」といったキー・ワードである。このことからすれば、宮城は今日のわれわれに、まず、①自らの「足と頭」を使いなさい　②新しい時代とか社会、あるいは生活にとって何が必要か、何が有用なのかということを考え出しなさい　③そして大学と地方、つまり学校・校友・学生等関係者がより一層、努力・共生し合って一体となっていきなさいと言っているような気がしてならない。

（拙稿、資料1の出典と同じ）

(2)　展示

大学史展示施設として東北大学史料館、成蹊学園史料館、日本女子大学成瀬記念館、京都大学大学文書館等は秀でた大学史展示施設を有する大学である。明治大学でも、大学史常設展示場として、平成一六（二〇〇四）年四月に「大学史展示室」を駿河台新校舎（アカデミーコモン）内にオープンした。ここでは、大学史展示論を展開する余裕はないので、あくまで地方に関して述べたい(5)。現在、明治大学では前記した、メインの大学史展示室の展示以外、いくつかの展示を行っている。列記すると次のようである。

・企画展……年三回、駿河台校舎大学会館一階
・和泉キャンパス展……年一回、和泉校舎第一校舎一階
・創立者展……年一回、創立者出身地（三人につき三ヵ所にて）
・展示協力……学内　岸本辰雄記念ホール展示コーナー（年一回）
　　　　　　　学外　各博物館等（随時）

このうち、常設展や企画展でも地方を意識して展示をしているが、その点が最も強いのは創立者展である。この展示は創立者三人の出身地において、創立者および明治大学史について、初年度は導入展として写真展を行ない、さらに次年度には本展示として写真以外、モノ資料も含めて行うものであ

る。平成一六年度は岸本辰雄の出身地鳥取市において、同市立図書館との共催、校友会鳥取県支部協力のもとで写真展を催した。平成一七年度は同市博物館において同市・同館と共催で本展示を実施する。この鳥取市の写真展ののち、刺激を受けた同県校友会米子支部からも同市開催の要請があった。その後はさきのパターンで他の二人の創立者の出身地で展示をすることが決まっている。そうしてゆくゆくは出身地で創立者サミットといったものを企画、展示をしたい。

ただし、こうした展示の前段階には従来からの両者協力関係に基づくものであることを忘れてはならない。例えば宮城浩蔵出身地の天童市立旧東村山郡役所資料館とは前記したような展示・出版協力、矢代操出身地の鯖江市とは市主催展示・編纂協力等々があった。どのような方式やいかなる規模であれ、地方との相互交流により、大学史、ひいては大学の世界は一層拡大していくであろう。そして出来うれば創立者留学先など海外でも大学史展を実施したいものである。

なお、資料6として前出の鳥取市における「明治大学創立者　岸本辰雄展」のパンフレットに掲げた開催趣旨を紹介する。

資料6

岸本辰雄先生は、嘉永四（一八五一）年一一月に鳥取藩に生まれ、やがて藩の選抜生として司法省法学校に学びました。成績優秀によりパリ大学に国費留学をし、帰朝後、司法省で法典の編纂等に当たります。そのかたわら明治法律学校を設立し、法律の教育・普及に尽力し、やがては同校の初代校長として活躍しました。この学校こそが、現在の明治大学です。そして今年で創立一二三年目を迎えました。本展示により、鳥取の市民・県民の皆様が郷土の先覚者・岸本辰雄先生を想い、また明治大学関係者が創立者岸本辰雄先生の出身地を再認識し、さらには今後一層の相互交流の契機となれば幸いです。

このたび明治大学は鳥取市と共催により、鳥取の生んだ岸本辰雄先生の展示を行うこととなりました、こうした催しは、鳥取、明治大学双方にとっても、初めてのことと思われます。

(3) 教育・普及

大学史活動において地方を意識した教育・普及も重要な分野である。この場合、二つのケースが考えられる。ひとつは学校内において実施する場合であり、もうひとつは地方に赴いてするそれである。以下、この二つのケースについて、述べたい。前者、すなわち大学内で、地方を扱う場合、ひとつは学生向けの講義である。幸い明治大学では学部間共通総合講座を設置し、「日本近代史と明治大学」というタイトルで、三キャンパスにおいて授業を全国大学に先がけ行なっている。その中で、地方と明治大学の関係について、直接（例：「創立者の青春時代」、「地方で活躍した校友たち」）、間接（例：「自由民権運動と書生たち」、「明治法律学校と校外生」）に扱っている。

一方、地方に出向くことも盛んに行っている。最も多いのは創立者の出身地における講演であるが、その他にも校友会地方大会、あるいは自治体による講演会等々がある。そうした講演の場合、筆者は地域・地方を前面に押し出すように努めている。例えば平成一三（二〇〇一）年一一月に、天童市で創立者宮城浩蔵について講演を行った時は市の社会教育の一環としてなされたため、多くの出席者のほとんどは一般の方々であった。そのため、地域・地方における宮城浩蔵という観点で行なった。単に大学側からの一方通行で終わらせないということが大事である。今後はさらに地方の高校進学説明会に参加すること、あるいは関連学校との協力等々も考えられよう。

なお、資料7として、筆者が担当する「地方で活躍する校友たち」について二〇〇四年度『学部間共通総合講座シラバス』から一部抜粋する。

資料7

明治の世になると、全国の多くの青少年は前代以上に、学問・教育を求めるようになった。彼らは地域内の学習にあきたらず、それを村外へと求めるようになった。それはなぜか、まずはその理由を、地域・家あるいは個人を通してさぐってみたい。

おわりに

本章は「大学史活動と地方」という聞き慣れない表題のため、まずは用語の定義、次に研究史の確認から綴りはじめた。しかし、言わんとすることは明解である。すなわち、大学史の活動をするに当たって、地方を重視すべきということである。次に、どのようなことを、どのように活動をしたらよいのか、ということである。そこで調査研究といった大学史活動の基礎・基本について、次に編纂、展示、教育・普及といった利用・応用について紹介したつもりである。

このようにして、綴ってくると、本章の「地方」とは、いわば「広がり」を比喩していることが分かる。このことからすれば、無理に背伸びをして言うつもりはないが、地方はやがて世界各地へと広がる方向性ももっていると思う。

ところで本章では、こうした大学史の活動は、大学に、あるいはその統合的な拠点（大学史資料館、大学史資料センター等）があると、実にしやすいという意識で述べてきたことをあえて付言しておく。なお、本章では筆者の体験、明治大学の事例を援用することが少なくなかった。ただし、このことは多くの「大学史人」（筆者の造語、大学史研究者といった狭いものではない）、あるいは他大学においても十分に共通するものである。大学史人、各大学と共同して大学史活動のワイドな展開を図りたいものである。

注

（1）したがって筆者は本稿以外では「地方」・「地域」いずれを使用したとしても、双方の概念を包括しているというのが実情である。

（2）この方法論については、拙稿「大学史と地方史――夢みる明治青年を求めて――」（『大学史研究』第一六号、大学史研究会、平成一二年一一月）も参照されたい。

（3）ここには、「専門学校」というデータがある。この専門学校は専門学校令によるものではない。単一なのか、複数の学校なのか、不明であるので、分析対象から除いた。

（4）しかも内、一名（齋藤孝治）は古河藩士家に属し、江戸藩邸内に生まれたため、東京とある。

（5）拙稿「明治大学史資料センター設置の経緯・現状および課題」（『京都大学文書館だより』Ｖｏｌ・5、京都大学、平成一五年一〇月）も参照されたい。

（6）明治大学を通してみた展示論は前出『歴史編纂事務室報告』第二十三集等で論じたことがある。

五　大学史活動の経緯と課題

はじめに

本章は、大学史のさまざまな活動を今後、どのように進めたらよいのか、ということを展望するためのものである。これはあまりにも大きなテーマである。そこでまずは明治大学史資料センター（以下、「大学史資料センター」）を事例としてその歩みを振り返り、次には現状を考察してみる。その事例として扱う始期は主として平成二（一九九〇）年以降であるので、資料のうえで不足することはないが、執筆目的の性格上、事の逐一詳細は後日の機会に譲る。それでもとりあえず、事実に即し粗描したうえで、今後の大学史資料センターのあり方について、若干、考察してみたい。

ところで、筆者が大学史に関して最初に関与した分野は編纂である。つまり、『明治大学百年史』のそれである。同書の編纂はこの種の事業としては長い歴史を有し、資料集・研究紀要、そして本編の資料編刊行と、順次実績を上げていた。しかし通史編刊行の段階になると、極度に進行が鈍化する傾向に加え、編纂委員長が校務上交代したこと、総合ナビゲーター的な存在の者が療養を余儀なくされたこと、それをサポートしていた者の他校転出等々の諸事情が続いていた。筆者はそれまで公立高校の教育職の傍ら、自治体史の編集には編集委員・調査委員として関わることが少なくなかった。だがそれは執筆者・調査員としての立場からのことであり、言ってみれば調査・研究・執筆サイドのものである。したがって、全体を把握しているわけではなかった。それでもそうした経験をしていることは、していないよりは良かったし、またある歴史学会で常任委員として会誌編集をしていたことは大いに役立った。

ただしこの『明治大学百年史』編纂に関わった際、大学史の事業や業務に対する一種の狭い視野、例えば調査収集は終ったので、編集実務を限定してデスク・ワークに当たっていればよいという考えが存在することなどについては、きわめて違和感を覚えた。実際にはまだまだ調査収集は十分とはいえなかった。さらに問い合せ対応や広報等々は日に日に増加していたが、任務ではないとする意見がなかったわけではなく、そのことに対しては大いなる疑問を感じた（とはいえ、デスク・ワークなどから得ることも少なくなかった。このことは次章で綴る）。

このようなことは専門業務として日々、実務に当たり、さらに他大学の関係者と交流を増すにつれ、そうした疑念から自信へと変化しつつあった。もとより、筆者は「村歩き」により「日本村落史」という学問分野を開拓し、体系化した木村礎氏（故人）を師としてきたため、資料調査の重要性を強く意識してきた。またそのことによる理論化の必要性をも指導されてきた。そうしたことにより、常に「足」（調査）と「頭」（構成）による歴史学（前者の比重大）に挑んできただけに、前述したような大学資料の調査およびそれを基にした活動拡充を強く感じたのである。なお、この「足」と「頭」による大学史論について、筆者なりにまとめた最初のものは「資料の調査・収集をめぐる諸問題」[1]であるが、こうした類のことは一般歴史学に関与していた頃から少しずつ述べていた。

また一方というべきか、このことと関連してというべきか、大学史の「広がり」と「深まり」を主張するようになった。このことを活字化した最初の論文は「大学史の広がり」[2]であるが、要は「大学史」に関する業務は学内外ともに活動を広げるべきとすることにより、現状と課題について、具体的な事業や活動の例をあげつつ論じたものである。その効果はともかく、いずれにしてもこの「広がり」論は前記した「足」と「頭」の基本姿勢から編み出されたものである。さらに筆者は「深まり」をも加えるようにした（活字で論述した最初は、さきの「資料の調査・収集をめぐる諸問題」である）。すなわち「深まり」とは調査研究の深化を指すわけである。このことからして、「広がり」とは例えば建物、展覧会・教育啓発、「深まり」とは内面・調査研究ということになり、さらに誤解を恐れず極論すれば前者は「目に見えやすい」派手な活動に対して、後者は地味なそれで「目に見えにくい」地味なそれということになろう。そこで大学史に関するこのようなことについて、筆者は内的側面（「内」）＝「深まり」＝ソフト＝基礎・基本＝調査・研究等々と外的側面（「外」）＝「広がり」＝ハード＝利用・応用＝編纂・展示・教育普及等々に整理してみたことがある。[3]

そして、こうした活動について、「大学史」ではなく「大学史活動」と総称することとし[4]、その活動項目（内容）については調査収集・整理保存・利用活用という従来から文書論で唱えられてきたものを充てた。その後、この利用活用の分野があまりにも肥大化していること、また主体性・積極性・連携性を重視する社会的要求に応えるために「社会参画」の必要を痛感した。さらに従来、問題とされることが少なかった事務分野についても、単なる庶務を担当するだけではなくマネジメント面や学芸業務面を念頭に置いた、いわゆる「学芸事務」を主張した。つまり従来からの調査収集・整理保存・利用活用に加え、前者を「第四」、後者を「第五」の大学史活動とした。(5)

なお、前掲論文「広がる大学史活動」、「大学史活動の広がり」において、こうした活動を視野においた者こそ、「大学史人」とか「ユニバーシティ・ヒストリアン」としたが、目下、さらに最適な表現はないのか、思案中である。ただし、以上に論じてきた大学史活動は、主に大学史に関する実際的・実務なこと、また大学史資料に基づくことである（もっとも資料を無視してはすべての大学史関係の活動は成り立たない）。もう一点、重要な観点がある。それは大学史活動を成り立たせる環境条件の整備・推進である。いうなれば経営・施策的な側面である。このことからすれば、前記してきた大学史活動の一〜四までのものは、さきの図式にある「内」とか「ソフト」に当たる。それに対し、組織・建物などは「外」とか、「ハード」としてよい（第五の大学史活動はこのことの業務が多い）。そして、この「ソフト」と「ハード」両面を展開する場こそ、大学資料館なのである。逆にいえば、これらこそが大学資料館成立の要件である。

本節を終えるに当たって、気にかかる点がいくつかある。ひとつは「大学史活動」という概念に、「ソフト」面はともかく、「ハード」面も含めるべきか、否かという点である。そもそも第四・第五の大学史活動という分野は、筆者が大学史資料センターの経営・管理業務を担うようになってから、強く意識するようになっていたからである。このことは理想としては含めるべきと思われるが、現状では「ソフト」面だけでもよいと思っている。

もうひとつは「大学アーカイヴズ」という用語との関わりである。筆者はこれまで極力、この用語は使用しないようにしてきた。それは現在、定義されている範囲があまりにも広く、またあいまいだからである。しかし、前記したような、すなわち「ハード」面と「ソフト」面を備えたところであるとするならば、それにふさわしいと考える。

1　過去の検証

前節では、「ソフト」（第一〜四の活動、調査収集〜社会参画）と「ハード」（人的措置〜施設設備、第五の活動）による大学史活動論、あるいは大学アーカイヴズ論を述べてきた。そこで、本節では、この「ソフト」と「ハード」の概念を援用しつつ、明治大学を例として、その大学史活動の経緯を検証していくこととする。この場合、時期を大きく、二つに区分して行論する。

(1)　百年史編纂

『明治大学百年史』の編纂については、すでに『明治大学史紀要』第十一号にて「『明治大学百年史』編纂と「明治大学の歴史展」について」[6]や前出「大学史の広がり」によって論じたり、座談会「大学史の広がりを求めて——「日本大学百年史の編纂を終えて——」」[7]において記してきたのであるが、いずれにしてもその編纂事業は昭和三七（一九六二）年一一月にスタートし、途中、幾多の経緯がありながらも、平成七（一九九五）年三月に終了した。本編は資料編二冊、通史編二冊からなり、その頁数も平均すると一冊当たり一〇〇〇頁前後という大冊、装丁にもさまざまな工夫がこらされている。また同書以外にも写真集・研究紀要・資料報告集等も刊行した。そのための人員には総計三二名を擁したのである。

この事業に関与することにより、筆者が会得したことは、多々あるが、何といっても学んだ最大のものは編纂に対する方針・理念である。そのことは、当時の木村礎編纂委員長（途中より学長就任のため、委員となる）の筆になり、同書資料編Ⅰに明記されている。そこには、日本における近代社会と明治大学を解明することが大目標としてうたわれている。さらに編纂理念として、普遍性・客観性の重視、背景・周辺の考慮、実態の解明、対象分野の拡大が掲げられている。このことは本事業のすべての規定となった。筆者は鋭く、かつ力強い目標・理念なくしては事は進まないことを実感した。

編纂は予定通り終了した。この終り方も随分と参考になった。それはいたずらに長々と延長していくと、次へのステップがきれないし、編纂に対する周囲の目や声も好意的ではなくなってしまうのである。しかし筆者は無事終了するだけでは、不満足であった。なぜなのか。それは前節の冒頭でもふれたように編纂に特化することに対する不平・不満が日に日に高まったからである。特化する訳は十分に分かっていた。それは編纂が通史編刊行という、最終にして、最大のヤマ場を迎えていたからである。しかし、それでは刊行終了とともに大学史の活動は無に帰してしまうし、またそのような時代ではないと確信していた。そうしたことは細々とながらも歴史の研究・自治体史編纂、学会活動に関わってきたり、曲りなりにも専門的立場からこの事業に参画した筆者にとっては承服しがたかった。

そうしたある日、この百年史編纂に関する資料を繙いていた時、かつて二度も資料館開設に向けた動きがあったことを知った。それは筆者に勇気を与える出来事であったが、一方、不成功の原因を探る契機となった。

だが、筆者は大変な大波を受けることとなった。それは全学的な組織改革という波であり、大学史のセクションは大幅縮小・廃止論の大勢の中、正しく孤軍奮闘そのものであった。しかし、悲観・絶望してばかりでいるわけにはいかなかった。とある日、明治大学では昭和二五（一九五〇）年以来、半世紀間も大々的・総合的な大学史展を実施していないことに気が付いた。これまでの編纂過程により調査収集した資料の公開、このことを編纂後につなげる。編纂終了後では一息つくことにより、勢いは低下してしまう。編纂をしている最中、雁行的に展示もするのである。多忙な時期ではあったが、強行した。久しぶりに大学史展なるものを実施したことに対し、多くの人に興味・関心を持っていただいた。そしてこれを機会に常時、資料を公開してほしいという声が上がった。

なお、こうした展示は暗中模索、手さぐり状態で進めたのであるが、先行的に実施したり、すでに展示施設を有している大学、あるいは筆者の知る多くの博物館関係者にさまざまなアドバイスをいただいた。とくに「大学史編纂と資料の保存――現状と課題――」〔(8)〕執筆以来の大学史仲間は陰に陽に支援をしてくれたが、これも「大学史の広がり」の成果である。

(2)　百年史編纂後

平成七（一九九五）年三月をもって、明治大学の百年史編纂事業は終了した。さまざまな問題・課題を残しつつも、それでも筆者は、限定的ながら大学史の活動の「ソフト」の側面を大いに知得することができた。そして百年史編纂委員会は大学史料委員会と改称、事務局は歴史編纂事務室のまま継続となった。百年史編纂時代よりさまざまな面で縮小されたが、めざすところは大きかった。すなわち資料館の開設である。職場研修や委員会では盛んに資料館開設について検討し、幾度か総長へ向けて陳情も行なった。紀要には学内外関係者へ開設の意義について寄稿を願ったり、特集記事・座談録も掲載した。そうした開設運動に関しては『歴史編纂事務室報告』十九集、同誌第二十一集等に掲示してある。

ところが、第二の大波が襲ってきたのは、平成一二（二〇〇〇）年の事務組織改革の時である。この時は改革案の第一番目、つまり改革の目玉のひとつとしてゴチック体で「歴史編纂事務室廃止」がうたわれていた。その文書には室員全員、突然に知って驚いたものであった。

百年史編纂終了の目途が立った頃、資料の公開、つまり展示に着目し、実行したことはすでに述べた。幸いなことに、それ以来、学内当局からは大規模な大学史展開催の依頼が続いた。旧記念館解体記念イベントの際の「明治大学記念館歴史展」、その跡地に建設されたリバティ・タワー竣工記念の時の「明治大学歴史展」。こうした大学史展の歴史については『歴史編纂事務室報告』第二十三集所収「大学史展の歩み」を参照されたい。しかも展覧会のたびに起こる常設展示場設置の要求は回を重ねるごとに高まり、「明治大学歴史展」後、大学会館ロビーに大学史小史展のコーナーを開設することが出来た。

とくに平成一三（二〇〇一）年、一年間を通して全学的に開催された創立一二〇周年記念の行事・式典の際には、多くのそれ（大学史展、講演会、パンフレット作成、式典会場の展示等々）に関与することができ、その実績が評価された。また、大学史関係者一丸となって資料館開設に向けて、陳情・懇談会・設置規程案の制定・広報活動・関係機関部署への説明・事務書類の作成等々、先行的な気概で奮闘した。教職員OBの方々にも支援していただき、ついに平成一四（二〇〇二）年一一月一八日、理事会において「明治大学史資料センター」設置が承認された。表現が適当か、否かは分からないが、それでも百年史編纂終了後の、この八年間は「地獄から天国」を味わったような気がした。

なお本章は大学史資料センター成立史、あるいはその回顧録を綴る場ではないので、後日の執筆に譲りたい（詳細はI－一「大学資料館の開設参照）。この時代は、当初は編纂という一部・限定的「ソフト」で進みながらもやがて「ハード」と「ソフト」、どちらともいえない両者入り交じりながら、大目標（資料館開設）へ向かったというべきであろう、嵐の時代である。『明治大学百年史』最終巻（第四巻）の最後に、明治大学の歴史は本大学創立者が学んだパリ市の紋章銘句「揺れども沈まず」であると記されている。大学史資料センターの実現も正しくその通りである。

2　活動の現状

編纂事業という、限定的な業務、終了後の残務整理、さらにその後の大学資料館開設運動における「ハード」と「ソフト」両側面からのアプローチのすえ、実現したのが、明治大学史資料センターであった。しかし、とにもかくにも平成一五（二〇〇三）年四月、大学資料館としての大学史資料センターがスタートしたのは事実である。

(1) 大学史資料センターの目的・理念

前述のように筆者にとって百年史編纂事業参画による最大の収穫は、いずれにしても目標・理念を明確にして対処すべきということであった。そのため、同センター開設に当たって筆者が考えたその項目は以下の通りである。

・大学の「顔」としての存在
・帰属意識の場
・情報のサービス
・伝統の維持・発展
・大学史の開拓・構築

進みゆく時代・社会の動向、現在置かれている大学の実情、その中における大学史活動のあり方・方向等を念頭において作成したつもりである。そして、上記五項目にそれぞれ、若干の解説文を添えた。最も苦慮したのは、センターとしての役割をさらに具体的、かつシャープに提示しなければならないことであった。そこで、業務内容としては、「創立者」・「校友」・「地域」に関する事柄を中心とし、事業分野としては「編集」・「展示」・「サービス（含、情報公開）」とした。それにより業務内容と事業分野を組み合せる、例えば創立者に関する編集等々とした。

創立者、校友、地域あるいはサービスといった用語からすでに察知できるように、私立大学としての特色を十分に発揮させようとしたつもりである。また編集・展示といった用語からも推察できるように従来からの経験・蓄積を生かそうとしたつもりである。のちに全国大学史資料協議会の同志と『日本の大学アーカイヴズ』[12]刊行をめざして共同研究をしたことがある。すぐれて先進的な大学史活動を展開している京都大学大学文書館西山伸助教授は、「京都大学大学文書館――設置・現状・課題」[13]において、大学アーカイヴズの理念を「現在に至る大学の機関としての営みを表す記録を適切に管理することで、大学内外の研究・機関および大学の管理運営に寄与し、そのことを通じて社会に貢献すること」としている。さらに前掲書『日本の大学アーカイヴズ』では、大学アーカイヴズの基本要件として「組織運営のための資料を扱うこと」とし、その組織運営のための資料とは「その大部分が「事務文書」である」としている。また同氏は「「事務文書」の欠落を補う資料――例えば総長や役職者が所蔵していた大学運営に関わるメモの類など――」をも事務文書に含めている。国立大学法人としての京都大学、そしてその大学資料館における同氏の考え方を最も端的に表現したものと思われる。同氏はまた私立大学、とくに明治大学史資料センターの大学史活動をも紹介し、配慮をしている。

筆者はその志向する所は同様と思われる。大学史活動を進展させる、とくに資料に基づいて学内外・社会の発展に貢献するということであろう。問題は方法論の違いと思われる。その違いを多少強引に図式化すると、次のようになる。

親組織―学内事務文書―公開〈西山氏〉

組織全体―学内外資料―社会参画〈筆者〉

後者の「組織全体」とは大学・校友・学生保護者を含めている、また「学内外資料」とは、私文書・モノ資料をも含む、「社会参画」とは、学内からの学外への進出・学外から学内への受け入れを積極化する、ということである。

この相違は国立大学と私立大学の組織・基盤、大学資料館としての意義・役割等々への認識による相違とも思えるが、現状では双方の存在と特色を理解し、自己の補完に努めていることからすれば、前記した目標に向かって前進していくことと思われる。

この二館以外にも、大学史活動と学内政策との連携関与や公私両文書の併立・両立を強く推進する広島大学文書館（小池聖一館長、小宮山道夫準教授ら）の理論・実践、教学部門をも取り込んで精力的に活動する大学史資料館の草分け・東北大学史料館（永田英明研究員）のそれなども強力な存在であるが、紙数の関係で省略する。

(2) 大学資料館としての基本要件

大学資料館としての明治大学史資料センターが設立されると、当面の課題は、第一章で述べたところのハード面の整備である。もっともこの点は、人によれば、センター設立時にはすべて確立されているべきではないのかと疑問をもつかもしれない。しかし、それは都心に立地する大学としてのスペース面の問題、大学史活動に対する認知の度合い等に規定されたがためである[14]。

そのことはともかく、筆者は本書の第一章において、大学史活動の成立要件（これは大学資料館のそれとしてもよい）をハード面について四点あげた。そして、当然、これらの点の整備・拡大に最重点を置いた。すべてを語る余裕はないが、その各々について、ここでもいささか説明しておきたい。

(a) 人員配置

大学史活動における最大の要件は人、つまり要員であることはすでに述べた。実際大学資料館として発足してみると、三〇種ぐらいの業務を抱えることとなった。しかもその人員は、資料技術面・歴史学の面で一定の訓練を受け、しかも入職後、安定的に資料館業務を担当する者、つまり専門職にふさわしい人を必要としたのである。センター開設後、筆者は管理を担当することとなったが、幸いなことに同センターにそのまま配属された。また専門職は結果として二名、正規雇用として採用された。また事務担当の職員は従来通り一名の配置となり、一般的な庶務を主務としつつ、やがて部内では「学芸事務」（前述、第五の大学史活動）としての位置づけをすることとなった。(15)

そして実際は四人で、業務を分担したり、協力し合ったのであるが、文書寄贈、特命業務の受け入れ、社会参画等々、重要、かつ労働力と時間を要する業務が加わり、目下のところ、三名の嘱託職員を採用、その存在はきわめて大きい。また運営委員も大学史料委員会の時と比較して、四名から九名と二倍以上の増員となった。

(b)　法的措置

いうまでもなく、開設に当たっては、それまでの「明治大学大学史料委員会設置要綱」を廃止し、「明治大学史資料センター規程」を制定した。この法規の最大の特色は、それまでのもの（前記）、あるいはさらにそれ以前のもの（明治大学百年史編纂委員会設置要綱）に比べ、「要綱」より上位の「規程」であることにつきる。

その後は同規程により大学史資料センターは運営されていったのであるが、調査研究活動の拡大にともない運営委員に加えて、「研究調査員」も設置すべく、条文追加を行った（平成一六年四月）。

さらに、同センターの目標・理念に基づく「情報のサービス」は年々、閲覧や問い合せ等の増加に対応すべく、平成一六（二〇〇四）年以来、職場研修を重ね、さらに平成一八（二〇〇六）年には運営委員会で検討し、ついに同年一〇月「大学史資料センター利用要綱」が制定された。また、それに関して同センター内規ではあるが年一二月「明治大学史資料センターで利用できない資料の範囲に関する内規」も制定した。

(c)　施設設備

百年史編纂時代以降、施設面では大きな課題を抱えていた。事実、拠点となる事務室は法人本部のある大学会館六階、つまり従来の場所とされた。問題は資料収蔵室であり、旧記念館三階（広報部と併用）、その解体にともなう明治中・高校体育館仮設室、一四号館三階と転々とし、それは移転のたびに好転しているというわけではなかった。しかし、一四号館一階へ移転時、資料収蔵室として改装され、さらに一室が確保できた時は一定の前進であった。とはいえ資料が別棟に存するのは保存・管理・出納等、さまざまな面で大きな問題がある。また資料の解荷と目録作成のため、一号館に作業室として一室を確保した。しかし、これとてもまた別棟である。いってみれば諸小島からなる国と同様であり、大きな悩みであった。

その後、事務室周辺の各部署が移転する情報を得、点在する各室の集中化を画策し、実現に向けて計画に沿い、手続きに沿って進行、提示した二つの配置の内、ひとつのものが施設課において正式に認められた。それは大学会館六階の約三分の二を占めるものであり、ようやくスペースの問題は解決し、スムーズな業務が実現しようとしていた。平成一八年一月二四日のことである。ところが状況に変化が起きはじめたのは、事務機構改革が進行することにより、場所の選定が行なわれるようになってからである。その間の経緯を綴ることはここでの本旨ではないが、いずれにしても、拠点は大学会館四階（現在地）に移動となった。ただしそのスペースは拡大し、この事務室以外に閲覧室、特別収蔵室も充当された。

設備面は年々、拡充された。百年史編纂時代、いち早く導入された情報機器、あるいは視聴覚機器、文書や図書の収納・配架の備品等々はもとより、燻蒸、遮光、空調等々、十分とはいえず、極力整備につとめた。また資料保存のため、室員が防虫・燻蒸に関する資格を得た。

(d)　経費

総勢三〇人態勢の百年編纂時代と比較すれば、その後の大学史料委員会時代には経費は大幅に減少した。このことは一大事業が終了したためであり、やむを得ぬことかもしれない。

しかし、今度は大学史資料センターの開設ともなると、増加し、一応は一館としての運営が出来るようになった。一時、学内の経費は、各機関・部署は一率のマイナス・シーリングをかけられることがあったが、大学史活動に大きな後退をきたすまでにはいたらなかった。その後、予算は一般経費と政策経費の二本立て（人件費、旅費、施設設備等は別仕立である）となり、同センターでは政策経費には、卒業生三木武夫関係の大型プロジェクトのほかに、創立者出身地巡回展関係、戦没学徒兵調査関係を要求、承認され、現在、執行中である。

無論、一般経費が多額であるにこしたことはないが、いずれにしてもこの経費に関してはやはり事業計画に照らし、重点項目により多くを充当する形がよいと思われる。そのためには明確なビジョンと日々の活動の鋭意努力が必要と思われる。

(3)「ソフト」的側面について

以上は大学史資料センター開設前後からの人員・法規・施設設備・経費を中心とした、大学史活動における成立要件、すなわち「ハード」的側面について、紹介してきた。事実、平成一五年開設以来、この五年間、まず第一の任務とすべきはこの点であった。

しかし、前述した同センターの目標・理念・役割を実践することとなれば、当然、調査・研究・編集出版・展示等々の「ソフト」的側面にも力を入れなければならない。このことについて、紹介すると、分野が多岐にわたっていることや具体的な活動であるため、冗長に陥る可能性があるので、数項目に絞り、簡潔に述べることとする。

(a) 調査・収集

当然のことであるが、まず、求められるのは資料およびその調査である。「足」を使う大学史活動を第一とする筆者は百年史編纂時代から資料調査を最重視してきた。

そのようなある日、出版社から筆者に二つの企画について打診があった。大学史と尾佐竹猛に関するものであった。尾佐竹猛とは明治大学(当時は明治法律学校)卒業後、大審院判事、さらに母校の教授となる一方、政治史・文化史でも著名な人物である。筆者はすぐに大学史料委員会にデータや構成案を提出するとともに共同研究をも提案した。これが、大学史資料センターの共同研究

（分科会）の原型である。その後は常時、三つの研究会を組織し、一つひとつ着実に成果を出している。

したがって、資料調査はかなりの部分が、この分科会の研究と連動するところが大である。もっとも研究は常に変化していくので、三研究会をスライドさせつつ、実施していく。またそれ以外にも、運営委員・事務局員は大学史に関して個別の研究テーマを有しているので、調査に出向く。以上の調査は一回について複数日を要するが（大体は宿泊による）、小規模なものは頻繁に実施している。

なお、同センター全員参加の形をとる合同調査合宿は実施中の分科会の対象フィールドの中から設定し、調査・巡見を行なうことにより、共通認識の強化にも努めている。

(b)　整理・保存

資料の整備・保存に関して、施設設備に関することは、すでに前節で述べたように、より良さを求めて拡充に努めているということである。

筆者が着任後、苦慮したのは、資料の整理方法である。その前年からすでにコンピュータ処理ははじめられていたが、問題は何を、どのように分類するのかということであった。検討の末、形態による大分類の形式をとった。すなわち文書・写真・図書（刊行書）・モノ資料に限定した。特別文庫（所蔵者別のもの）は点数が大量ではなかったため、一般文書に入れ直した。原文書かコピーかといったことや旧蔵者・寄贈者の扱い等々については、データや資料封筒の備考欄に注記すればよかった。ただし、資料の内容（摘記）はある程度詳細にとった。それは検索しやすくするためである。

問題は写真の保存である。施設・行事といったように各項目ごとにポケット・ファイルに保存されていたが、使用の利便性を考え一項目ごとに（例えば旧記念館取り壊し工事など）にアルバム化した。しかし、この方式は写真保存上に難点があったが、最近ではCDの普及により、デジタル化に努めている。

近年、文書入力にあたって、製本方式をも試みている。すなわちひとつの事件・会議・行事・問い合せ回答等の半現用資料や二・三次資料を中心にポケット・ファイルにまとめておく。例えば平成二〇（二〇〇八）年度校友会全国大会関係・大学ロゴマーク制定関係等々と題名を付す。そして一定の時期を見はからい、製本する（業者依託）。それをさらに一般文書として入力する方法である。製本が整理封筒に入りにくい場合は、二つをしばるわけであるが、細紐よりもパッチ付ベルトが良好と思われる。

(c)　研究

研究の体制については、すでに大方を紹介したので、割愛する。ここで最も重要なことは、大学史の「広がり」と「深まり」、「ハード」と「ソフト」による大学史活動および大学史人をめざすならば、われわれは常に、大学史そのものの研究と大学史資料・資料館論の二面に精通するように努力しなければならないということである。前者、つまり大学史研究だけならば、大学史活動の一部分（利用）を担っているにすぎないのである。

また、このこともすでに本書I部の一・二章で強調したように「足」を使わねばならない。「足」

を使って行動すること自体、すでに研究は始まっているのである。「なぜ、自分はこんな現業のような仕事をするのだ」と疑問を持ったり、「足で歩くことは誰でも出来る」と豪語する人には良い結果は望めない(16)。

(d)　編集

大学史料委員会時代以降、基本的には研究紀要と報告集の二本立てで編集に当たってきた。主に前者は運営委員（事務局員も含む）、研究調査員、協力執筆者らによる大学史研究を、後者は事務局員・学外関係者らによる大学資料・資料館研究を中心に編集するようになった。

とくに大学史資料センター開設後は、常に両者の整備と改編に努めている。例えば、近年では報告集にあった調査記録・日誌の類は「ニュース・レター」として独立させ、刊行するようになった。また、ある程度まとまった所蔵資料は資料集として、また研究の成果は出版書として刊行するようになった。ただし、この点はまだまだ継続的ではないので、努力を要する。

なお、大学史資料センターでは、学内刊行物について、共同企画・全学的事業の場合は執筆を担当しているが、それ以外は資料や情報の提供、編纂方法のアドバイスにとどめている。学部史、部史、付属学校史・校友会史の編集等々については、すべてこの原則を貫いている。

(e)　展示

常設展示場の開設の経緯については、すでに述べた。開設に当たっては、従来からの展示経験を生かしつつも、近年の展示動向一般、今後の展示のあり方等々を検討したつもりであった。しかし、施行業者や展示業者との交渉の中で、計画の変更や妥協をせざるをえないことも多々あった。最大の問題は展示場が事務室と離れており、閲覧者の顔が見えないことであった（問い合せ専用電話やカメラは設置したにせよ）。ただし、一定のスペースの中で、大学史資料センターの目標・理念に基づき、さまざまな装置や展示方法を駆使したつもりでいる。

「広がる」大学史資料センターという方向は常設展示以外へも進んだ。大学史料委員会時代に開始した小史展（大学会館内）は、基本的には新蔵品紹介と寄贈謝恩を目的として変更し、常時開催することとした。さらに創立者出身地（鳥取市・天童市・鯖江市）の自治体と共催し、一年目は導入展（写真資料）を図書館にて、二年目は本展示（モノ資料も含む）を博物館にて開催する「創立者出身地巡回展」を実施するようになった。こうした展示は創立者出身地以外からも開催要望が出されることもままある。

さらに、その導入展の年度には、展示作業に若干の余裕があるため、駿河台校舎アカデミーコモン内の特別展示室にて、企画展を開催することとなり、これまで学徒出陣、その次には戦後史をテーマとしてきた。またさらに和泉校舎では第一校舎のホールを利用し、常時、同校舎に関する展示を開催している。

これら以外にも、駿河台校舎リバティータワー内の岸本辰雄記念ホール展示や同校舎図書館展示等々、連携協力をすることが少なくない。

(f)　サービス

すでに紹介したように、念願の閲覧室は事務室移転を機に一応実現、またそのための利用要綱も制定した。問題は膨大な資料の公開であるが、目下のところは一点ずつの資料点検（とくに個人情報関係）は不十分なので、他館でも採用することが多く、閲覧申告制による公開方法をとっている。問い合せ、協力要請、見学依頼などは実に多い。このことに要する時間と労力は甚大であるが、サービス業務は大学史資料センターとしての目標であり、極力対応するように努めている。また、その際の結果は前述したポケット・ファイルにメモ・コピー等を挿入しておくようにしている。(17)

(g)　広報・教育

実際のところ、学内の図書館・博物館と比較すれば、まだまだ大学史資料センターの知名度は低い。したがって、大学史資料センターでは積極的・意図的にＰＲ・啓発活動に努めている。学内外の新聞雑誌・テレビなどのマスコミ関係はもとより、少しでも有効と思われることには参画・協力している。とくにホーム・ページ開設後は多大な反響を得るようになった。また幸いなことに年々、学内外に大学史活動へ協力してくださる方々が増加していることも実に心強い。

教育面では、学生向けと社会人向けとに区別して対応している。前者は、学部生対象のいわゆる「自校史教育」である。授業の一環であるため事務・管轄は教務関係部署であるが、それ以外の計画・講義担当などは大学史資料センターが行っている。また学部の歴史授業には実践面で協力に当たっている。社会人向けには、生涯学習のひとつとしてアカデミー講座において、明治大学を中心とした近代の大学史の講義を実施している。

(4)　その他

ここでは三〇種近くになった大学史資料センターの業務を逐一、列記するわけにはいかないが、本章の最後に同センターの活動の特色として、欠くことの出来ない点を追加しておきたい。

　それは全国大学史協議会の活動に積極的に関与していることである。同協議会は大学史活動に関わる全国の機関・企業・個人が参加する団体であるが、目下、同センターからは四名が会員となり、会長校を担当、内一名（筆者）が会長、もう一名（室員）が幹事として会年史編集主査等々の役職を担っている。役職のことはともかく、自校の範囲に満足することなく、日本全体の大学史活動が広がるとともに、そのことが逆に自校のそれにも還元されるという期待もこめて参画している。

　以上、本節では、明治大学史資料センターの開設から現在までの大学史活動について、ひとつの観点から、主業務を例に論じてきた。極論すれば、「ハード」プラス「ソフト」の段階、あえて人間にたとえれば成人となった二〇代というところであろうか。

3　今後の課題

　ここでは大学史資料センターを中心として、今後の大学史活動について、論じてみたい。

　ところで、筆者はすでに前述の通り『明治大学史資料センターグループ報告』第二十九集の「第四・第五の大学史活動」において、大学史資料センターが、始動しはじめたり、しようとしている活動（社会参画・学芸事務）については紹介したので極力、省略する。最も重要な点は将来に向けて、どのような観点で構想するのかということであるが、それは、大学史活動において、前章で述べてきた「ハード」プラス「ソフト」から、「ソフト」プラス「ハード」へと転換することである。以下、このことを視野に具体的に論ずるが、例示すると際限がないので範囲を括ることとした。

(1) 目標・理念・基本姿勢の改編

大学史資料センター開設時には、活動目標・理念・役割、さらに基本姿勢に焦点をあて、検討したのは前述したとおりである。しかし心得ておくべきことは、時代や社会は進み、大学が変るとともに、それを受けて大学史活動も転換していくということである。あるいは逆に大学史活動は社会を変え、時代を進めていかなければならない。それを実現することは容易なことではないが、現状維持は退歩につながってしまう。夢と希望を持ちながら常に仮説を立ててみたり、具体化に向けて考案してみたりして挑戦していくことが重要である。

これまで大学史資料センターでは、そうした際に「権利自由・独立自治」といった建学の精神、大正・昭和戦前期の「大明治」・「質実剛健」、あるいは「近代」・「社会」・「自由討究」といった百年史編纂の成果、大学全体としてのキャッチ・フレーズである「学」（の明治）・「ルネッサンス」・「個」（に強い）等々が考案の手がかりとされた。もし、これらキー・ワードについて、大学史資料センターの目標・理念・基本姿勢として踏襲するかどうかにかかわらず、早急に根本的に検討してみる必要がある。その時は「三位一体」、「社会」、「国際」、「志学」、「原点」、「相関」、「共存」等々をも加えてみるとよい。

(2) 学内政策への関与

学内政策への関与とは正確な表現ではないかもしれないが、要するに大学経営に積極的に関与することである。つまり大学史の立場から大学当局に大学のあり方について、情報を提供したり、時には施策に参加することである。

例えば、組織改革に際しては、歴史的経過に関するデータを提示する。入学式・卒業式に関しては従来の理事長・学長の式辞を集成する。学内法規に関しては寄附行為など基本法の把握をする。事件・紛争・裁判に関しては、その資料を編集する。それをもとに意見を言う。目下、筆者が取り組もうとしているのは、創立以来の財務分析である。幸い財務関係の部署より資料が移管されたこともあり、基礎的作業に着手しはじめたところである。

これらのことに関して、筆者が熱望しているのは一三〇周年記念事業である。実施や規模は未定ながらも、一三〇周年は平成二三（二〇一一）年であるため、そのための準備は早急に開始すべきであろう。今まで明治大学の大学史活動の飛躍は記念事業を契機としていることは紛れもない事実である。では、何をしたらよいのか。それは膨大な資料の目録完成を前提とした三木武夫記念館開設（それまでに仮開設）、それにともなう企画展・シンポジウム・記念講演・研究書刊行である。そして、その実績をひっさげての大学全体の一三〇周年事業への主体的な参画である。

(3) 学内資料の収集・利用

従来から、大学史資料センターでは学内資料の収集に努めてきた。またそのために職場研修を積み重ね、さらにはセンター内規を制定し、運用してきた。さらに各部署からの移管も年々、増加してきた。だが、そうした学内資料収集に関するシステム化・安定性といった側面は弱い。ましてや資料の廃棄に関しては、全く手つかずの状態である。であるから、常に資料収蔵のスペースに悩まされている。

資料収蔵体制におけるさらなる深刻な問題は学内文書保存規程との関わりである。庶務関係部署の管轄である学内歴史文書保存・移管の規程がほとんど運用されず、逆に足かせとなっていることも事実である。こうした問題の解決は、目下、大学史資料センターにおける急務といってよい。他律本願的、あるいは人脈などによる部分的な学内資料収集から脱皮しなければならない。

目下、大学史資料センターでは規程の制定はほとんど終えており、それにとどまらず学内における共通認識、それによるシステム構築に向けて検討し、実現の目途が立ったところである。この問題が解決することは、大学史資料センターの活動がさらに活性化されることになる。

(4) 外部評価について

外部からの評価は、大学史活動に刺激・影響を与える。外部評価は、内部の関係者にとっては未知であったことを教示される。さらには大学当局へ大学史活動の意義を認識させることにもなる。いずれにしても、筆者は外部評価は大いに取り入れるべきだと考えている。

事実、大学史資料センターでは昨年度、大学基準協会の審査の対象となった。この時は、学内部署のひとつとしての扱いであったが、それでも事前書類の作成、当日の査察・面談等々あり、気が引き締まる思いがした。その後（平成二〇年）、筆者は広島大学より同大学文書館の第三者評価委員の委嘱を受け、外部評価者として参加した。その目的は国立大学法人および大学共同利用機関法人の中期目標期間の業務実施評価に準拠・利用しようとしたものである。あらかじめ送付された同館の資料を検討、当日は概要説明、施設見学、質疑応答がなされ、後日、多種多面にわたる審査結果判定書類を作成し、提出した。学内一館が単独で、相当な労力と時間と費用をかけて実施した気概と実行力に敬服した。また筆者自身にとっても、あるいは明治大学にとっても、同館の大学史活動から学び取る点が多々あった。

外部評価そのものではないが、筆者は平成一九（二〇〇七）年三月、日本大学からの依頼により、「大学史の広がりを求めて――『日本大学百年史』の編纂を終えて――」という座談会に出席の要請を受けた。目的は同大学史編纂の反省と今後の課題を検証するためであった。外部者の声を聞き、自校の大学史活動のさらなる発展を期したこの座談会から、他校の実態を知るだけではなく、自らをも知ることとなり、大変参考になった。

外部者の声を聞く、これは今後、ますます推進すべきことがらである。

(5) ポスト百年史

『明治大学百年史』の編纂が終了して一三年が経とうとしている。先進的・先駆的と自負した大学史編纂ではあったが、その後、他大学の成果を一覧すると大学史編纂は急速に進歩している[18]。日本の近代と大学との関わりの解明を大目標とし、顕彰に陥らないなどの基本姿勢を定めた編纂事業ではあった。しかし、途中から編纂に関わった筆者は時系列の構成以外のものが求められている気もしていた。編纂終了後のリバティータワー竣工記念「明治大学歴史展」では時系列の中に空間（テーマ）を挿入する構成を試みた。さらに次の「創立一二〇周年記念・創立者生誕一五〇年記念歴史展」では空間（テーマ）の中に時系列を採用する方式をとった。つまり、空間・テーマの強調であり、具体的には学食・下宿・服装・町並み等々の類である。またこの『明治大学百年史』戦後編の部分は、大きな流れを概観しただけで終わったように感じられる。今や戦後復興、高度成長、学費問題、学生紛争といったことに大きく踏み込む段階にきている。

また読みやすい、いわゆる「リーダブル」な年史をめざした同年史ではあったが、結果としては「堅い」書物となり、研究書に近いものになった。今後は新たな編纂、例えば明治大学史事典や次の年史等において、その点を乗り越えていくべきであろう。

写真集『図録　明治大学』は同書本編刊行前に出版され、当時としては斬新な存在であったが、構成・体裁・印刷、すべての面で写真集としては今日、耐えられなくなっている。本編以上に利用度が高いだけに、編集・出版が急がれる。

(6) さらなる「ハード」的側面の充実

今後の課題を中心として論じてきた本章は、「ソフト」的側面の重視について、力説してきた。とはいえ、現状では「ハード」的側面は十分であるとは思えない。またそれは絶対的なものはありえず、常に対応していくべきものでもある。このことについて、指摘すべき点は数多くあるが、とくに喫緊の問題と思われる以下の二点を記しておきたい。

(a) 専門職制度・運営委員制度

実はこのタイトルだけで一文を認《したた》めることができるくらいであろう。それだけ重要な問題である。平成一八（二〇〇六）年六月、学内三部署（図書館・博物館・大学史資料センター全職員）による専門職制度検討会（座長筆者）は「本学における専門職制度設置に関する上申について（願い）」を事務機構改革推進室長宛に提出、さらに翌月、総務理事に説明を行なった。その上申書の最初には「近年、大学が求められている重要な役割は、教育・研究の諸成果をもとに、新しい価値観や文化を創造し、もって個性的な社会貢献を達成する機能である。こうした観点から、大学内のなかに、教育・研究および当該支援をつかさどり、その成果を広く社会に還元する専門的な役割を担う専門の部署の設置は、必須となる」とうたった。以下、専門職員の定義や目的等に踏みこんでまとめられている。

教育と研究に続く学芸は、今や大学文化を担う大きな柱として成長した。こうした分野をおろそかにする大学は一流の大学とはいえないし、衰滅の一途をたどることはまちがいない。事実、学外者が来校した場合、必ず真っ先に見学・説明の対象とされる。それに対応するには、専門的に職務に当たっている者でないと難しい。専門職制を導入すると、「一人当たりの科学研究費が減配される」とか、「専門職がエリート意識を持ち、学内に身分差別がおこる」とか「好きなことをしているのだから、職制はいらないだろう」などといった狭小な意識よりは実現を検討する方がベターであるし、実際、すでに実施している大学も見うけられるのである。

センターの運営委員については、センター規程に定められている。大学史資料委員会時代以来の方法、つまり運営委員会において推薦する仕方である。学内各部署・機関等に委託する方式ではないため、例えば、生田校舎（理系）や付属校等に所属している者はいない。あるいは学部についても同様で所属もすべてを網羅しているわけではない。さらに大学史活動の内、アーカイヴズ論・博物館学を専門とする者もいない。例えば親委員会、それを受けた専門委員会といった方式、あるいは時には学外に人材を求めること等々の検討の必要に迫られている。

問題は形骸化・形式化、あるいは単なる「サロン」化・「仲良しクラブ」化せず、目標・目的を強く有した組織集団であるべきかということである。

(b)　事務局の所属について

上記の専門職制度との関連が深いのが、大学史資料センターの事務局の所属である。これは同センターが法人・教学両側面を有するからである。実際、その所属をめぐって平成一九年事務機構改革において、二転三転した。センター事務局はしばしば意見書・上申書を提出し、最終的には図書館・博物館等とともにワーキング・グループのメンバーとなった。そこでは三館で「学術情報部」

の設置を提案、大学史資料センターはその所属となる。センターの運営委員会においてもこの意見は支持され、可決された。しかし、最終的には実現しなかった。筆者は、この方向は現在でもより良い形と思っている。さらには学術情報部よりも格上げし、学術情報局として大学直属とした方がよいとも思う。小さなコップを用意して、さまざまな思惑であっちへ入れる、こっちが良いというレベルの話ではなく、大局的に考えねばならない。その際、前記専門職制度はぜひとも導入すべきである。さらに大きな目標として、大学の直属となることも考えられる。[19] 目標なしでは現行の業務は進まない。とすればまずは現在の所属をどのようになすべきかというところから出発することになる。このことは大学史資料センターの認知度・存在感や現行の最重要業務のことを考慮すればおのずから、結論が出る。またその機会に再び一課とすべきことは現状を考慮すれば当然のことである。[20]

さらに「ハード」的側面について、なすべきことはまだある。散在する室の集中化、資料収蔵室の拡張、廃棄規程の制定等々、例をあげれば尽きない。

おわりに

明治大学史資料センター開設以前（明治大学百年史編纂時代・大学史料委員会時代）と同大学史資料センター開設から現在、そして今後といったように、いうなれば明治大学の大学史活動を三期に区分して、私見を述べてきた。その間、活動に当たっては「足」と「頭」を手段としてきたこと、そして大学史の業務については、「広がり」と「深まり」、あるいは「目に見えやすい」ことと「目に見えにくい」ことを対置してきた。そのことから業務としては「ソフト」的側面と、「ハード」的側面を意識するようになり、この双方（少なくとも「ソフト」的側面）を融合して「大学史活動」と称した。

また資料の重要性を常に意識し、それに基づいて、大学史活動は第一（調査研究）・第二（整理保存）・第三（利用活用）・第四（社会参画）の分野があるとした。これは上記、「ソフト」的側面に含まれるものであり、第五の大学史活動（学芸事務）は大学史資料館経営管理とみて「ハード」的側面に含まれるとした。そして「ソフト」・「ハード」が混在・限定的に対処した時代を同センター開設以前（過去）、「ハード」プラス「ソフト」時期を現状（現在）、そして「ソフト」プラス「ハード」を今後（未来）の課題とした。

もとより「ハード」か「ソフト」の一方だけでは正常に歩むことは出来ない。今後は双方の翼のバランスを念頭に、常に双方補強しながら発展させねばならない。本文でも述べたように「現状維持は退歩である」、そしてあえて加言するならば「自由は与えられない、得るものである」。

注

（1）『研究叢書』第二号、全国大学史資料協議会、平成一三年三月。本書Ⅰ―二「大学資料の調査・収集」参照。

（2）『大学史紀要　紫紺の歴程』創刊号、平成九年三月。

（3）「大学史活動の広がり」『広島大学文書館紀要』第七号、広島大学文書館、平成一七年三月。本書Ⅰ

一一「大学資料館の開設」参照。

（4）前掲論文「大学史活動の広がり」、「広がる大学史活動」『研究叢書』第六号、全国大学史資料協議会、平成一六年三月。

（5）「第四・第五の大学史活動」『明治大学史資料センター報告』第二九号、明治大学、平成二〇年三月。

（6）明治大学、平成六年三月。

（7）『日本大学史紀要』第十号、日本大学、平成一九年一〇月。

（8）『記録と資料』全国歴史資料保存利用機関連絡協議会、平成四年八月、のちに『大学史をつくる』。

（9）明治大学、平成一〇年三月。

（10）明治大学、平成一二年三月。

（11）明治大学、平成一四年三月。

（12）京都大学学術出版会、平成一七年一二月。

（13）『研究叢書』第六号、全国大学史資料協議会、平成一四年六月。

（14）具体的に一例をあげれば、名称を「明治大学史資料館」とすると、一棟の建物と受け取られ、承認されにくいという配慮があった。また「館」とすると人員、予算等において図書館と同等のものとして発足する機関とされ、敬遠されかねないことも危惧した。

（15）詳細は、前記『大学史資料センターグループ報告　大学史活動』第二九集所収「第四・第五の大学史活動」参照。

（16）なお、「足」とは自分自身で、ひたすら資料を求めて奔走したり、検証するという意味である。

（17）いずれ、問い合せ集とか、なぜなぜ事典といった類のものを編集・出版できればよい。

（18）このことについて、近年、西山伸氏は『野間教育研究所紀要　学校沿革史の研究総説』第四七集の

「学校沿革史編纂と資料　大学沿革史」で時期区分をしつつ、その動向を整理している。

(19) 実際、百年史編纂時代の大学資料館設置の上申書には、所属は「大学直属」とある。

(20) 一般論ではあるが、例えば総務課とか教務課等々の　部署に属した場合、総務や教務といった枠の中での、限られた業務になってしまうおそれがある。またその課の管理者にとっては専門業務を把握しがたいこともある。それは業務の性格や内容が異なるからである。

六　大学史活動の社会的使命

はじめに

(1)「大学史」の意味

「二〇〇九年度全国大学史資料協議会全国大会」のテーマは表題のように「大学史の社会的使命」である。このうち、「大学史」とは教育史における小学校史・中学校史といった類の研究分野にとどまるだけではなく、大学の歴史に関するさまざまな視野や立場、それによる多種多様な活動のことを指している。

その場合、誰にとっても基本であり、お互いに共有していなければならないこと、それは資料の重視である。資料は私達にとっては最も基本であり、かつ必須である。実際、資料がなければ仕事はできない。その仕事とは資料の調査収集、整理保存、利用活用である。こうしたことは従来から多くのアーカイヴズや歴史学の関係者によって主張されてきたが、私たちは今後さらに発展させていく責務があろう。

(2) 「大学史活動」の意義

現在、私が最も強調したいことは、こうした資料に基づく調査収集・整理保存・利用活用という作業や活動において、「社会参画」(社会応用)という新たな視角や意識を強く持ってほしいということである。さらに、できればそうした三分野に社会参画という分野をもうひとつ設定してほしいことでもある。そのことはすなわち大学史の活動をワイドに捉え、挑戦しようということでもある。

さらにいうならば大学史の活動とは現地・現場において、資料をもとにして、その調査から社会参画までを視野に入れて、大学の歴史について考えたり、実行することである。もっとも、最初からこれらすべてを実行するというよりもあくまでも目標と考えたい。とはいえ、いまだ現地・現場、あるいは資料を重視しない場合に出会うことも稀ではない。このことは大学史の活動での利用活用の一部を担う大学史研究者に見うけることが多いのが実情である。

以上のことを総称して、私は「大学史活動」と呼びたい。したがって本大会のテーマは「大学史活動の社会的使命」としたいところであるが、まだこの用語はやや問題提起的であるので、私よりあとの本日の研究発表の妨げにならないよう、従来からの言い方、すなわち「大学史」にとどめた。ただし、以下の説明では使用する。

(3) 大学史活動の「広がり」と「社会的使命」

これまで本大会のテーマである「大学史の社会的使命」について、基本的な確認のために「大学史」のことを述べてきた。さらに「社会的使命」ということについて、述べていきたい。

(a) 「深まり」と「広がり論」

大学史活動は樹木にたとえると分かりやすい。普段のわれわれは実に地道な作業や業務をしている。汗をふきながら資料を探し、その資料を整理したり、管理している。管理している資料を引き出し、閲覧や問い合せに応じる。このことは樹木でいえば根や茎の営みに相当するであろう。しかしこれらの部分は一般には目に見えないが、この部分はきわめて重要であり、これなくしては樹木は生きてはいけない。このことは土の中に相当するので、「深まり」の部分と呼んでいる。

一方、樹木には幹や枝もある。これは目に見えるものである。その樹木の存在を主張しているとともに空気を吸出する。外に向っているので、「広がり」の部分と呼んでいる。このことは大学史活動の中では端的にいえば利用活用、あるいは前記し、後述もする「社会参画」に相当すると思われる。そして今大会のテーマ「大学史の社会的使命」の中では、この大学史活動における広がりを強調することになる。ただし、断っておきたいことは「深まり」の部分を軽んじてよいということではない。簡単にいえば両輪の関係である。

(b)　「広がり」の内訳

一口に大学史活動の広がりといっても、その視点・方向は二つあると思われる。ひとつは内部への広がりと称すべきものである。内部とは学内、つまり組織をさす。つまりこの場合の広がりとは、大学史に関する各部署・機関・関係者が学内（つまり組織）の各所・各人へその存在を伝えることである。しかもその範囲は、広いほど、また専門が異なるほどよいのである。「大学史活動は大事だ」と宇宙工学の研究室の人たちにいわせたいものである。

もうひとつは外部への広がりということである。つまりこの場合はある大学の各部署、機関や関係者が学外へ向かって発信したり、逆に取り込むことである。その対象は日本だけではなく、場合によっては海外かもしれない。

(c)　姿勢・視野・意識について

以上の広がり論に対して、「そんなことは今でもしている。そうなっている」といった声があるかもしれない。だが、部分ではそうであっても全体ではそのようにはとても思われない。相変わらず偶発的あるいは個別関係による資料の収集をしていないだろうか。その活動は自校の、しかも狭い範囲にとどまっていないだろうか。あるいは自己満足や顕彰だけで終っていないだろうか。

やや精神論的で差し出がましい言い方になるがあえて強調しておきたい。さきの「広がり」とは、スタンスや意識のうえでは「能動的」とか「主体的」といったことになり、「ルーティン」・「受身」、ましてや「下請」あるいは俗にいう「たなぼた」とは対極に位置する。したがってその視野は、「室外」・「外界」にあり、俗称「オタク」（オタクのすべてを否定するわけではない）などとは異なる。そのために他の同類の部署・機関はいうまでもなく異類の人たちとの共同や連携の可能性が高い。時には皆一緒になって「運動」を起こすこともありうる。結果として室内・机上のワーキングもプラスの方向になり、有機化し、歯車が効率よくかみ合い、大きく展開する。

ここでは「能動」、「主体」、「外界」、「非ルーティン」、「運動」といったキー・ワードで大学史の活動意識を訴えたかったわけである。以上が「社会的使命」の定義であるとともに、今後の私たちの目的と役割の第一にあげられよう。

1　広がり論の契機

私が大学史活動の広がり論を意識したのは今にしてはじまったことではなく、たしか以前の金沢大会時の大学資料の調査収集に関する研究報告でも述べたことがある。そのことを近年、急速にかつ強烈に確信するようになってきたのである。それはなぜか。その要因を以下に列記してみる。

(1)　学内の業務から

(a)　大学史活動の広報

大学史という世界があることを、さらにはその活動は重要であるということを知っていただくのは容易なことではない。「大学の中にもこういう所があったのだ」という外来者の声はしばしば聞く。

最近、学内関係者から「まだまだ図書館や博物館と比べると知名度は低い」と言われたこともある。こうしたことはかつての図書館や博物館も同じような道をたどったのであろう。しかしそれは単に時間だけが解決するわけではなく、さまざまな「仕掛け」をしつつ、日々外界を意識しながら「挑戦」をしていかなければならないのである。

このことについて、最近最も参考になったことは、運営委員を務めた明治大学博物館における友の会の存在である。同会は約一五〇名の会員から成り、時には同館の活動を支えるとともに独自の活動をし、ますますその存在を全国に知らしめている。同館学芸員らも「彼らの支えは大学当局への主張に大いに役立っている」と自負している。

(b)　大学史の「負」の部分

最近とくに学内組織・業務改革の際、「大学史は社史と同じだ」という声を聞くことがある。この背景には組織への帰属意識の高揚、勢力の拡大といった目的や背景がある。この意識を全く否定するわけではない。ある面では意義もある。しかし、一方、組織の停滞を招いたり、自己満足をさせてしまうこともある。そのようにならないためには、広い視野を持ち、場合によっては「負」の部分の発見や分析、あるいは外部の意見聴取といった客観化に努めねばならない。この視野に欠ける限り、その大学の大学史活動は発展しない。

(c)　大学経営論

歴史という過去の出来事を対象とすると、往々にして現代的意義や将来的展望に目を向ける機会が少なくなる。しかし常々「全く大学史の世界と関係のない人がわれわれのしていることを見たらどのように思うだろう」と考えねばならない。

このところ学内で直接、大学史活動とは関係のない人たちと仕事を共にする機会が増えたため、「大学史活動に対して彼らが思うことは特殊ではないのだ」と思うようになり、『彼らに大学史活動の大事さを伝えねばならない」と改めて思うようになった。とりわけ大学の経営に熟達している彼らから学ぶことは少なくない。戦後の成長路線とともに歩み、現在還暦を迎えた新制大学が目下、質的転換を迫られる中、大学の社会的な役割に関する論議（私立大学の社会的責任〈USR〉）が日に日に叫ばれるようになってきている。そしてこうした動向の中で大学史活動への関心が高まってきていることを知った。

(2)　学外の活動から

(a)　自治体史の編纂

六つくらい関わった自治体史編纂の中でも、とくに印象に残ったのは編纂の委員長として関わった茨城県千代川村の場合である。一〇ヵ年間計画で実施したこの事業は日本の自治体史編纂の中では体制・人員・経費・調査・編集等々さまざまな面で高いレベルであった。その実態は別書にまとめたことがあるので省略するが、「やるなら徹底してやる」という気概で、スタッフ全員、村内一軒ずつくまなく歩いた。進んで村外の調査にも出向いた。年一回、村民も招いて大編纂会議を行なった。執筆に当たっては著名人だけではなく徹底して村人の生活を重視した。とにかく「室外」で、「村外」でという合言葉により、すべての面で既成の方式や研究成果にとらわれず実行し、一日も遅れることなく終った。この千代川方式は、出来上がった冊子の内容はもとより、今後の編纂のあり方を示したつもりである。

(b)　情報公開の動向

大学史の活動を促進し、増進させたのは何といっても資料保存の国民的運動である。具体的にはかつての公文書館法であり、近年の情報公開法、ごく最近の公文書管理法の制定・施行である。このことは国公立大学に関することだけではなく、現実に私立大学にも影響を与えているのである。資料の世界、それに基づく大学史の活動はこうした面でも確実に広がっている。この追風を大学史の活動にどのように生かしていくのか、考えていかねばならない。

以上のような一連の動きや関わりを私は大学史の「社会参画」と呼んでいる。

2　大学史の社会的使命の実践

これまで述べてきた「大学史活動」、「大学史の広がり」、「社会参画」に強く関係する「大学史の社会的使命」の実態について、すでに開始されているいくつかの事例を紹介したい。

(1) 学内資料の一元化・システム化

学内資料の一元管理・公開について、さきがけとなり、拡充に努めているのが京都大学である。また広島大学では公文書と個人文書を明確に区分するとともに、一方ではその両立路線を打ち出している。総じてこうした学内資料の全学的システム化とその公開に関しては、国立大学関係の方が私立大学より目下、一歩先をいっている。しかし前述したように近年、私立大学においても例えば早稲田大学・國學院大學・明治大学等々、実施に向けて、具体化が急速に進められている。

(2) 地方・地域との連携

近年、愛知大学では創立者の関連する地域と共同で展覧会・講演会等を積極的に開催している。慶應義塾大学では東京国立博物館を皮切りに、各地域博物館と連携して大学史展を実施している。また明治大学においても創立者の出身自治体と共同で展覧会を実施し、いずれ創立者「サミット」なるものを開催する方向で進めたり、あるいは卒業生の出身地の自治体・郷土史研究者・各家と共同して資料調査に当たっている。さらに広島大学では平和と地域と大学との関わりを強く意識したさまざまな活動を行っている。

(3) 海外との交流

立教大学などミッション系の大学、あるいは拓殖大学等々では意欲的に国外の資料調査を推進している。また例えば関西学院大学では創立との関係でアメリカに赴いて資料調査をしたり、ラトビア大使館等を通じ同国との交流を図っている。

(4) 本協議会設立とその活動

そもそもこの全国大学史資料協議会自体が社会的使命を持って活動しているといえよう。情報交換をするだけではなく、ホーム・ページ等の広報啓発あるいは共同事業等々を行なうなどしている。とくに近年では、日本では最初の大学アーカイヴズ書ともいうべき『日本の大学アーカイヴズ』の編集・刊行をし、世に問うたことは記憶に新しい。

(5) その他

(a) さまざまな活動

共通する史実、例えば教員交流史等について、大学間で共同シンポジウムを開催する、社会人向けの大学史講座を開設する、あるいは自校史教育の研究発表会を開催するといった最近の事例を見聞するたびに大学史活動は着々と社会的使命を果たしているとともに、ますます方向が広がっているといえよう。

(b)　教訓

私たちにとって教訓とすべきことがある。臆せず事例を示せば、数年前にあった三者協つまり全国歴史資料保存利用機関連絡協議会・企業史料協議会との合同研究会の設置と、まもない離脱である。その要因の詳細を述べる余裕はここではない。方向性として間違いはなかったと思うが、各論や具体性に欠けていたので、単発花火で終ってしまった。

3　全国大学史資料協議会全国大会の研究報告について

このごろ、大学アーカイヴズとか大学史資料部署・機関を船舶に例えて想うことがある。それは個別各大学のことでも、全大学総体のことでもよい。港内のドックで建造され、進水する、港内から内海へ、そして外海に出る、まさに今、その時であろう。これからどのようにして大海の中、船を修理したり、増強しつつ進めていくかである。

今回の大会では、その大海という社会を意識して挑むという、まさしくそれこそ「大学史の社会的使命」のためであるが、大学史丸の航行あるいは操舵の状況を報告していただくこととした。

(1)　大学アーカイヴズの社会的使命

すでに述べたように私たちの周囲にはすでに公文書管理法など国レベルの法律は制定されている。あるいはすでに設置されている国公立大学だけではなく、私立大学においても学内資料一元化管理・

公開の動きがある。

今大会では近年、新たな大学史論をもとに大学アーカイヴズの設置を精力的に推進している大阪大学文書館設置準備室の菅真城さんにその進捗状況のご報告を願ったしだいである。

なお、付けたり的に申せば明治大学では大学史資料センターの名称をアーカイヴズに改称すべく、業務内容の検討を進めている。ただし筆者としては、この場合のアーカイヴズとは、文書課（係）とさして変らぬような狭義のものではなく、大学史活動を包括した広義のものを指す。

(2) 大学史展示の現状と課題

世に大学史の存在を有効に知らしめるとともに自らの大学史活動を充実させることにもなる強力な手段や方法として展覧会があげられる。当協議会東日本部会では約四年前から、幹事会において大学史展の開催を検討してきた。なにしろこうした前例がないため、暗中模索・試行錯誤の繰り返しであったが、実行委員会とワーキング・グループによるプロジェクト・チームが設けられ、全国初の「全国大学史展」開催に向けて進められている。本大会ではこのことを含めてその実行委員長である京都大学大学文書館の西山伸さんにこれまでの展示論を総括していただくとともに課題や展望について、ご報告いただくこととした。

(3) 学徒兵に関する調査とその意義

近年、日中十五年戦争について、風化が危惧されている。しかしこの世界史上における大惨劇の検証は私たち、大学史に関わる者にとっては重大な責務であろう。戦争に対し、大学はどのように関わったのか、あるいは関わらせられたのか。大学史活動の真価が問われるだけに「負」の部分を恐れたり、逃避することは許されない。しかもその復元は今日をのがせばきわめて難しくなろう。幸い大学史活動の世界でも最近ではその調査報告や展示が目に付くようになってきた。本大会では近年、学徒兵の調査・報告に精力的に取り組んでこられた日本大学について、資料館設置準備室の高橋秀典さんにご発表いただくこととした。

おわりに

本大会では、還暦を迎えた新制大学の省察、そして新たな大学像の構築が問われ、叫ばれる中で、この機会に大学史に関わる私達にとってはどのように向き合い、考え、さらに進めるべきかという問題・課題を設定してみた。それはあまりにも峻険ではあるが、あえて挑戦することとした。そしてその具現化のために、「大学史活動」、「大学史の広がり」・「社会参画」をキーワードに、テーマとしては「大学史の社会的使命」を掲げた。果たしてそのことが妥当であったか、どうかはまだ分からない。それだけ大きな、しかも奥深いテーマや問題である。しかし、少なくとも「私たちは今、何のために大学史の活動をしているのだろう」と立ち止まって考える時間を共有することができたならば大変ありがたい。

（付）

余談であるが、私は学部学生時以来、江戸後期の農村指導者である大原幽学およびその周辺について、調査研究をしてきた。目下は本務のかたわら千葉県旭市でその資料の国重要文化財指定の仕事をしている。ぜひ、皆様も各大学で所蔵する資料について、文化財指定をめざされてはいかがでしょうか。またその指定は国や地方自治体によるものだけではなく、例えば全国大学史資料協議会によることも考えられます。「大学史の広がり」のために。

II　大学史の研究

一　学校創立者・教師と地方

はじめに

長い資料調査の中で、生涯をかけて継続的に行なっている地域・テーマは三つある。そのひとつは昭和四二（一九六七）年以来の、東総地方、とくに旧干潟町（現千葉県旭市）を中心とした「大原幽学とその周辺」、ふたつめは昭和五七（一九八二）年以来の、茨城県西、とくに旧千代川村（現茨城県下妻市）の「飯泉父子・朝日商豆の文化活動」である。そして三つめが平成二（一九九〇）年以来の、山形県天童市域を中心とした「宮城浩蔵と門人たち」である。今後、追加の可能性もあるが、目下、永続的に行なっている調査研究は以上の三つである。その直接的な契機は人学学部卒業論文のため、共同研究のため、校史編纂のためとさまざまであるが、共通する点は、対象資料や研究課題がつきないことである。つまり資料調査に行く、調査の手ごたえを感じる、そこからまた研究課題が湧くといった按配である。

本稿で取り上げるのは、上記の三つめの地域・テーマ、すなわち宮城浩蔵とその周辺の人々のことである。筆者はこのことについて、その中心地域・山形県天童市で、三回ほど講演の機会をいただいてきた。第一回目は平成一三（二〇〇一）年八月二五日、天童グランドホテル舞鶴荘で、明治大学および同校友会により開催された創立一二〇周年記念講演会であり、「宮城浩蔵――その東京時代と山形」と題したものであった。この講演では、宮城浩蔵が上京して、東京で活動する、とくに法律学者、司法官、教育者（のちの明治大学である明治法律学校）の側面に力点を置いて話したつもりである。この講演は論文化し、明治大学から『120年の学譜』（大学史紀要 第六号、平成一三年一一月）として刊行された。第二回は同年一一月一七日、天童市中央公民館において天童市民講座公開講演の形で、「宮城浩蔵と山形の人々」というテーマで行なった。この講演では、前回の、主に宮城浩蔵の東京における活動についてを半分、残り半分は支援したり、教えを受けた人々、とくに天童の佐々木忠蔵と東根の岡田豊三を紹介した。この講演はやがて明治大学校友会山形県支部から発行された『明治大学創立者 宮城浩蔵――国と地域をかける――』（平成一四年一〇月）の中に講演記録として掲載された。すなわち、第一回は宮城浩蔵その人、とくに東京上京後について、第二回はそれに地域の人々を折り込んだのである。第三回目の講演は平成一四（二〇〇二）年一〇月一二日、同支部を中心となった宮城浩蔵胸像除幕式の際、天童ホテルにて「地域と生活から見た宮城浩蔵」と題して行った。この時には、宮城浩蔵その人自体については極力おさえ、前回取り上げた地域論、つまり地域の人々および地域の出身者との関わりを大きくクローズ・アップした。それとともに、新しく生活史的な観点、つまり宮城浩蔵の家族・親戚への注目を問題提起した。

本章はこの三つめの講演をもとに行論する。すでに述べてきたように、宮城浩蔵の関係の資料や研究課題はつきない。次々と資料が発見される。それとともに研究視点も広がる。講演後の平成一五（二〇〇三）年九月には、天童市立天童中部小学校において所蔵資料の調査を行った。その目的は宮城浩蔵および佐々木忠蔵の行跡を追うためであった。その結果は創立時からのこされている学校沿革誌、さらに学校日誌等々から多くの新たなことを知ることができた[1]。最近では、筆者が最も力を入れて調査研究をしてきた前記佐々木忠蔵の子孫基子氏の紹介で、同じ田鶴町内の山澤和弥家所蔵文書を拝見することができた。同文書二八点は書簡であり、明治一〇年代の宮城浩蔵および衆議院議員選挙出馬関係のものがほとんどである。また天童市立旧東村山郡役所資料館では宮城浩蔵から同市高揃荻野清太郎宛書簡（帰郷時の礼）を閲することができた。今後、荻野家の文書調査もせねばならない。また天童市の隣・山辺町の安達尚宏氏は同家輩出の峰一郎の年譜確定と新事実の発掘に当られ、近年、『故里からみた　安達峰一郎博士　略年譜』としてまとめられた。当然、同書の中には、師・宮城浩蔵のことも含まれている。これらの事柄は、一部、本論文の中にも活用させていただいたが、いずれにしても宮城浩蔵研究は尽きないし、それだけに資料はまだまだ存在すると思われる。

このようにして、資料調査と課題設定を循環させていくことにより、大学史活動は大きく強く発展するはずである。とくに同活動にとって、地方・地域の存在は不可欠である。それは単に地方・地域そのものの研究が重要というだけではなく、中央との相関関係、とりわけ近代を解明する大きな鍵となっているからである。その中央とは、大学史の場合、東京・大学と置き換えても大きな間違いではなかろう。さらに、前記第三回目の講演の際には、生活および生活史の側面からの宮城浩蔵論に挑んだ。それはまだ問題提起の段階にすぎない。この種の研究は、近年急速に進められている。筆者も冒頭に記した茨城県西をフィールドとした飯泉父子・朝日商豆研究では、私文書を多用しつつ、その究明につとめた。だが、このことについては宮城浩蔵の場合、資料的に苦慮しているところである。しかし、何としてもこの難点を突破したいと思いつつ、本章でも頭出しをしてみたのである。

1　宮城浩蔵・人とその思想

(1)　プロフィール

すでに述べたように宮城浩蔵その人については、第一回講演で扱った。第二回のそれでも半分近くをそれに費やした。したがって、第三回目では、そのプロフィールは簡単にふれる程度とした。以下の通りである。

宮城浩蔵は嘉永五（一八五二）年四月一五日に生まれ、明治二六（一八九三）年二月一四日に没した。四〇歳一〇ヵ月であった。父は天童藩医武田直道（玄々）、母は礼といい、その次男である。同藩士宮城宗右衛門（猫治）の養嗣子となった。長じて同藩貢進生に選抜され、上京後、司法省明法寮（のちの司法省法学校）に学んだ。卒業後、国費でフランスに留学、帰国後、司法省に勤務、立法事業等に当たる。その傍ら、明治法律学校を創立するなど、後進の育成にも尽力した。また、第一回衆議院議員選挙に出馬、当選した。

こうした宮城の生涯を分類し、要約をすると次のようになる。

(a)　地域――・東北主義（東北振起論）の拡大と発展
・中央との結節
(b)　研究――・刑法学の第一人者
・民法、民事訴訟法分野の拡大
(c)　司法――・法典編纂
・代言活動の振興
(d)　教育――・明治法律学校の設立・運営・教育実践
・他の法律学校へも援助
(e)　政治――・衆議院議員としての活動

こうした活動の目的は、「権利自由」およびその実用・実践による近代社会の実現ということに尽きよう。

(2)『日本弁護士高評伝』

ところで、宮城浩蔵の人物像について、日下南子の編著による『日本弁護士高評伝』（誠協堂発行）という書を閲する機会を得た。同書は表題のように人物を評伝したものであり、宮城浩蔵の深部を知ったり、あるいは行跡の確認に適している。また明治二四（一八九一）年八月二〇日発行であるので、死去の約一年半前ということになる。すなわち宮城の在世中のかなりの部分、少なくとも旺盛な時期のようすを描写していることになる。その文言を追うと、次の六点を抄出できる。

(a)特に刑法の学に精通し特に気力の活潑なるを求むる時は想ふに宮城浩蔵君の右に出づるものなからん

(b)明治法律学校を創立して大いに法学生を養成す今や其業を卒へ判事検事代言人となりたる者五大法律学校中最も其多きを占む而して君は始終刑法講義を担当し人の未だ知る能はざる理論を闡明し疑義を解剖すること鑿々として掌を指すが如し

(c)(大同団結解散後も)君は尚ほ独り大同主義を守る乎(略)昂然政党以外に立て国利民福を主とし而して冤を解き屈を救ふを以て足れりとする乎

(d)私にして交るときは醇々懇々弱者を憐み幼者を愛し人をして景慕已む能はざらしむ然れども言わんとする所あるに至ては豪邁の気・雄快の弁、縦横溢出して抑圧すべからず

(e)君久しく政海にありと雖も質剛、気鋭、寧ろ民間の活溌なる義務に適せり且つや人に接する叮嚀切実又能く人をして其情実を尽さしむるに足るを以て其一たび代言事務を京橋区鎗屋町に開くや依嘱の詞訟事件積て山をなすに至れり

(f)衆議院に於て商法実施延期論の出つるや君先つ正反対に立て資々延期を駁す言々骨力、声々気魂、猛然たる延期論者も為めに披靡せんとせし

この文章は漢語調ゆえ、やや誇張ぎみの点もあるが、それでも宮城浩蔵の業績を列記しているだけではなく、その人間像というべき内面にふみこんで紹介していることがうかがえる。とくに近代日本の創始期にあって、新しい学問、若き学徒の養成、民衆の福祉、弁護および政治の活動に敢然と立ち向かっていくようすが的確にとらえられている。宮城浩蔵研究に参考となる資料といえよう。

2 守り立てた地域の門人

宮城浩蔵のことは、山形関係の新聞記事に登場することが少なくない。そこで、『山形新聞』（以下、『山形』）、その改題の『出羽新聞』（以下、『出羽』）、『山形日報』（以下、『日報』）、といった地元有力紙から関係記事を明治一三年から同二〇年分（発行日ごと）について、摘出してみたい。

明治一三・八・二六	帰国、一九日検事拝命	山形
一四・六・二	寄稿「明治法律学校規則」（六月八日付まで連載）	山形
一七・一一・二三	一七日、司法省より法律学士授与	出羽
二〇・一・一四	八日、村山会新年宴会、演説	出羽
二〇・一・二九	村山会経費援助、新年会費支弁	出羽
二〇・五・一八	一四日、村山会宴会、演説	出羽
二〇・八・三一	二九日より帰郷、懇親	出羽
二〇・一〇・二	帰郷の際の旧藩主への援助相談、三、〇〇〇円集金	出羽
二三・七・三〇	二八日、天童にて宮城・佐藤衆議院議員当選慰労会	日報

二四・八・一九　一七日、山形市にて宮城浩蔵・安達峰一郎、法治協会拡大のため、演説　日報
二四・一二・一三　国会における商法問題の活動、永井松右衛門を首肯させる　日報

以上の地元新聞の記事から、宮城浩蔵が地元への思いが強いこと、地元も宮城浩蔵に期待していることの一端が察せられる(2)。こうした状況の下で宮城浩蔵と関わりのあった人々を追うこととする。なお、家族・縁者もその一翼を担ったのであるが、後章でふれることとした。

(1) 門人

宮城浩蔵の門人としては、明治法律学校で教えを受けた人たちを容易に思い浮べることができる。とりわけ佐々木忠蔵はその第一であろう。佐々木や友人の阿部庫司については、次章で取り上げるので、ここでは省略し、多田理助を紹介する(3)。多田理助は代々世襲名であり、ここで取り上げる人物は第一一代目になる。幼名は恒太郎といった。明治六（一八七三）年八月一二日から昭和一〇（一九三五）年九月一一日まで在世した。住所は東村山郡中村大字大蕨で、当地の富農であり、のちに同村長、そして県会議員をつとめた。

多田理助には『多田理助翁』という伝記がある。昭和一一（一九三六）年六月一一日、後藤嘉一筆によって多田理助翁伝記刊行会から発行されたものである。同書によれば、同人は地元の尋常小学校を卒業すると、明治一九（一八八六）年に郡内唯一であった天童町の高等小学校に入学している。実

はこの時、天童高等小学校で担任をしたのが佐々木忠蔵であった。明治二一（一八八八）年、理助が一六歳の時、十二指腸を患い、東京神田の杏雲堂病院に入院したことがある。その時、父にともなわれて、郷里の生んだ、かの宮城浩蔵宅を訪問、期せずして退職し明治法律学校生となっていた恩師の佐々木忠蔵と再会したのである。全快した理助は明治法律学校に入学、しかも神保町に一室を借り、佐々木忠蔵と生活を共にするようになった。遊学中の理助は宮城浩蔵や佐々木忠蔵の関係で山形出身者と交流を深めた。佐々木忠蔵の従兄相川勝蔵（のち判事）は代表例である。そのほかにも、上の山出身の河合孝朔（のちに上の山町助役）、山辺出身の大江孝（のち謄写販売）、沢渡吉兵衛（のちに天童新温泉堀鑿）等々、郷里出身者を中心に交友が広がっていった。いずれにしても、多田理助は宮城浩蔵や佐々木忠蔵の下、草創期明治法律学校で勉学に励んだわけである。そして、宮城浩蔵以下、当時、交わりのあった人々とは生涯のつきあいとなる。前記した伝記を監修を依頼したのも、当時天童の郷土史家であった恩師の佐々木忠蔵である。

帰郷後の理助は東京遊学中に受けた活気に刺激され、地域青年のための修養機関である「大蕨青年義会」を創設、一切の経費を負担し、会長として運営に務めた。この青年団体は全国の青年会が青年団として国策の輔翼に当たっていく中にあって、その道をとらず、それどころかそれ以上の強力な組織力と活動力をもつ自治機関として続いた。在学中に学んだ明治法律学校の建学精神「権利自由」、あるいはそれによる教育精神「同心協力」を正しく、体現したものである。また本稿冒頭で指摘した、明治宮城浩蔵の権利自由論、民福論に影響されたものといえよう。そのことを証明するかのように、明治二〇（一八八七）年五月二一日付『出羽新聞』は慈善家として多田理助について、地域民のために種痘家を招いて、自宅で施したことや、窮民に金員や飯米を支給したことを報じている。同人のその後の宮城浩蔵・佐々木忠蔵との関わりは若干後章でふれることとする。明治法律学校で宮城浩蔵の教えを受け、宮城と深く関わった人々は佐々木忠蔵、阿部庫治、多田理助以外にも少なくない。すでに前出『120年の学譜』などで紹介したことのある佐藤治三郎（山形県弁護士会長等、後節参照）や熊井戸政徳（南村山郡長等）等々、枚挙にいとまがない。東根の国有林払戻し運動において法律知識を習得するために上京、入学した岡田豊三は若くして亡くなったが、このなかの一人に加えたい。

(2) 師と仰いだ地域の人々

ここでは宮城浩蔵に、明治法律学校において直接授業を受けなくとも、師として関わった地域の関係者を取り上げる。その第一はやはり安達峰一郎である。安達は明治二（一八六九）年六月一九日の生まれであるので、宮城浩蔵とは約一七歳下である。没年は昭和九（一九三四）年一二月二八日である。父・久、母・うしの長男として生まれた。高沢佐徳の長女かねと結婚する。この夫人は短歌をよくしたが、『歌集　夫安達峰一郎』には、次のような歌や文言が記されている。

都度々の宮城博士の紹介に君の繁多や君の有能
宮城博士君が身柄を保証せり又他の博士も敬愛尽して

上京後の安達の保証人は宮城浩蔵がなった。その保証人となった直接資料は見出せないながら、高沢家と宮城浩蔵が近い関係にあったことが、理由のひとつとして考えられる。ただし、安達は明治法律学校には入学せず、宮城浩蔵の母校司法省法学校を選んだ[4]。その理由としては、学費や修学の目的も要因のひとつと考えられる。父の久は安達本家ではなく、分家であり、中農であった。山野罷学校教員准訓導をしていた。士族ではないため、秩禄処分の対象とはならなかった。峰一郎は同校の教師助手となったが、やがて山形県師範学予備科に入学する。一五歳の時、父に送った「東京遊学ノ真情ヲ吐露シタ手紙」によれば、現実の学費はもとより、さらなる上級学校への進学は容易ではないと述べている。そうした時、鶴岡出身の友人・加藤幹雄（司法省法学校生徒遊学中）より、司法省法学校が官費生の召募（四年に一回）があること、入学後優秀なる成績ならばフランス留学の特典が得られることなどがしたためてあった。その手紙の内容に、地域の生んだ、そしてこうした道を歩んだ宮城浩蔵を重ね合わせたことは想像に難くない。また峰一郎は小学校卒業後の一〇歳の時、地域・山辺の東海林寿庵の塾に入門する。寿庵は江戸で蘭方医術を学ぶほどで、儒学・医学にたけていた。その江戸在府中、患者・勝海舟を知り、親しく交わるようになった(5)。こうしたことも峰一郎の東京遊学に影響を与えたことと思われる。

いずれにしても安達は上京後、宮城浩蔵から公私ともに指導や援助を受ける。そのことは例えば同人の「日記第一」（明治一九年正月一日〜）をひもとくと、一月六日には、飯田町の「宮城氏に於いて」云々、同月二〇日にも「宮城氏に至り」云々と書き出されていることからも分かる。事実、安達は宮城浩蔵葬儀の弔辞「弔宮城浩蔵先生文」（明治二六年二月一六日）では「生ミノ父ニモ等シキ大恩アル亡師宮城浩蔵先生（略）先生ノ某ニ於ケルヤ、父ノ恩アリ、師ノ恩アリ、又先進ノ恩アル」と詠んでいる。

安達は在学中明治法律学校などで、国際法学者パテルノストロの講義通訳を担当する。さらに卒業後の明治二五年九月からは同校などの講師となった。こうしたことには宮城浩蔵の推薦によるものである。この間、宮城浩蔵に同行、民法典断行の演説をしたり、宮城の衆議院選挙の応援にも当たっている。安達が明治法律学校講師を辞すのは、明治二六年上半期頃と思われる。明治法律学校の『校友規則並表』によれば教師欄に明治三〇年一〇月まで掲載されている。それはごく稀には教壇に立つこともあったかもしれないが、パテルノストロの帰国、宮城浩蔵の死去、イタリア公使館赴任等々を勘案すると実質的には二六年上半期年としてよい。とはいえ、例えば愛媛に帰郷した安藤正楽のように明治法律学校卒業生らをはじめとする同校関係者との親交は続いた。

このように、明治法律学校で宮城浩蔵の授業を受けなくとも、師と慕ったものは少なくない。明治二〇年一月二九日付『出羽新聞』は「宮城浩蔵氏」と題し、次のように報道している。

（略）吾が宮城浩蔵氏の身、顕官に居りて名一世に躁しきを聊か自ら高慢ず同郷後進者を眷顧するの厚きが如きは其の類蓋し鮮少かる可し村山の壮年子弟の東都に留学するもの一致団結後来実業に就くの準備を為すの必要に迫られ一昨十八年の春友志《ママ》二三輩の発起により一会を設け名づけて村山会と為し爾後毎月一回第一日曜日午後を期して相集合し演説談話等の方便を以て互に気節を励し学術を磨一も懈ることなかりしかば　暗々裏に村山壮年を益するや決して鮮少ならざりし比事《ママ》早くも氏の知る所となり氏も深く此趣意を賛せられ力を極めて云々

村山会に対する熱情のほどが読み取れるが、それは逆に言えば郷里の生んだ偉人としての宮城浩蔵

から薫陶を得たいとする村山郡出身者の熱い要望でもあった。

3　政治上の支援者

すでに述べたように宮城浩蔵は明治二三（一八九〇）年七月一日に行なわれた第一回衆議院議員選挙に山形一区から出馬、当選を果たした。さらに同二六（一八九三）年二月一四日の第二回にも再選となった。宮城の目的は明確である。それは権利自由を重んじた社会の実現であり、具体的には民法典断行であった。この二つの選挙において、同志として共闘したのが、同じ改進党系羽陽正義会の佐藤里治である。佐藤は西村山郡海味村（現山形県西川町）の豪農である。この時、地元にあって強烈に宮城を支持・支援したのが前出の多田理助であった。荒谷村（現天童市）の村形忠三郎、長崎村（現山形県中山町）、山辺村の垂石太郎吉、山形市の沢渡吉蔵（前出）、柏倉文蔵（七代目）らも同様である(6)。ここでは、とくに垂石太郎吉のことと、山澤和弥家文書について説明をする。

山辺村の垂石太郎吉について、明治二〇年七月二四日付の『出羽新聞』は「東村山郡通信」として、砿物採集、新道開通、水防組改良、学校新築に尽力していると伝えている。さらには地域に英学講習会をも開設したと報じている。

この垂石について、佐々木忠蔵は山辺の『有為会雑誌』（昭和三年五月）の中で「宮城先生と垂石君」と題し、次のように述べている。

・（佐々木忠蔵は）垂石君とは明治二十三年に於ける衆議院議員の第一回総選挙の際から知合とな

り、乖来君の最後まで知遇を受けた

・此等多数の（選挙関係の）人々を率ゐ選挙事務長格を勤めたのは垂石君其の人である。

・君（垂石）から直接聴いた話だが、先生（宮城浩蔵）に初対面の時に、全く先生に心酔したとのことである。

・忘れもしない。先生が僕を随へ東京から第一回の総選挙に臨まるゝ時、関山墜道を通過すべく、仙台から作並温泉岩松旅館に着いたのは夕方であつた。同旅館には君を筆頭に二十名前後の壮士が、今を遅しと待受けて居つた。

この選挙を通して生涯の知遇を得た者ならではの一文であり、地域関係者が宮城浩蔵に心酔し、選挙活動に当たったようすがリアルに読み取れる。こうした心情は垂石個人だけではなかったと思われる。

天童市田鶴町の山澤和弥家に、ふたつの巻物が残されている。第一巻は大正一四年六月一日に表装されたもので、表題として、「明治23年7月衆議院議員初期選挙関係書簡1」とある。同巻には一三点の書簡が含まれているが、その多くは佐藤重礼が受け取ったものが多い。佐藤重礼は、天童藩士であり、天童藩校養正館設立のために校舎献納をした佐藤重剛の末裔である。このうち、とくに注目すべきは、最初の書簡である。宮城浩蔵が、工藤六兵衛、阿部権助、北畠義林、村田金右衛門、佐藤重礼、長谷部広告、井上登美太に宛てたものである(7)。これらは、皆、地域の有力者、文化人であり、宮城の支援者としてよい。日付は一〇月八日となっているが、その内容は帰郷の際の礼である。とすると明治二〇年八月二九日の帰省の時のものである可能性が強い(8)。問題は、この書簡の中で、「向後貴下等諸君之信憑ヲ辱シメサル様、一層勉励従事之覚ニ候」と自戒し、さらに「貴下ニ於テモ爾後公私之為メ意御自変アリテ相共ニ我県下之福利増進之策ヲ御講究有之候様致度」と自論の民富論を同志に要望していることである。ほかにも宮城の書簡があるが、この第一巻は、そのほとんどが、宮城浩蔵の選挙戦に関するものであり、上記のように宮城から発信されたものもあれば、例えば、二六日付として、（佐々木）忠蔵が佐藤（重礼）に「宮城君之迎に付て山形へ出張致す可候ニ付、何の御用も有之候節御申付被成下度候」といった支持者同士のやりとりもある。しかし、最後の方は、宮城の死去にともなうものである。

したがって、第二巻（大正一四年表装）は「明治二五（二六カ）年五月衆議院議員補欠選挙関係書簡2」となっている。つまり一五点の書簡は宮城死去にともなう補欠選挙に関するものがほとんどである。例えば、（明治二六年）三月九日付、佐竹正詮から佐藤重礼宛のものでは、「不肖今般ノ候補者ニ相立俣ニ付テハ、（略）投票罷被申上候」といった投票依頼である。しかし、最後の二点は宮城浩蔵碑の建立に関するもので、垂石太郎吉、佐藤治三郎らが佐藤重礼に発したものであり、これは明らかに大正期にしたためられたものである。

前節では宮城浩蔵を取り囲く地域の人々について、明治法律学校の教え子、そしてそうではないが師と仰ぐ人たちについて紹介した。さらに、本節では政治上の関係者を取り上げてきたが、それ以外にも、例えば高沢佐徳、三浦虎彦、小磯忠之輔のように地域の司法関係者の存在も無視できないが、別稿で取り上げたい。

4　対局にあった地域の人々

(1)　重野謙次郎

政治家としての宮城浩蔵を語る時に、欠くことのできない存在が重野謙次郎である。安政元（一八五四）年一〇月二七日に天童藩重臣の家に生まれ、昭和五（一九三〇）年一一月五日、東京で没した。今日、重野謙次郎は地域民の間ではあまり名を知られていない。知られていても高い評価を聞くことはあまりない。それは、天童藩上席の武士でありながら、明治期に地域から去ったこと、政治活動において策略が多かったこと、あるいは学者・行政家、教育者、代言人としての宮城との比較により善玉・悪玉的の二者択一的評価の対象にされたこと等々があげられる。だが、実際、政治家としては、もっと高い評価をしてよい。彼は明治二年二月、藩命で東京に遊学、漢学を河崎魯斎に学び、いったん帰郷ののち、再度上京、講法学社で法学を修得した。この講法学社は、のちに明治法律学校を宮城浩蔵らと創設する矢代操が幹事・教員として深く関わっていた学校である。それどころか明治一三（一八八〇）年一一月に宮城浩蔵は講師として赴任している。ただし、この時、重野はすでに山形に帰郷、法律学社を設立し、法学普及や自由民権活動に奔走していた。

したがって重野は、やはりフランス法系の法曹人（代言人）であり、設立する結社も自由党の流れをくんでいる。そのため、県会議員として県令および県当局とは激しく対立した。また、時には同党系の同志とも対立・分裂したこともある。条約改正問題が発生した時は上京、さかんに反政府の活動を行なったが、保安条例により、帰郷せざるをえなかった。

こうしてみてくると、重野は地域の政治活動を通して台頭した、典型的な自由党の壮士、言い換えれば自由民権運動の叩き上げ的な闘士といえよう。政治的な才覚と力量を有していたのである。

そのため宮城浩蔵は佐藤里治と組み、改進党系の羽陽正義会（重野は山形義会）から第一回衆議院議員選挙に臨んだが、結果は宮城一六二五票、佐藤一二一五票で、二人とも当選、重野は一〇八四票で票で落選した。第二回の選挙も宮城一四〇三票、佐藤一二一五票で当選、重野は一〇六七票で敗北した。しかし、重野は宮城・佐藤に完敗という状況ではなく、ライバル的な存在であった。であるから、宮城死去後の補欠選挙では、当選後、四期務めた。(9)

(2) 格知学舎および本沢竹雲について

本沢竹雲は、現天童市郊外の丘陵地に広がる上貫津の教育者である。天保七（一八三六）年二月一〇日、南村山郡長谷堂村（現山形市）の西養寺に生まれた。嘉永四（一八五一）年には上山藩校明新館に入学、翌年には米沢片山塾に入門した。安政四（一八五七）年には京都真宗大学寮（高倉学寮）に学ぶ。以降、江戸藤森弘庵、同安井息軒に入門。このころ国事に関心をもった。慶応二（一八六六）年二月に上山藩々校の都講となった。さらに、明治二年五月一四日、上貫津村名主で門人の結城六右衛門の招請により、仮開塾をした。太政官からの招講を辞退したのも、この頃である。そして明治三（一八七〇）年五月から格知学舎を開塾。途中、中断したこともあるが、同一三年に再開した。

明治四〇（一九〇七）年九月七日に没したが、その教えは後継者によって続けられた。昭和二七（一九五二）年四月、格知学舎は山形県指定史跡、同五〇（一九七五）年三月に典籍関係が山形県指定文化財となり、今日、豊安財団により保存されている。(10)

本沢竹雲の学問、教育あるいは人生観は、大きく次の四点にまとめられる。

・儒学をベースに、神仏の教義採用
・学問は心と身を善に移すため（人の道のあり方、三無論等々）
・実践躬行（自ら子弟と起居、道徳重視）
・欧化主義や私利私欲の否定、質素倹約等々

ここで、宮城浩蔵と本沢竹雲を比較する前に、明治前期の天童市域における町場の教育文化関係記事を『山形新聞』（のち『出羽新聞』）から抽出し、発行日順に列記してみる。

明治一三・　四・　八	田鶴町士族、天童—山形間　馬車営業	山形
一三・　六・　五	天童小学校新築	山形
一四・　五・二二	特振社学術演説会	山形
一四・　八・一一	教育社設立	山形
一五・　五・一六	耶蘇協会で学術演説会	山形
一五・　七・　六	天童は教員多い	山形
一五・　七・　七	育成会	山形

一六・　一・二〇　教育講究会開会式　山形
一六・　五・二二　天童学校落成式　山形
一六・一二・　五　天童青年会　山形
一九・　九・一四　北畠道竜法話会　出羽
一九・　九・一五　天童有志親睦会　出羽

天童の町場に関する当時の新聞記事一覧から、近代を象徴する教育文化宗教の様相が察知できる。このうち、例えば北畠道竜とは和歌山出身の僧侶であるが、前出講法学社の設立に参画したり、真宗改革に奔走していた。なお、天童三日町に山形県下初のキリスト教会堂が建設されたのは明治一二（一八七九）年八月のことである。

上記以外にも天童町の近代化の景況を知り得る資料は多い。近代化の典型である小学校については、中核校として天童小学校（前出の現天童市立天童中部小学校）が設置された。当時の同校の「日誌」（時には「日記」、「日乗」）をひもとくと、例えば、保護者へ演説「雷ノ説」（明治一九年一月一二日）、体操教授の件で教員一同集会（明治二〇年一月一〇日）、宮城浩蔵来校（同年八月三〇日）、英語科設置（同年九月九日）等々、そのようすが読み取れる。

筆者は、以前、『村落生活の史的研究』（木村礎編著、八木書店、平成六年一月一七日）において、茨城県千代川地域を事例に、村落景観による文化の形成について、研究したことがある。それによれば、前近代、とくに中世・近世以来、文化活動は台地部を中心に展開される。それは時代がさかのぼるほど信仰性を帯びる。これを伝統的土着文化の継承、分かりやすく「下から」の文化と呼んだ。それがやがて近世後期以降になると河川や道路が整備され、産業経済や交通情報が発達する。それにより河岸場や宿場が形成され、人の往来も頻繁となり、さまざまな文化が伝えられる。そして地域に定着するものもあれば、一過性的なものもある。これを波及的文化の伝播、分かりやすくいうと「横から」の文化と称した。一方、低地部は近世後期以来、とくに近代になると圃場整備が進み美田が目立つようになり、それにより生産力が向上、新興有力地帯として成長する。ここには新しい近代文化、とりわけ近代の特色ともいうべき官製的なそれが入りやすい。こうした文化を近代的文化の降下といい、また「上から」の文化であるとした。

むろん、こうした三文化が明確に近代の地域に存在するわけではない。重層・複合している部分も少なくない。しかし、天童市域の文化を考える場合、この類型がかなり充当することに気づく。一方では伝統的土着文化の継承の台地部・貫津（格知学舎）、他方では近代的文化の降下の平地・天童町（宮城浩蔵ら）の状況。むろん、宮城浩蔵らは伝統的学問（漢学など）を修得していないわけではなく、むしろ基礎的な学問として十分に心得ていたことは断っておきたい。要は格知学舎と宮城浩蔵を対極としてのみ、とらえるべきではないということである。相乗的、双方向的に解釈する必要があるということを強調したい。それぞれの環境条件の下で切磋琢磨し、互いに存在感を示していたということになる。

5　生活人としての宮城浩蔵

(1)　その性格・信念の一端

生活史的に宮城浩蔵を検討するということは、一見たやすいようで実はなかなか難しい。大体、「生活」とは、「生活史」とは何かと問われるといささか、心もとない。しかし、ここではとりあえず宮城浩蔵の私的な事柄や関係を中心に、列記することとした。

ところで筆者は第一節で『日本弁護士高評伝』を紹介し、宮城浩蔵の人物像を六つに分けて紹介した。その中に個人的につき合う時には弱い人や幼い者を愛する、あるいはまた人に接する時は丁寧で、また情があるという評価があった。このことは、例えば、『出羽新聞』(明治二〇年一〇月二日)の宮城浩蔵関係記事とも共通するところがある。要約すると、以下の通りである。東京に移住した旧天童藩主織田信学の財政が窮乏していることについて、宮城浩蔵は天童帰省の際、重立たる旧藩士と醵金の方法を談じた。これにより、このたび三千円が集まったので、寄贈の予定である。

長岡(現天童市域)の佐藤善三郎家から、明治大学に宮城浩蔵の洋服が寄贈されたことがある。また同家(当時、長吉・さと)には宮城浩蔵の母が愛用した鏡が残されている。これらは天童における宮城家の生活を何くれとなく守ったり、その後も援助したことの返礼である。そして同家の治三郎(のちに山形市居住)は宮城浩蔵の寵愛を受け、明治法律学校卒業後に帰郷し　弁護士をしつつ、師を尊敬し、交流を深めた。これらのことは、法学者や司法官としての冷静・客観的姿勢をとりつつも、私的には情緒的側面も豊かであったと思われる一端を示している。

(2) 親族の佐藤直正について

宮城浩蔵の一族として、佐藤正徳について、紹介をする。同人は幼名を亥之吉といい天童村二〇五番地に住した。実母の実家で有力な佐藤家の直正（直道・直則、宮城浩蔵の伯父、明治二八年卒）の子に当たる。嘉永五年二月一三日に生まれ、明治三一（一八九八）年一月二四日に没した。宮城浩蔵とは同年に生まれ、妻はその妹りつ（嘉永六年四月八日生）である。総代人、田鶴・天童連合会議長をつとめたが、何としても明治初年、県令三島通庸ら、県に立ち向かった運動のリーダーとしての存在が大きい。すなわち旧第一大区々務所公共物官有化問題、県会地券証券贏《えい》余処分不当訴訟、関山新道開鑿費徴収訴訟のように、次々と、先頭に立ち、向かっていった。また、こうした民権意識を演説討論会では壇上に立ち表現していった。そのたびに亥之吉は拘留などの弾圧を受けた。その一方、彼は最上川築堤・酒田港築工につき県会に建議をするなど、地域振興に尽力した。このような産業経済面では、さらに天童村に村山食塩会社を設立したり、のちに県勧業課に勤務した時は千歳園（勧業場）の経営に当たっている。そうした業績が認められ、やがて工部省に出仕することとなった。なお、こうしたことについては、逐次、宮城浩蔵の実兄武田義昌が社長をしたことのある『山形新聞』（のちの出羽新聞）が詳細に報道している(11)。

宮城浩蔵と佐藤亥之吉に関する直接資料は目下のところ見出せないが、藩閥専制的な強圧政治を断行する三島県政への反対運動、地域繁栄のための建言、自由民権の運動、あるいは開明的な勧業活動等々は、「権利自由」に基づく民福論を主張する宮城浩蔵と共通し、合致するものがあった。

以上、生活的、私的な面から宮城浩蔵をかいまみてきたが、この方法はまだまだ、今後の課題であることを認めざるをえない。しかし無理を承知でも問題提起をしておきたかったのである。

おわりに

本章では、宮城浩蔵について、地域から素描することにつとめた。そのため、まずは従来の宮城浩蔵研究から得たことを要約するとともに、さらにそのことを新たな資料で確認した。そして地域における明治法律学校門人、次に同校生以外のそれ、さらに政治上の地元関係者を通して宮城浩蔵を考察した。一方、宮城浩蔵とは対極にあった地域の人々を登場させて考えてみた。最後に、以上の地域論というよりも、生活人としての宮城浩蔵について、その一端をのぞいてみた。

このようにしてみると、宮城浩蔵が地域、そして親族を成長させ、また地域・親族が宮城浩蔵を成長させたといえよう。そして、やや堅い言い方をすれば、関係者それぞれが権利自由観と、それに基づく中央と地方の協同・連携の社会をめざしていたのであろう。

注

（1）この調査結果の一部は、『天童が生んだ人物——明治大正期の教育者——』天童市、平成一六年六月の中の「東京・明治法律学校時代の佐々木忠蔵」において、利用したことがある。

（2）長兄の武田義昌は、明治一二年一〇月一六日より山形新聞の社長を歴任している。なお、慶應義塾『入社帳』によれば長男の原蔵は明治一一年九月一六日（一七歳二ヵ月、文久元年七月二五日生）の時、同塾に入学している。その後、同一四年に開校した明治法律学校に入学したのである。

（3）「地方学生からみた明治法律学校――佐々木忠蔵を中心に――」（『明治大学史紀要』第一二号、明治大学、平成六年三月）、「東京・明治法律学校時代の佐々木忠蔵」（前出）等々。

（4）司法省法学校は、入学した明治一七年には東京法学校と改称。さらに第一高等中学校、東京帝国大学法科大学へ進学する。

（5）以上、前出『郷里からみた安達峰一郎博士　略年譜』（安達尚宏、平成一五年六月）、『報告　平成一三年度企画展』「安達峰一郎展」～年譜と資料～（山形県郷土館文翔館、昭和一四年二月）、『山辺町史』下巻（山辺町、平成一七年三月）『研究　山邊郷』第三号（山辺町郷土研究会、平成一四年一月）、安達尚宏氏御提供資料等々による。

（6）近年、村形忠三郎については、天童市在住の渡辺武男氏が「宮城浩蔵、明治二十三年、第一回総選挙で衆議院議員に当選」（東村山郡の成立とその後⑫）で、山形大学附属博物館所蔵の村形家文書を用いて、選挙選の展開を紹介している。

（7）同巻には、大正五年盛夏の書付があり、井上登美太は旧天童藩士で宮城氏親友、工藤六兵衛は天童町有力家正義派・山形県議会議員、長谷部広告は旧天童藩士で宮城氏親戚等々とある。

（8）最後の部分では、返礼の遅れた理由とおわびがしたためられている。

（9）以上、重野謙次郎の事実関係は、『山形県史』第四巻近代編上（山形県、昭和五九年三月）、『天童市史』下巻　近現代編（天童市、平成四年三月）、『山形県議会史』（山形県議会、昭和二六年一一二

月）、『山形県議会歴代議員名鑑』（山形県議会、昭和四八年三月）、『山形新聞』（のちの『出羽新聞』）による。

(10)　以上は、『本沢竹雲先生略伝』（豊安財団、昭和五九年三月）、『天童が生んだ人物』（前出）、『山形市史資料』第五四号（山形市、昭和五四年一月）、『天童市史』下巻　近現代編（前出）による。

(11)　以上のことは、おもに『山形新聞』、『山形市史』、『山形県議会史』、『山形県史』下巻　近代編（前出）による。

二　校友から見た高等教育

はじめに

(1) 佐々木忠蔵の人生区分

佐々木忠蔵（以下、忠蔵）は元治元年（一八六四）年五月一五日に、羽前天童生まれ、昭和一六（一九四一）年二月八日に没した。満七七歳であった。

その生涯は、日本の近代と歩を一にしたものであった。ただし、その歩みはひとつの居住地で、ひとつのことを成し遂げたというわけではなかった。簡潔に言えば居住地は天童、東京、台湾、天童（ごく一時、長崎）と移動している。また就学を追えば藩校、師範学校、専門学校（今日の大学）と進んでいる。さらに職業は教員、行政官、教員と転じている。実は、こうした移動・変化そのものが日本の近代の一面を如実に体現しているのであるが、このことは後でふれたい。

(2) 父・綱領と宮城浩蔵

本章は、こうした忠蔵の生涯のうち、とくに東京在住時代、すなわち明治法律学校時代を中心とする。そこで、まずは、行論上、二人の人物について紹介しておかなければならない。

忠蔵の父は綱領（六之丞、北溟）といい、天童藩の上級武士であった。戊辰戦争の時は出陣することもあったが、平時は藩校で句読師や都講を勤める教育者であった。藩校養正館は文久三（一八六三）年七月六日に開校しているが、著名な家老吉田大八が、同校督学に就任すると前任者長井喜聞多の改革路線を強く受け継ぎ、経世済民・実学の主義を拡大した。その吉田と近い関係にあり、かつ教授の中心となったのが、綱領であった。彼は明治維新後は県学務史官などをしたのち、天童西学校の初代教員、天童学校（三校合併）の初代校長を歴任した。忠蔵がこの藩校に入学したのは明治三（一八七〇）年一月一日のことである。その後、同校は学制頒布により成った天童西学校へと継承されたが、彼も同校の児童となった。ここで重要なことは、忠蔵は家庭ではいうまでもなく、藩校でも父綱領から直接指導を受けたことである。しかもその修学内容は旧来からのものを改新した儒学であった。いずれにしても当時の基本であり、教養としても必須の学問を十分に学びとったわけである。

もう一人、宮城浩蔵のことも紹介しておく必要がある。彼は天童藩医武田直道家に生まれるが、やがて同藩士宮城家の養子となる。実は、彼は藩校養正館では佐々木綱領の教えを受けている。しかも修了後は同校の句読師、さらに句読頭に就任している。つまり綱領にとっては教え子であるとともに、その部下でもあったわけである。また宮城は戊辰戦争時はかの吉田大八の下で従軍をしたこともあった。彼は父が大坂遊学の経験を持つこと、酒田で英式兵法を学んだこと、さらには江戸修学の機会を得たことにより、その後洋学へと向かうが天童在住時代、つまり生育期の修学は儒学が中心であった。以上、ここでは、この頃の忠蔵およびその周辺では基礎・基本であり、教養としても必要な儒学の教育が十分になされていたことであることを確認した。さらに天童藩の学問は新しさを志向するものであったことも分かった。そうした渦中に幼少年期の忠蔵はいたのである。

1　明治法律学校内のこと

(1)　上京・入学

ところで忠蔵は小学校卒業後、母校の教員となったが、明治一一（一八七八）年一〇月一七日に山形県師範学校高等師範科に入学、卒業時には優秀な成績につき、表彰を受けた。そして父の綱領が校長を務める天童小学校に六等訓導として就職。その後の、この師範出青年教師の活躍のほどは天童市立天童中部小学校所蔵の学校『日誌』などにより十分に知りうる。地域の中核である自校では校長の次席としてリーダー的存在となるだけではなく、郡内各小学校を巡回し、指導して歩いた。また自らも教育学の研鑽に精励し、教育雑誌に論説を披露した。さらには明治一八（一八八五）年一月にはその実績をかわれ、母校山形県師範学校付属小学校勤務となった。彼は教育界にあって前途有望であった。

ところが明治二〇（一八八七）年九月二〇日、辞職願を提出し、同月二四日に退官を認められた。その原因は、彼が師範付属小学校ののち再び勤務した天童学校の『日誌』（明治一九年分～仝二〇年分）から読み取れる。例えば同年三月二四日には首席教員として卒業生に「小成ニ安ズ可カラサルコト」云々を演説している。また八月三〇日には司法省参事官の宮城浩蔵が同校を参観、さらには地元で大歓迎を受けたことが記されている。そうして九月二〇日に「佐々木忠蔵研学ノ為出京スルニ本日辞職願ヲ差出セリ」となるのである。郷里の著名人であり、全く無縁ではない東京の宮城浩蔵の存在に大きく影響されたことは事実である。またこの頃の忠蔵の周辺にいた教員たちが進路変更をし、上京していくことに刺激を受けた。例えば元天童藩士家の柳沢重固は山形師範学校卒業後、明治一三（一八八〇）年三月から天童学校の教員として、のちに赴任する忠蔵とともに職務に当たっていた。しかし、約三年後、辞職して上京、宮城浩蔵が卒業した司法省法学校に入学し、やがて判事になった。藩校で忠蔵の父綱領から教えを受けたのち、山形県師範学校に進み、種源学校の訓導をしていた熊井戸政徳も同一五（一八八二）年一一月に上京、明治法律学校（のちの明治大学）に入学した。

こうした背景には教育界の大きな変化も遠因としてある。端的にいえば学制、教育令、学校令の公布・施行による教育制度の整備・統制（とくに小学校教育）が、急速に地域・現場に対して管理的に行われていったのである。それにともない教師（士族出身者も少なくなかった）から教員（地方公務員）の時代となっていくのである。こうしたことが彼らに進路変更をさせていくこととなったともいえる。同僚だけではない。親族では従兄の相川勝蔵（忠蔵の父の兄の子）は明治一〇（一八七七）年七月の司法省法学校の生徒募集に応じ、合格、卒業後は判事となった。また近隣でも宮城浩蔵の甥・

武田原蔵は同一一年九月一六日、慶應義塾に入学、[1]のちに叔父の主宰する明治法律学校に転じて法律を学んだ。

いずれにしても、このように近代初期の地方青年は中央で高等教育を受けることを望む者が少なかった。一方では、すでに、宮城浩蔵遊学の頃とは異なり、この明治二〇年前後には中央に高等教育機関が整いつつあり、受け入れ体制もできつつあったのである。

ところで、当時、なぜ法律学をめざす青少年が多かったのであろうか。そのことは明確である。すなわち日本の近代化のため、法的整備は必須の要件であったからである。そのため、政府は司法省明法寮（のちの司法省法学校）を設立し、司法官僚の育成を急いだ。またその近代法を教授する私立の法律専門学校も開設されたのである。その間、全国的に展開した自由民権運動や大同団結運動といった民衆運動、あるいは憲法発布や市制・町村制公布といった政治システムの誕生は全国民の法律熱を高めることとなった。だからこそ、多くの青年たちは東京で法律を学び、それにより将来への夢を描いたのである。

(2) 当時の明治法律学校について

忠蔵は明治二〇年一〇月一日、東京の明治法律学校に入学した。ここで同校のことを詳しく綴るスペースはないが、いずれにしても司法省法学校の同窓生である宮城浩蔵、岸本辰雄、矢代操を中心として同一四（一八八一）年一月一七日、東京有楽町の旧島原藩邸内に開設されたフランス法系の専門学校である。官立の東京大学などには施設設備でははるかに及ばないものの、時代の先端をゆく法律学を教授、またたく間に全国青少年のあこがれの的となった。前掲天童出身の柳沢重固の「温故知新（一）」（『法曹会雑誌』一二の一）によれば「当地方で評判の高かった、明治法律学校」とある。ましてや忠蔵の場合は宮城と同じ天童藩出身であり、父と親しい宮城によって創設された明治法律学校に入学するのは、当然のことであった。また宮城自身も東北振起論の立場から出身地域の人々と交流が深く、そのため上京する青少年の面倒もみた。

こうして忠蔵は宮城宅（現在の千代田区東郷元帥記念公園内）に下宿、明治法律学校の法律学部の学生となった。もっとも忠蔵が学んだ校舎は最初の開校地・旧島原藩邸ではなく、東京駿河台の南甲賀町校舎（現在の明治大学駿河台校舎の東向い）である。それは、すでに述べたように明治法律学校の名声が高まり、学生数が急増したからである。そこで宮城ら当局者は校舎の移転を決意し、借地ながらも自前の校舎を建設、明治一九（一八八六）年一二月一一日に開校式を行なった。したがって忠蔵は新築間もない校舎で学生生活を始めたことになる。忠蔵の校内試験結果は上位にあり、そして明治二五（一八九二）年七月二五日に卒業した。当時、明治法律学校を卒業することは容易なことではなく、同年の卒業比率は一〇％である。この数値からもその勉学ぶりを想像することができよう。

ただし、生活面は安定的ではなかったようである。すでに県師範学校出身者の俸職義務年限は全うしていたので学費返済の必要はなかったが、その学資は小学校教員時代の貯蓄が主であったろう。のちの昭和七（一九三二）年一二月五日発行の『天童学生会雑誌』第五号で忠蔵は「我が体験を語る」の中で、当時のようすを「食うや食わずの貧乏生活」と回想している。

(3) 校誌出版への関与

忠蔵は学生の身でありながら、明治二四（一八九一）年四月二八日から明治法律学校の校誌である『法政誌叢』の編集に携わることとなった。同誌は同一八年一〇月二八日発行の『明法雑誌』にそのもとをたどる。明治法律学校と校友の情報交換を目的として発行されたのであるが、同校の発展とともに、レベルも高まった。当時の意思決定記録である校員会「決議録」にも同誌関係の記事がしばしば登場することから、当局側も刊行にかなり力を注いでいたことが分かる。とくに同一九年から内容は法学だけではなく政治学や経済学も扱い、体裁は小型から大版へ、刊行回数を年一回から二回、さらに頒布を校友だけではなく一般読者に広げることとした。そして二三（一八九〇）年一月一〇日からは誌名を『法政誌叢』と改題した。明治法律学校が同誌に年々力を入れるようになった背景には単に販売が目的だけではなく、当時の政治対決、いわゆる民商法典論争において校論というべきフランス法による断行論を主張・啓発するためでもあった。この編集スタッフに忠蔵を推したのは宮城浩蔵とみてよい。すなわち宮城はこの頃、とりわけ民商法典論争ではフランス法派の中心的人物であった。忠蔵は同誌編集の実質的な担当者として奔走した。しかも編集のみならず執筆者として論文や条文解説をも行なっている。このように忠蔵は明治法律学校では学生だけではなく、校誌の業務をも担当したのである。なお、忠蔵は校誌編集に関わる以前、明治二一年五月二一日に明治法律学校の政治学講習会が発行した『民事訴訟法提要』では編輯を担当している。

2　明治法律学校外のこと

(1)　選挙活動

明治法律学校在学中、忠蔵は新聞『山形日報』の編集長に就任するように師の宮城浩蔵から伝えられた。すなわち、宮城は立憲改進党系の羽陽正義会に所属し、最初の衆議院議員として、山形第一区から立候補することになった。そのための後援・支持の新聞編集を仕切る者を必要としたからである。明治二三年七月のこの選挙では自由党系の大物重野謙次郎も出馬したが、同二五年二月の第二回とども打ち破った。その当選は宮城の日頃の地元との交流、地元民の応援・協力による結果であるが、忠蔵の東奔西走ぶりも要因としてあげられる。

(2)　郷里との関わり

ここでは村山会、天童責善会、山形法律学校の三点にしぼり、東京在住の忠蔵と郷里の山形天童との関わりを述べる。

村山会とはその名の通り山形県の各村山郡出身者によって設立された在京学生の団体である。明治一四年四月、宮城浩蔵らを東京呉服橋の料理店に招き、親睦と知識意見交流のために結成されたが、東北振起を願う宮城浩蔵は同会に力を入れた。明治二〇年秋に上京した忠蔵は、その暮には入会、翌年には第二代目の幹事に選ばれ、会を取り仕切っていくこととなった。そのメンバーには前出の柳沢重固、武田原蔵らもいた。

天童責善会とは責善会と天童会が明治二四年に合併したものである。この内、責善会のことは天童の阿部安佐家所蔵文書（『責善会報告書』、「責善会筆記」など）によって知りうる。すなわち明治一三年に北林義林らによって結成された学術研究・親睦交流を活動内容とした啓発団体である。阿部家に同資料が襲蔵されるわけは、庫司によるものである。同人は米沢中学校卒業後、明治二〇年一月に上京、明治法律学校に入学した。前出の資料によれば庫司や忠蔵らは地域に在住していない第二類会員とされている。そこで彼らは東京に支社を設立し、郷里の本部に書籍を送るなどした。また帰省の際には本部例会で東都遊学により得たことなどを演説した。同じく阿部家所蔵文書（「会費受納・経費支払簿」など）によれば天童会も責善会と大むね同類の会であった。同資料によれば庫司は正規会員であり、また賛成員には宮城浩蔵や忠蔵が名を連ねている。このように、上京遊学組が地域発展のため、地元の学習啓発団体と交流していたことは、日本の近代化を考えるうえで看過してはならないことである。

明治二二（一八八九）年八月一五日、山形在住の明治法律学校校友らは、宮城浩蔵の帰省に際し、山形市のある料理屋に集合、相互親交・知識交換のための同窓会を催した。その出席者の中には在学生であり、夏休み帰省中と思われる忠蔵も含まれていた。その席で、山形に法律学校を設立することが決められたのである。東京、そして母校で学んだことを地域に還元しようとする動向はすでに責善会活動においてかいまみたところであるが、学校を設立し、啓発・教育をしようというものであった。

このように法律学校を設立し、東京・高等教育機関で学んできたことを教育しようという動きは、目下、筆者が知る限りでは明治法律学校出身者の場合、他の法律学校出身者に比べて多い。彼らも校友による新潟法律学校、高知法律学校、熊本法律学校等々の存在は知っていたのであろう。ましてや山形県の明治法律学校の卒業生（校内生、いわゆる通学生）・修業生（校外生、いわゆる通信教育生）の比率は明治一四～三六年の場合、四二・四％ときわめて高く、府県別では第二位である。こうした事情は底流にある東北振起論という精神論、およびこの山形法律学校設立運動と無関係とは思われない。なお、山形法律学校自体は、この時は実現しなかったが、その後、校友会山形支部は法曹倶楽部を設立し、法律の講話・普及を図ろうとしている(2)。

3　校友としての佐々木忠蔵

(1)　修学の成果

ところが、明治二六（一八九三）年二月、師の宮城浩蔵が四〇歳と一〇ヵ月で死去するという一大事態が発生した、忠蔵の人生はここで大きく変わることとなった。すでに述べたように忠蔵は前年七月には明治法律学校を卒業しており、同校々誌の編集などに関わっていた。ただ、この頃、司法試験をめざしていたのか、否かは不明である。早速、忠蔵は宮城浩蔵関係の残務整理にとりかかった。とりわけ校誌『明法誌叢』（『法政誌叢』改題）に掲載する「先師宮城浩蔵先生伝」執筆に力を注いだ。

家族以外では最も宮城の近くにあった門人であるため、忠蔵が筆をとるのは当然のことであった。忠蔵は父や藩学で修得した漢文力をもいかんなく発揮した。まもなくして明治法律学校を去り、行政官の道を歩むこととなった。

明治二七（一八九四）年九月二〇日、陸軍の録事として第一師団法官部付となり、翌年八月一三日に台湾総督府に赴任、陸軍法官部付となった。さらには翌年五月一日には同府法院で条例制定に当たった。以後、忠蔵は大正四（一九一五）年九月二五日、退職するまで行政畑を歩む。ここではその時代のことを綴るのが目的ではないが、東京・明治法律学校との関係に限定して紹介する。前記したことから推し計られるように彼は卒業後、母校で学んだ法律を職務に生かしていく。それにより明治四二（一九〇九）年には『台湾行政法論』という大著を刊行した。その行政では、とりわけ水道、農会、低利資金貸付など、民政面に尽力した。そのため、退職時には台中市民より記念メダルを贈呈されることもあった。こうした民政への関心は明治法律学校時代修得した「権利自由」の教育精神、およびそれにより得た法律の理論・技術と無関係ではなかろう。

また同四一（一九〇八）年一一月二〇日には臨時台湾工事部々報の編纂主任、四三（一九一〇）年八月一二日には嘉儀庁々誌の編纂委員幹事に就任したが、このことは明治法律学校時代の編纂実績がかわれたためであろう。また、大正五（一九一六）年九月一二日に催された退職送別会で小畑公共団長が「送別辞」(3)で述べているように忠蔵は教育にも力を入れた。それは単に職務としての学校建設ということだけではなく、地域民の得浴徳会という文化・学術団体に関わり、指導者として活躍している(4)。このことには明治法律学校生時代に関わった責善会・天童会の経験が生かされたのであろう。

(2) 支部の結成

忠蔵は台湾における明治法律学校々会の支部結成にも努力している。彼が母校校友会本部に宛てた手紙には、台北において支部会設立準備に奔走するようすが記されている（「台湾の校友」『明治法学』明治三二年一二月一五日）。同会は明治三四（一九〇一）年二月、台湾支部として発足した。そして発起のため尽力した忠蔵は幹事に就任した。(5)

(3) 学士号取得

正確に言えば、明治法律学校は創立以来、卒業証書授与式は行ってこなかった。したがって学位も授与してこなかった。そのわけをここで述べる余裕はないが、そのために忠蔵も卒業をしたとはいえ、学位を受けたわけではなかった。しかし学校当局も諸般の事情を考慮し、明治三三（一九〇〇）年二月、卒業生に明法学士の称号を授与し、また卒業証書授与式もはじめて同年一〇月一七日に行なった。忠蔵は明治四四（一九一一）年九月二六日付の学位記を受け取った。このことは多くの卒業生と同様、忠蔵にとっても誇りであり、また素直に嬉しかったに違いない。彼はその証書を大切に保管していった。

以上、本節では明治法律学校を去り、行政官として歩んだ頃の忠蔵を、母校との関わりに限って追ってみた。そこから知りえたことは、一言でいえば母校への帰属意識の強さである。なお、こうした忠蔵の意識や行動は天童帰郷後も同様である。とくに特筆すべきことは、大正八（一九一九）年六月二二日、山形市千歳公園に建立された宮城浩蔵顕碑の除幕である。むろん門人の忠蔵は建設の運動に尽力、式典では祝辞を述べた。

おわりに

忠蔵は幕末に藩士の家に生まれ、明治・大正・昭和という四つの時代を歩いた。冒頭に述べたように正しく日本の近代化とともにあった人生である。それこそ未知の新しい白分を切り開こうとあらゆる可能性を求め、挑戦する人生であったともいえよう。藩校修了後、小学校教員へ、県師範学校卒業後、再び小学校教員へ、上京して高等教育を受けるべく法律専門学校へ、海外へ渡り行政官へ、再び帰郷して小学校・高等女学校校長へ。すなわち公学校教員、師範学校、高等女学校といった新しいタイプの学校、専門学校で学んだハイ・レベルな学問や地方から中央へ、国内から海外へといった進出などから分かるように、忠蔵の人生には近代が凝縮されている。とはいえ、いわゆる欧化一辺倒の人生ではなかった。前期天童時代に武士の教養として学んだ儒学が基礎にあり、そのうえで上京して修得したのが西欧学であった。正しく和魂洋才そのものであった。それだからこそ、その和魂洋才を体得した忠蔵は、次々と挑戦していくことができ、その場その場で重く、強く、実績を残していったのである。退職により、台湾を離れるに当たって台中市民より表彰されたことはすでに述べた。同じように帰郷後の天童では、生前の昭和一二（一九三七）年一一月、市内舞鶴公園に「佐々木先生酬恩碑」が建立された。日々、多くの人々は忠蔵の人物・実績を高く評価していたのである。

この間、忠蔵はとりわけ明治法律学校という高等教育機関、そしてその創立者宮城浩蔵から学ぶことが多々あったことはまちがいない。すなわち時代の先端をゆく近代的学問を修得した。宮城浩蔵からさまざまなことを直接指導された。それにより「権利自由」という明治法律学校の建学精神も得たと思われる。そのことは、忠蔵の台湾行政官の職務が全くの官僚タイプとは異なること、天童帰郷後の校長時代は師範タイプのエリート教員とは趣きを異にすること（「元老株」、好評としての「変り種」）と無関係ではなかろう。

なお、忠蔵が修学し、校務に協力し、教師としての宮城浩蔵のために尽したこの時代、明治法律学校は民法典論争には敗北しつつも、学生数や司法試験合格者が増加したり、施設設備が拡充され、発展を遂げていく。それは忠蔵のような人々が支えたためであることを忘れてはならない。

注

（1）「入社帳」慶應義塾大学所蔵。
（2）「山形支部会」『明治法学』明治法律学校、明治三五年三月。
（3）『台湾新聞』大正五年九月一三日付。
（4）「校友佐々木君、林君の名誉」『明治法学』明治法律学校、明治三四年一一月。
（5）「台湾支部発会式ノ概況」明治法律学校、明治三四年三月。

（付）
佐々木忠蔵の詳細については、拙著『幕末維新期地域教育文化研究』（日本経済評論社）を参照されたい。

三　近代史の中の郷土

はじめに

本章執筆の具体的な目的は次の二点である。ひとつは研究対象の尾佐竹猛はどのような家や地域にあって、どのように育ったのかということである。一口にいえば成育環境の解明である。対象とする場所と時期は父の保が金沢で生活し、やがて猛が能登地方で生まれ、地元小学校を卒業するまでの、おもに明治前中期ということになる。もうひとつは上京後、その多くは東京で生活することが多かったのであるが、郷里のことをどのように思っていたのかということである。一言でいえば郷土意識の究明である。よって対象とする時期は東京の明治法律学校を卒業し、東京地方裁判所・大審院などの判事を歴任、さらに晩年、母校明治大学教授として活動した時、すなわち明治期後半から敗戦前後である。

この二点を解明することは単に尾佐竹猛という人物の足跡を明らかにするだけではない。言うならば日本の近代および近代文化が形成される過程で、その基層的な部分を探ることになる。具体的には、筆者は近年、「大学史と地方史」をキーワードとして、日本の近代、とくに近代教育史に取り組んでいる。明治の世を迎えると全国青少年はどっと上京、修学をする。卒業後は出身の地域にもどって活動したり、あるいはもどらなくとも地域と関わりをもつといった者が少なくない。こうした修学を通して、「中央」（大学）と「地方」（郷里）との相関関係を知ることは、日本の近代を解くために有意義ではなかろうか。本稿はそうした課題解明の一助となれることを願い、以下、行論するつもりである。

ただし、ここでは、尾佐竹猛が中央の学校で学んだ内容にはふれない。学んだ学校の特色にふれる程度とする。またその修得事実を細密に、直接にその後の思想・行動の中で検証することはしない。いずれ別稿で論じたい。また尾佐竹と明治大学との関わりは最後の章でふれたが、紙幅は多くはない。このことの本格的分析はのちの機会に譲る。

ところで、平成一六（二〇〇四）年一一月に逝去された筆者の師・木村礎先生に、ある出版社より尾佐竹猛について、出版の話があった旨、話をしたことがある。その時の先生は嬉しそうな顔をされ、「研究者としての尾佐竹の研究も大事だが、地元の石川県のことも重要だ」と語られ、さらに「何か一文書きたいね」と続けられたことが印象に残っている。結果としては先生の遺志を継いで筆者が加能地方（石川県）との関係を考察することとなり、いたく責任の重さを感じつつ、筆をとっている。

木村先生と尾佐竹猛には共通するところがある。明治大学においてリーダーとして学内行政に関わったこともそうであるが、ともに歴史学において実証主義に基づき、新しい分野を次々と切り拓いたことである。その結果、二人とも明治大学出身の同大学教員として全集・著作集を有する稀有な存在となっている。(1) そして木村先生自身も尾佐竹猛について、二つの論考を公にしている。ひとつは「尾佐竹猛論」(『明治大学　人とその思想』明治大学新聞学会、昭和四二年[illegible]月)であり、もうひとつは「明大人の系譜　尾佐竹猛」(『明治大学学園だより』第二〇七号、明治大学広報部、平成四年二月一日)である。ともに尾佐竹の学問を例の明解な筆致で高く評価されている。そして前者論文では、「いずれはまともな尾佐竹論をやるつもりである」としている。

ただし、この時の木村論考に地域論(加能、石川)のことはふれられていない。また実際、尾佐竹猛と地域に関する研究は少ない。だが、ないわけではない。竹永三男は「近代日本における中央・地方・地域」(『日本社会の史的構造近世・近代』朝尾直弘教授退会記念会、平成七年四月)で「一九三〇年における「裏日本」論」という題名で、尾佐竹の裏日本論を約一頁くらいのスペースで紹介している。その後、渡辺隆喜は「日本海地域の風土と人間」(『明治大学史紀要』第六号、明治大学大学史料委員会、平成一三年一一月)において、約二頁半をさき、創立者と同様、日本海地域出身者である尾佐竹猛を明治大学の建学理念と関連づけつつ、近代化への対応の過程を検討している。本章ではこうした数少ない先行研究に依拠しつつ、尾佐竹猛と地域との関係を推論していく。

1　加賀藩と尾佐竹家

(1)　幕末加賀藩と学問教育

尾佐竹家が長く居を構えた金沢は、加賀藩の城下町であり、「加賀百万石」と称される大藩である。したがって石川県の歴史を語る時に、例えば『石川教育』第一七四号（大正七年一一月）[2]に「石川県を如何にして了解せしむべきか」（小藤生）では「徳川時代に於て加賀藩に生計し三百年の恩恵に浴したりとせよ」とあるように同藩の存在は強力である。

ところが、その教育の歩みに関する調査研究の文献はきわめて少ない。その中にあって最も本格的なものは石川県による『石川県教育史』（昭和四九年三月三一日）である。本書は刊行時期からも察知できるように、全国的に展開された学制頒布百年記念の動きの中で成ったものである。同書によれば加賀藩校である明倫堂や経武館の設立は寛政四（一七九二）年のことである。藩財政窮乏打開と風俗矯正のためであった。ただし、この設立時期は近世後期であり、全国藩校にあって早くはない。藩の規模からすれば、学校開設上、先駆的とはとてもいいがたい。そして、開学一〇年後に学校制度の改革、いわゆる「学制修補」を行なっている。その理由は士風の荒怠や勉学意欲の減退（とくに就学者の減少）のためである[3]。

その後、開国の気運が高まる中、安政二（一八五五）年八月洋式の武学校である壮猶館を設立、明治元（一八六八）年四月には同館を軍事中心の学問所とするために、洋学校として道済館を開設した。教師は代々世襲の家柄が担ったが、陪臣や足軽・細工人クラスの武士、あるいは武士以外のものも登用された。

道済館に関して、同書の記述には、時折、次のような要旨の文言が表われる。

・明倫堂助教には就任したい者がなく陪臣らを登用した。

・壮猶館に対して「西洋かぶれ」という批判があった。

・藩士の子弟は身分により授業出席に制限があった。

・同館の訓練は実践的ではなく、生徒は減少していった。

・同館が慶応期より加えた洋算に対しては、商業軽視の封建的思考から脱却できなかった。

以上のことからすると、加賀藩の藩学は全体として先進的とはいいがたく、むしろ保守的・停滞的であったといえよう。個別藩校のことではないが、例えば、明治大学で教鞭をとり、作家であった笹川臨風は「加越能の人物と今昔[4]」と題する論稿において、「維新前に於ける北国の大藩加賀は、江戸幕府に憚りて、自ら韜晦した傾があった」と韜晦主義をあげ、そのため「總べてが防禦的で、退嬰的」と評している。藩学面にも当然、そのようなことが影響したと思われる。

石川県教育会々誌『石川教育』をひもとくと昭和一二（一九三七）年四月（第三六三号）から八月（第三六七号）にかけて、能美郡八幡小学校教員山田直次の「徳川時代に於ける加賀藩の文教」という論文が連載されている。この論文は大体大名前田家による教育を累代的に記述したものである。そしてその代々の教育を好評している。それでも、例えば嘉永五（一八五二）年六月、明倫堂に皇学を教科として加え、古事記、日本書紀等により講釈がなされたことについて、督学加藤甚左衛門らは深意を解することができず、そのため登校聴講するものが少なかったこと、またそのことは儒学でも相似していると指摘している。また幕末維新期のところでは一四の学校を紹介している。数は多いのであるが、その解説文を一読すると合併や分校によるものが含まれ、そのうちの四校は民営的なものである。やはり幕末維新期による加賀藩、とくに金沢城下の文教について、華美で広範にわたっていることは認められるが体系的・革新的な動向はあまり見うけられない。

ところがこの山田論文の中にきわめて気になることがある。

・この時期、民間では、師を択び、皇道を聴き、国書を読むものがある。

・藩は寛政三（一七九一）年八月と天保九（一八三八）年一一月に、家中や陪臣で私塾寺子屋を開いているものを調査した。

・寺子屋はすこぶる多く設立された。

・郷学も発展した。

筆者はさきに『石川県教育史』により、藩校に下級武士や武士以外にも教師として登用されたことを記した。またこの山田論文では下級武士や民間教育の盛行を読み取った。実は藩当局の教育は、改革されつつも、停滞的・保守的・総花的であったが、下級武士や民間人の対応は必ずしもそうではなく、むしろ年々発展の方向であったといえよう。

⑵　尾佐竹家の系譜

尾佐竹家の歩みを知る資料は少ない。そうした中にあって加賀藩政文書にある家譜「先祖由緒并一類附帳」（明治三年正月、丈三筆）はきわめて貴重なものである。同資料を年譜的に整理したものが資料1である。そこでは尾佐竹丈三保敬から記されている。同家は三〇石取の下級武士（陪臣）であり、生国は尾張とある。同家の言い伝えによれば、元は佐竹と称したが、尾張出身のため尾を付したという。同資料によれば第七世に尾内彦三とある。慶長元年鉄砲召抱として切米三〇俵が支給されている。また大阪の陣にも出陣している。その後、尾内姓が続く。尾内長左衛門の時は御内所（前田利常）に金沢で奉公していたが、小松隠居にともないお供したとある。[5]

資料1　尾佐竹家々譜

尾佐竹丈三保敬（三〇石　生国尾張、　二八歳）

安政　四・　六	三人扶持　中小将組　御通役	
五・一〇	素読四書五経卒業につき、明倫堂で小学句読太学匠拝領	
文久　三・　七	槍術精を出し、学校で白銀拝領	
慶応　元・　七	明倫堂で素読・礼法・算学・帳番世話につき、孔子家語拝領	
三	明倫堂初儀指引を仰せ渡され、勤めたため金銭拝領	
三・一一	相続（亡父隼太）	

三・一二　経書と武芸に心掛け、金銭拝領
三・一二　弟舎六郎、八歳にて明倫堂の四書五経卒業、稀につき、書物拝領。兄として の教諭につき金銭拝領
三・一二　明倫堂の帳番行届きにつき、金銭拝領
明治　元・一二　礼法指引方に精を出し、明倫堂で金銭拝領

七世　尾内彦三
慶長　元　鉄砲召抱　切米三〇俵　大坂両度の陣にお供
その後　芳春院江戸下向と金沢帰国の際、お供
寛永　二・　七　病死
一一・一〇　妻病死

六世　尾内長左ェ門
微妙院代　能州で召抱　切米二九俵　金沢で奉公　御内所小松隠居のため、お供
延宝　六　同地で病死
同年　妻病死

五世　堀源左衛門（長左ェ門せがれ）堀源兵衛（御徒組）養子
寛文　二　御徒組召抱　切米三〇俵
二・一〇　病死
天和　二　妻（竹内清兵衛娘）病死

高祖父　尾内安左衛門（源左衛門せがれ）本名名乗る　前田権佐家来（のちに暇を申請）
享保　二　病死

明和　七　　　　　　妻（小松一向宗勝名寺娘）病死

曾祖父　尾内隼太（安左衛門三男）

敗振院代　中村元右衛門遺知五〇石相続　御通役

寛政　六・一一　　　病死

文政　九・　五　　　妻（一向宗専光寺地家藤心寺おば）病死

祖父　尾佐竹丈助（隼太せがれ）

寛政　四・　七　　　故隼太名跡　五人扶持　中小将組　思召により尾佐竹と改め、御通役

文化一四・　正　　　出精につき、給人　六人扶持

文政　五・　四　　　病死

安政　元・一一　　　妻（又兵衛家来岡田半左衛門養娘）病死

父　尾佐竹隼太（丈助せがれ）　（注）妻とみ

文化一一・　八　　　大小将組　　人扶持　小判一両　部屋住近習

文政　五・　六　　　亡父名跡相続　六人扶持　給人列

天保一〇・　七　　　明倫堂初儀指引学校主付相勤につき、毎歳金銭拝領

嘉永　七・　正　　　精出しにつき、新知三〇石拝領

元治　元　　　　　　保田松之丞門弟指引につき、金銭拝領

慶応　三・　八　　　病死

　　四・　六　　　妻（与悟藤兵衛娘）病死

ところで、尾佐竹家の墓は金沢市内、蓮覚寺にある。同寺には金沢藩士の墓が多い[6]。猛はそこに眠っている。題名は不明だが、同寺の文書に次のことが記されている。

寛政六甲寅年
十一月十六日　暁ト改
六十六歳尾内隼太
一　覚了院心月日輝居士
小松立像寺旦那則立像寺引導当職歎徳読ム輌

この文中、「尾内」の「内」は消され、「佐竹」とされている。つまり尾佐竹家は寛政期ころは尾内と称し、小松の立像寺の壇下であったが、同家金沢移住にともない法縁の蓮覚寺に旦那寺が変わったのである[7]。だから立像寺僧侶が引導してきて、「歎徳」、つまり故人隼太の業績をたたえたのである。この立像寺は天和三（一六八三）年の「小松町家数・寺社書上[8]」に日蓮宗寺院として列記されている。また文化四（一八〇七）年一〇月三日、東町同寺より町会所に宛てた「立像寺拝銀一件[9]」には慶長一三（一六〇八）年、前田峯蔵屋敷に造立、七五〇坪あることが記されている。たしかにその後、町絵図、例えば天明二（一七八二）年「小松城中并小松町図」等に見うけられる[10]。ただし、現在は隣接する妙円寺に合併している。その尾内家については元禄一六（一七〇三）年正月の「小松御城諸役御切米高役附歳帳[11]」には尾内甚左衛門（切米高二〇俵、四二歳、二枚橋舟留門番所居番）と尾内源右衛門

（一〇俵、六二歳、堀廻并藪竹木等廻）がみとめられる。目下のところ、両尾内家の関係、本稿の尾佐竹家とのつながりはよくは分からない。ところで、この尾内家の小松移住、これは加賀藩主前田利常の小松移住にともなうものであることはすでに述べたが、主君死儀、家臣団は金沢帰住をしたのであり、そのことを示すのが、前掲蓮覚寺文書である。ただ、いずれにしても尾佐竹家は下級の武士であった。

前出の尾佐竹家々譜（資料1）にもどりたい。その中で最も注目されるのは、尾佐竹丈三保敬、つまり猛の曾祖父とその子息隼太の存在である。彼らは藩校において秀でた成績による褒賞、同校における教師登用、武芸の指南等々、同藩の学芸に寄与していることが分かる。すでに述べたように同藩における下級武士による学芸面の活躍の一端を如実に示している。すなわち江戸時代の尾佐竹家は由緒・地位、あるいは収入面では恵まれてはいなかったが、学問教育面で実力を発揮するようになってきたのである。つまり、時代的制約から、同家は能力や実力を発揮したくともし難かったが、じょじょにその片鱗を示してきたということもできよう。

(3)　父・保について

尾佐竹丈三の子息も丈三を名乗ったが、区別するために「保」の方を用いる。同人の履歴は『志賀瑣羅誌』掲載のものが詳しい（資料2）。それによれば弘化元（一八四四）年一一月三日、金沢城下森町に生まれている。同三年一月には同藩会計担当に任ぜられているが、二月には「文学訓蒙」に補せられた。同職は小学校教員であり、『石川教育』には同種の辞令書が掲載されている。すなわち

『石川教育』第一四五号、大正五（一九一六）年三月、「（五）今昔の感を述へて」明治四年一一月、金沢県が井波外喜男に「文学訓蒙加」とある。文学訓導とはその訓蒙加の上に位置する。[12] おそらく保も同様の証書を受けとったのであろう。

資料2　尾佐竹保履歴

弘化	元・一二・　三	金沢森町にて生（金沢藩、以下同）
明治	三・　一・　三	南院北院会計方主付
	三・一二・　三	文学訓蒙
	三・一二・二三	文学訓導（金沢県、以下同）
	四・一一・一〇	学校係
	四・一一・一〇	外国教師係
	五・　八・二三	区学校五等教師（石川県、以下同）
	六・　二・　三	小学校六等（四月、五等／八年七月、中学二等）
	九・一二・二三	第六大区小一〇区小一一区担当
	一〇・　七・二六	学区取締羽咋郡担当
	一一・一二・二一	羽咋郡書記一四等（一四年三月、鹿島郡書記）
	一六・　二・　五	鹿島郡高畠小学校長（準訓導）
	二一・　八・二一	羽咋郡町村外一三ヶ村戸長
	二二・　三・三一	戸長

二九・九・一六　　高浜区裁判所属（金沢地方裁判所、三四年八月退職）

なお、この文学訓蒙という職名は同藩々校時のものを若干、引き継いでいよう。つまり「天保十年学政修補之際明倫堂御役人[13]」には、督学、助教、加入、訓導、同加入、同格に次いで訓蒙とあり、以下、句読師、書写方、御書物出納方、学校御横目とある。

資料2によれば、保は明治四（一八七一）年一一月一〇日には、学校係と外国教師係を石川県から拝命している。つまり県庁において学務行政を司ることとなった。前者は名称から分かるとおり、県下学校行政を担当する職務である。前出「旧加賀藩学制」には「学校　皇漢洋医算ノ事件ヲ答シ生徒ヲ教育シ、其業ヲ遂ケ其業ヲ成サシメンコトヲ要ス」とある。そして、以下、この「学校掛」から「小学所仕法」、「与楽宴規定」、「与楽宴出頭人規定」等の文書が発せられている[14]。外国教師取扱係とは、次に掲げる「旧加賀藩学制」明治三（一八七〇）年の条が手がかりとなる。

六月二日藩庁より監察局え

近々英学教師等外国人雇入追々当表之来着之筈に候就いては外国人教師方之儀度々官より御布告之趣一同承知之通に候条御卒爾之振舞有間敷（略）

七月二日藩庁より監察局え

金谷大属等外国教師取扱方兼務申渡候に付右局外国教師取扱方と相唱度旨聞々届候条役局之申渡候也

同資料によれば、明治五（一八七二）年八月二三日には石川県より区学校五等教師に任命されている。この区学校とは、それまであった小学所をより一層庶民対象の教育機関に改編したものであり、五年五月に発足した。いうなれば、この地域の小学校は小学所、そして区学校を経て成立したのである。そして保は明治六（一八七三）年二月三日には小学校六等教員に任命された。

その後、九年一一月二一日には二等学区取締に任命された。学区取締とは、その名称のように各中学区の学校の管理・監督を管掌するが、石川県では明治六年一月一八日一八名を任命し、以後、増員していく。二等学区取締とは一等より下位であり、給料も安い[15]。保は明治の世になり、教育関係に職を得たわけである。このことは、すでにみた尾佐竹家の学芸的蓄積が、明治の世になり、前代の制約が解かれることにより、さらに発揮されたといえよう。

当時のようすについて、梅田久栄は「明治初年の開校式[16]」で次のように振り返っている。

当時士族は、其の常識を解かれて間もない時分で、何等適当の仕事もない折柄として、少しく文字のあるものは、争うて学校教員となり、較や文字の力乏しき人は、巡査となつたのである。されば、其の頃世人は金沢を指して、教員、巡査の産地と称へた程であつた。

磯田道史の『武士の家計簿[17]』は加賀藩陪臣猪山氏（七〇石取）の家政を精査研究したものである。多くの士族は明治の世となり、官員への出仕を求めたが、必ずしもそのようにならないようすを描いている。猪山家は幸い、それまでの「姫君のソロバン役」という算用者の能力が認められ、海軍省の官僚軍人へと出世をする。このことは尾佐竹家とやや類似した様相といえよう。

(4) 親族の横山家

金沢市立玉川図書館の『加越能文庫目録』には「横山隆吉三〇〇石、明治七　一四歳、松山寺」とある。この隆吉の父は隆三といった。本節で取り上げる一平は、その次子（隆吉弟）[18]に当たる。そのプロフィールは「加越能時報」、『加越能郷友会々報』、『石川百年史』によって知りうる。彼は文久二（一八六二）年五月金沢に生まれた。金沢英学校を卒業、さらに漢学・英学・法律を修め、自ら私塾義俠館を設立。一七歳の時、新選旅団に属し、西南の役に出陣したこともある。東京に出て、鉄道や石材事業に関与。明治三七年総選挙の際、千葉県より出馬し、当選。同年メキシコにおいて漁業や農業の開発に関わる。明治四〇年日本捕鯨会社の専務取締役となり、捕鯨会社大合同ののち、社長となる。明治四四（一九一一）年七月に金沢電気鉄道の重役となり、やがて社長となる。その他北鮮電力、常磐興行、北陸冷蔵等の重役を兼ねた。昭和六（一九三一）年、四谷自邸で死去。享年七一歳。同氏と尾佐竹家との関わりは、保の長女俊（もしくは淑、猛の姉）が嫁いだことによる。また三女実（猛の妹）が後添えとなったためでもある。猛が明治法律学校在学中は一平（本郷区本郷居住）が保証人となっている。[19]なお、さきの金沢市内蓮覚寺尾佐竹墓石には同人の名が刻まれている。

このことから横山家と尾佐竹家は深い関係にあり、猛はのちに、学資面の援助を受けたことが十分に想像できる。そうした側面のみならず、さきに見たような横山一平が地方から上京し、自らを切開いていくようすに、猛は刺激を受けたと思われる。横山の行動はひとつの大きなビジョンに基づくものであったことは「時局と移民」と題する論文からも分かる。[20] その主旨は次のようである。

・第一次大戦に日本も加わった。
・各国は平和的領土拡張をすてて武力的拡張をとった。
・形式を捨てて実質をとる近代思想に適合しない。
・私の平和的領土拡張とは移民事業である。

こうした近代的思想、実務主義は、さきの開拓精神とともに猛に少なからず、影響を与えたであろう。

2 能登時代の尾佐竹家と猛

(1) その後の父・保について

資料2の尾佐竹保履歴書にもどる。明治九年（一八七六）一二月のところを見ると、第六大区小一〇区担当とある。第六大区とはそれまでは羽咋郡である。しかし同年一一月の町村区画改編により七尾の北方、つまり鳳至《ふげし》郡・珠洲《すず》郡であり、小一〇区は現穴水町、一一区は能登町に当たる。[21] いずれにしても尾佐竹家にとっては大変化であり、能登へ転居、その地の役人となったのである。その後、保は金沢には帰住することはなく、同地で学区取締や小学校長といった教育、あるいは羽咋郡役所書記[22]や戸長といった地方行政、最後には区裁判所職員などを務めたのち、明治三四（一九〇一）年八月、職務から退いた。なお、『志賀町史』[23]によれば、明治二七（一八九四）年五月二〇日〜二八（一八九五）年八月一日まで、西土田村長に就任している。

すでに述べたように父・保には、先祖以来の学芸的能力があったため、維新後、教員、官吏の道を歩むことができた。ただし、その知識や才能をすべて開花させるには時間を要するのであり、結局は県内とはいえ生まれ育った地とはへだてた地域で公務に当たり、その地のリーダーとして職業生活を終えることとなった。その後、東京の子息・猛の家に引きとられ、次女信らの世話をうけ、昭和七（一九三二）年二月一五日に死去した。

(2)　羽咋地域と尾佐竹猛

資料2には記してないが、保のその履歴書には、羽咋郡高浜町字高浜二の二八（現志賀町高浜町）とある。事実、能登に移住後、おさまった場所は高浜である。

資料3は尾佐竹猛の履歴であるが、このことからも分かるように[24]、猛が羽咋町（現羽咋市）に生まれたのは明治一三（一八八〇）年一月二〇日である。第三子・長男であった。名前の由来は「淑信猛実に堅し」によるといわれる[25]。かつてはにぎわいをみせた高浜にいつ転住したのは定かではない[26]。住所はすでに述べたが、町中心地であり、明治期の「（地割図）」の「二十一」（現清水正之宅）に相当する[27]。

資料3　尾佐竹猛履歴（石川・福井関連）

明治一三・　一・二〇　　生　　（羽咋町にて）

一九・四・一　大念寺新小学校入学
二七・三・三一　高浜小学校卒業
三五・七・九　判事（福井地方裁判所）
三八・四・一　福井区裁判所判事（同年六月、福井地方裁判所判事兼務）
昭和一九・一二・三一　福井市足羽上町疎開（二〇年七月まで）

資料4(1)　近県児童就学率比較表

府県	就学率（%）
山梨	54.6
愛知	37.8
静岡	44.9
石川	59.5
岐阜	58.9
三重	36
大阪	67.1
京都	50.1
滋賀	47.7
堺	48
和歌山	26
兵庫	35.8

注：『石川県教育史』第一巻「第25表　近県就学児童数比較表――明治10年――」より作成。

(2)　全国との児童就学率比較表

明治	全国	石川
18	49.6	50.5
19	46.3	51.5
20	45	61.2
21	47.3	69.5
22	48.2	69
23	48.9	72
平均	47.6	62.3

注：『石川県教育史』第一巻「第87表　就学表」より作成。

同資料の通り、猛は明治一九（一八八六）年、地元の大念寺新小学校に入学した。同校について述べる前に明治前期石川県教育の一端を紹介したい。前出『石川県教育史』第一巻によれば、児童就学増加は小学校の設置状況と同じく、加賀に比べ、能登地方は遅れがあったとある。しかし、同書の

「第二五表　近県就学児童数比較表――明治一〇年――」を加工したのが、資料4(1)近県就学率比較であるが、石川県は一二県中二位にある。さらに「第八七表　就学表」をもとに作成したのが資料4(2)の就学率全国比較であるが、石川県は年々就学率を増し、全国平均よりはるかに高い位置にある。その要因は就学督励のための就学旗掲揚とか、小学校簡易科の設置、あるいは小学校教員の待遇改善といった県の教育策によるところが少なくない[28]。

『石川教育』第三一五号（昭和七年一一月）は羽咋郡について、押水・邑知・志加（志賀）・富来と四郷があり、それぞれ北川尻・羽咋・高浜・富来という中心があることを述べている[29]。その志加の高浜の繁栄ぶりについては、ここでは人口が慶応二（一八六六）年に三七八戸・一五九五人に対し、明治一三年には四三三戸・二六〇三人に急増していることを示すだけにとどめる。

「能登国第六区羽咋郡大念寺新村見取図」という文書がある。この見取図中にある蔵地のところに、のちの高浜小学校が開校する。「高浜尋常高等小学校　学校沿革史」（石川県文教会館複写本）により明治前期の同校の歴史を追ってみる。同資料「学校の部」を一覧すると、この地域も、地域民による教育意識が高く、明治五年三月には岡部久平ら町の有志らにより郷学「集学所」が蔵地横の小浜神社に開設され、翌年一月石川県の第六区区学校、同年三月小学校へと発展した。やがて次々と校名変更をするとともに、自前校舎を旧蔵地の所に建築した。そうしてなったのが、大念寺新小学校である。猛の入学は明治一九年四月一日である。正確にいえば大念寺新小学校という校名は明治二〇（一八八七）年五月であり、猛はその前の三番学区高等中学初等科大念寺新小学校へ入学したのである。ただし校舎は同じであり、「郷社小浜神社之景」（明治三一年三月）という絵図には、レンガ造、二階建の瀟洒な学舎が描かれている。このことからも地域の教育レベルのほどを再認識することができる。大念寺新小学校は明治二二（一八八九）年五月には高浜小学校と改称、大正六年には同地宮川町に移築した。

同沿革史の「職員の部」をみると、明治一七（一八八四）年には校長が配置されるようになり、その後二〇年には英語・唱歌・体操の教員が赴任している。また「校務の部」では、紀念節や天長節の拝賀式、帝国議院祝賀式の記事が見うけられる。猛は、学校が拡充し、勢いをます時期に就学していたのである。そして、同資料の「児童の部」には明治二五年度以降の在学生数が記されている。猛は二六年度卒業であるから、数字に含まれているはずだが、実は尋常科（四年制）までしかのっていない。猛の同科卒業はそれ以前だが、わずかの年差なので、二五年度生を見ると約五〇パーセントの卒業率である。さらに猛は高等科に進み、卒業したのである。同科卒業者数は不明ながらも、少なかったと思われる。猛は成績優秀であるとともに、同家の期待も大きかったのである。前出「父　尾佐竹猛」には、徇《となう》氏は「父は小学校のとき秀才だったらしく、卒業のとき学校の先生が郡役所に推薦しようとしたとき、祖母が「田舎の役人にするくらいなら、こんな苦労はいたしません。」と言下に御ことわりしたと伝えられている」と記している。祖母の名は、とみといったが「男まさりの女丈夫であったらしい（略）、父が大成したのも、もっぱら祖母の努力と見識によったと思われる」ともある。祖母とみにとっては、夫の丈三だけでなく、子息保が能力あろうとも実力を生かしがたかったこと、しかしこれからは家名挽回・才能を発揮していけるという思いが強かったと思われる。このことはすでに見た加賀藩猪山家のような士族、とくに下級のそれには強かったのである。また猛自身もそれに勉強で応えたい心情は加越能郷友会の「漫談的座談会」で、「私が小学生の時分に、中田某と云ふ書生が破れ帽子の処に絣の差を着て勉強して居るのを見たといふ事を聞いて居りますが、それが今の会長さん（中田敬義――引用者）ですよ」というなにげない会話からも察せられる。ハングリー精神の一種である。

(3) 上京・修学へのおもい

ところで猛は明治二七（一八九四）年三月三一日に高浜小学校を卒業し、二九年（一八九六）五月二日に東京の明治法律学校に入学している。ここには約二年間の空白がある。本節では、この空白の二年間を追ってみたい。

ひとつは学校選択の問題である。当時、猛の住む高浜、そしてその周辺に上級学校はなかった。あるとすれば、金沢にある石川県尋常中学校（前身は石川県と真宗大谷派による大谷尋常中学校、明治二一年一〇月開校、二六年七月に改編）である。また第四高等中学校（二〇年四月開校）に入学するためには尋常中学校を卒業しなければならない。しかも、これらの学校で学ぶためには学費・生活費の負担が、尾佐竹家には大きすぎた(30)。そこで選んだのが、東京の専門学校である。徇氏はさきの「父尾佐竹猛」の中で、「父が東京の学校で勉学するについては経済的に問題が多かったようで、これを可能にしたのは祖母と、父の一番上の姉の努力によったと聞いている」と述べている。さらに「父が何故に裁判官になったかのか理由を聞いたことがあった。（略）父が若い頃は、法律を専攻することが一番早く確実な収入の道であったから選んだという極めて単純な答であった」とある。徇氏は筆者の聞き取りに、「父は案内の看板を見て、明治法律学校に入ったそうです。[31]」と答えている。のちに、猛は「私の在学時代は（略）最も貧究《（ママ）》の時」と追憶している。[32]当時は法律の時代であり、安い学費で、しかも短期間で資格がとれ、将来的に展望のある法律学・法律学校を選んだのである。さらに司法試験の合格率がきわめて高いことで有名な明治法律学校を選んだといえよう。[33]

ところが、この明治法律学校は入学に制限があった。明治二七年一月の「司法省指定　私立明治法律学校規則」[34]の第四章入校在校退校規則の第一九条に、年齢一七歳以上の男子で、国語・漢文・数学の入学試験に合格した者、あるいは第二〇条には尋常中学校や尋常師範学校等を卒業した者とある。中学校程度の学力を有する必要があったわけである。また入学年齢にも達しなかったわけでもある。したがって、この二年間、猛はそのため勉学に励んだと思われる。

幸い父は地域では学者として聞え、近隣の者に学問をほどこしていた。前述の地域郷学（集学所）設立者の一人・岡部久平[35]の子息亮吉はのちに助役となるが、小学校卒業後、この保のところへ通学している。この岡部亮吉の所蔵した書籍が資料5の通りである。この書籍は亮吉の所蔵の全冊か否かかは不明だが、この冊子名を通し、間接的に保の学問教育の傾向を知ることができる。すなわち漢学を主としつつ、和学、算学等々のものも見うけられる。そして猛は小学校卒業後、こうした教育を父・保のもとで教授されたと思われ、それにより明治法律学校の入学に備えたとは考えられる。

資料5　志賀町岡部修家寄贈書籍（石川県文教会館所蔵分）

はせを袖日記	全磊戸庵・素綾	寛政11・初冬	1冊

四声字林集韻　上・中・下	鎌田罵津	弘化丁未	3冊
算題新編　巻七	村田則重・石田古周	明治6・8	1冊
小学書刪文例　巻之一、二、三、四	石川県第一師範	明治11・6・11	4冊
改正新編数学解式	岩田順三	明治12・4・30	1冊
十八史略校本　巻之七	石埼謙	明治12・5	1冊
明治新撰　日本政記　巻之壱〜十二		明治13・12	12冊
小学中等科作文全書　巻一・二・三	海妻甘蔵	明治15・4	3冊
箋註蒙求校本　上・中・下	岡白駒	明治16・3・15	3冊
尋常小学修身　巻三	重野安繹	明治26・8・15	1冊
単級小学校算題叢　巻一・四五	石川重幸	明治29・6・9	1冊
尋常小学修身書　巻五	金港堂書籍出版	明治32・11・1	1冊
新撰帝国読本　巻一・三・六	学海指針社	明治32・12・5	3冊
高等算術教科書　児童用	金港堂書籍出版	明治34・9・15	1冊
活益伊呂波字典	六合外史	明治39・9・25	1冊
文法標解古文真宝註釈大全　上・下	山本憲	甲申・3	2冊
校刻日本外史　一、二、五六、七八九、十十一、十二十三、十四十五、十六十七、十八十九二十、二十一、二十二、三十四	頼襄子成	年不明	12冊
真書千字文	菱湖	年不明	1冊
今世詩作正幼学便覧　全	福井淳	年不明	1冊本（全2冊）

大福節用		年不明	1冊
古文真宝後集　上・下		年不明	2冊
発句俳諧七百題　上・下	小蓑庵雄	年不明	2冊
新撰地理小志（後欠）	山田行元	年不明	1冊
続文章軌範評林　巻三四		年不明	1冊
数学問題集附録　完		年不明	1冊
算題新編　下		年不明	1冊

注：上記以外、活字洋装本　10冊

（例）尋常小学書キ方手本　第一学年用　文部省　明治39・5・27

(4)　『志賀瑣羅誌』のことなど

『志賀瑣《さ》羅《ら》誌』(36)は高浜およびその近傍のことを記した地誌であり、明治四一（一九〇八）年春に発行された。自筆による孔版で袋綴りになっているが、一二一丁もある。この筆者が尾佐竹猛である。構成は次のようである。

第一編　総記　第一章名之由来～第一七章道路
第二編　各記　第一章上甘田村～第九章志賀浦村
第三編　高浜記　第一章総記～第三章高浜

事項別、村別、そして居住する高浜について、三部構成になっているが、資料の精査とその緻密な観察力はのちの研究者としての原像を見る思いである。執筆理由は、同書緒言において同地方を「著者幼少ヨリ第二ノ故郷タル石川県羽咋郡志賀区ノ郷土誌編纂ノ志アリ」としていることから、加賀とともに、故郷ともいうべき能登志賀（高浜）への郷土意識によることが分かる。

本項において、最も気にかかることは執筆の時期である。同書によれば、それは明治二六年（一三歳）に初稿、同年末に脱稿、さらに二七年六月に増補。この時、『少年詞藻』第二号に「志賀区地理史談」として掲載された。その後、三五（一九〇二）年、夏季休暇帰省中、知友の勧めで帰省の折、脱稿し、四一年に刊行したという。猛はこの二年間の空白の時期、地誌の編集に当たっていたことが分かる。

なお、同書において、すでに述べた高浜の区裁判所を紹介している。明治二三（一八九〇）年三月に新築されたものであるが、「宏壮カツ地方稀ニ見ル」とある。位置は尾佐竹家のごく近隣にあり、まもなく父が職員として勤務する所である。猛が近代の象徴的建造物（「白壁で目立った」――岡部修氏談、現在畑地）からやがて法曹の道を歩むひとつのきっかけとなったかもしれない。

とにかく少年の身で、こうした地誌を執筆できるのは、高等小学校まで卒業していること、父から中等程度の教育を受けているといったことだけではなく、すでに述べたような普段の興味関心の欲求の多大さ、学習意欲の旺勢さとによったものである。本節最後に、そのことを示す、猛から宮武外骨への書翰（明治四五年三月四日）[37]の一節を紹介したい。

小生小学の頃頓知協会雑誌など分らぬなからも引張り廻はし居骸骨事件なども記憶候居し　骨董

雑誌及協会雑誌も今の猶ほ保存致居候様の始末滑稽新聞の愛読者なること勿論にて（略）

3　加越能への意識

(1)「県外在住先輩諸士意見録」に見る加越能人

前章の諸事から、猛には在地時代より、郷里・加越能への思いが強いことが分かった。ここでは立身出世による栄光を夢みて上京、中央（とくに東京）にあって活動した尾佐竹猛が故郷およびその人々をどのように思ったのか、追ってみたい。まずは次の資料から入る。資料6は『石川教育』第一三一号[38]のために、同会が県外在住者四〇名（二名で一件あり）に石川県人の長短について、アンケートをとったものを、筆者が整理したものである[39]。このうち、短所で最も多いのが、「進取」の気象に乏しいことである。「独立自主に乏しい」、「果敢欠如」といった類似文言も含めると圧倒的に多い。「逡巡」するも多い。これも「消極的」、「引込思案」などの用語を含めると、目立つ。「褊狭」であるは六件ある。「狭量」は類語とした。「頑固」という用語だけで四件、「弁舌」に拙い、にも注目できる。意外なのが、「先輩を尊敬せず」だけで三件あるが、これに「団結の欠如」などを類語とした。次に長所の方である。用語自体で最も多いのは、「正直」（八件）であり、「裏表なし」も類似文言としてここにいれた。次に多い用語として「質素」があり、これも類似用語が少なくない。「真面目」だけで三件あるが、ここに「律義」、「誠実」、「勤勉」をいれた。「親切」は二件であるが、「愛情」、

「同情」などの類似用語が見うけられる。ここで、特筆すべきは「数学にすぐる」四件である。ここに学芸的な文言を入れると、かなり強力な存在となる。

資料6　『石川教育』第一三一号収載「県外在住先輩諸士意見録」整理一覧

1　短所

(1)「進取」の気象が乏しい　7

（類語）自主自立欠如、独立自主欠しい、創始的でない、豁達なし、果敢欠如、奮闘乏しい、小事にあくせく、克己の力生せず、自主・自助を養うべし、凋落、振わず、因循せよ、奮闘精神乏しい、大志欠如、事業に当らず、大志えがたい

(2)「逡巡」　2

（類語）敏活ならず（2）、勇気欠如（2）、遠慮勝（2）、薄志弱行（2）、消極的、テキパキせず、引込思案、鎖国的、邁進欠如、おとなしい、険難に怯える、注意周到、小心、腹度胸欠如、内気、先だちを好まず、沈黙、控え目、不活発、ぐづ、鈍重、人付合悪い、社交下手、好いた者同志合う、外交拙い、非交際的

(3)「褊狭」　6

（類語）狭量

(4)「頑固」　4

頑迷固陋

(5)「弁舌」に拙い　2

（類語）公共心薄い、国家・民人への貢献欠如

（類語）談論に長ぜず、弁論に長ぜず、談話応対下手

(6)先輩を尊敬せず　3

（類語）一致団結すべし(3)、団結力薄い(2)、結合力を尊うべし(2)、先輩後輩関係欠如、協同一致欠如、利己的

2　長所

(1)「正直」　8

（類語）裏表なし

(2)「質素」　4

（類語）質撲、素朴、清廉、潔白、潔癖、潔い

(3)「真面目」　3

（類語）忍耐強い(2)、勤勉(2)、律義、誠実、堅実、篤実、気骨、謙譲

(4)「親切」　2

（類語）情誼に厚い、敦厚、愛情、同情大、善意

(5)「数学」にすぐれる　4

高風清月的、室内娯楽に長ける、遊共に親しむ、学者的才、賢人、軍人的・科学・芸術向

(6)「優美」　1

（類語）精製品を作る、学芸的緻密

以上のことからすれば、石川県人は進取の気象に欠け、物事に逡巡するため、褊狭・頑固・弁舌べた・尊敬団結心に乏しい。しかし、一方、正直で質素・真面目であるとともに「親切」でもある。ま

た学芸面に優れているということになる。これらの意見は尾佐竹猛よりやや上の世代であるが、同時代人によるものとして概ねよい。だとすれば、尾佐竹猛もこうした人物と規定したいところであるが、早急な結論は避けたい。ただし、子息徇氏の前出「父　尾佐竹猛」には、次のような文章が出てくる。

・日頃ガンコで何も判らない親爺と思っていた。
・両親をやしない、父が月給以外の原稿料は全部古本を買ってしまい自分で好きなように使っていたようだ。
・デートをしても古本屋ばかりのぞいて歩き、母は父を見失うほどだったということである。
・父は家庭では歌舞音曲一切厳禁であった。
・父は厳格で、ガンコ親ではあった。
・父は中途半端な妥協は極端にまで排せきした。
・交友関係でも、少しでも地位、学歴に影響された交友関係は一切きらって、真に学問を愛する人か、または人間として良い人であるか否かに限定していたようである。
・父は私に「御金や、地位や、名声がなくなったときに訪ねてくれる人がほんとうの友人だ」と聞かせてくれたことは再三ならずあった。
・一切とんちゃくなく全然損得を度外視して奉仕するのが好きであった。

なお、編集者として、尾佐竹猛と関係の深かった松下芳男は次のように綴っている。

「（略）学究らしい素朴さ、裁判官らしい誠実さ、北国人（石川県）らしい純真さを感じ、後輩にたいする親切さには、まったく頭を下げた(40)」。

(2) 「人国記」に見る加越能人

加越能、とくに石川県とはいえ加賀地方と能登地方を分けて論ずることがある。とりわけ人国記・風土記・地誌にはその傾向が強い。この点を等閑視できない大きな理由は、尾佐竹猛が自らの故郷を加賀と能登と認めているからである。やや、行論が複雑化する懸念もするが、資料に当たってみる。幸いなことに、前節の「県外在住先輩諸士意見録」アンケートのあとにその関係の資料が掲げられている。それは七点ほどであるが、さらに参考資料も七点ほど掲げられている。この種のもののほとんどは、加賀(金沢)は「閑雅風韻ヲ喜ビ」(『肝付兼武　東北風談』)、「優柔」・「偏執」(元正院地誌課『日本地誌提要』、郁岡良弼『日本地誌志料』)「爪を隠す」(『加越能郷友会』編集、明石吉五郎『石川県地理詳説』)、に対し、能登は「人の心別して狭い」(前出『加越能郷友会』)、「少シク固」(中根淑『兵要日本地理小誌』)、「拙撲」(前出元正院、郁岡著)とある。佐久間舜一郎の『日本地理正宗』はさらに加賀を邑都・宿駅と山間僻地とに分け、前者は怜悧・優柔とし、後者は能登と同じく撲実としている。

他の文献もこれらの分析と大して変わらない。ただし藤岡作太郎『東圃遺稿』は、金沢の機械的工芸は見るべきものなし・美術的工芸は盛んにならないと、横山健堂『旧藩と新人物』は金沢は教師あるのみという指摘をしている。いずれにしても、加賀は学芸的で、能登は朴実であるが、双方とも外に向けて行動しないということになろう。なお、そうした要因については、気候のために外に出ないなどの自然的条件、徳川幕府への対応による韜晦の方便を理由としているが、このことは次節の分析の中でふれたい。

(3) その他の作品に見る加越能人

ここではこれまでのショート・コメントではなく、大正・昭和戦前期における加越能人（とくに石川県）に関する評論類をとりあげることにより、その論理的裏付けをしたい。

石川県出身で、全国的に活躍する三宅雪嶺は加越能学生大会で演説をしているが、それは『石川教育』に掲載されている(41)。そこでは、能力は薩長には劣らないが実行力は欠けている。国のためにということを学生の時から持つべきことを主張している。ともに演説をした早川千吉郎（三井銀行専務取締役）は、藩の頃に培ってきた素質・技能を維新後、発揮できないのは遠慮勝ち過ぎるためだと論じている。

同大正五年二月の同誌第一四四号には「北陸三県観察談（梗概）」と題し、佐々木秀司（神奈川県警察部長）が一文を寄せている。それによれば、石川県人は自制心が強く、勤倹力行の風を保つが、進取の気象に乏しく因循姑息であると指摘したあと、思案に耽り研究に専心する頭脳を評価している。だが、そのあとで所信を断行する人物に乏しいとも述べている。

教育界で著名な石川県出身永井柳太郎は昭和一五（一九四〇）年八月発行の『加越能郷友会々報』第八七号(42)の「お国自慢」において、石川県人には学問芸術に傑出した人が多いと述べている。

そして、こうしたことの要因としては、すでに紹介してきた加賀藩の韜晦主義を理由としたものが少なくない。[43] また、さきの佐々木秀司は、自然界の状況が人心を沈静させると自然条件をあげるとともに、近代的な交通整備の遅れといった施策をも追加している。

このようにして見てくると、加越能人の性格・気風について、尾佐竹猛にかなり該当するものがある。頑固、真面目、学芸的な部分がそれである。ところが一方、進取の気象に乏しい、褊狭のようにあまりにも該当しないものもある。こうした該当しない部分は地域や家庭の環境・事情、時代的変化、本人の社会的視野の拡大等々により変容、克服をしていったと思われる。

(4) 尾佐竹猛の加越能観

もっとも尾佐竹猛が自らの性格分析を活字にしたものは、目下、見当らない。子息徇氏が観察した文章はすでに紹介した。また尾佐竹猛が県民の性格そのものを直接論じたものはきわめて少ない。管見のかぎりでは、「石川県人は団結が足らぬ、成功者を援助せようとはせずに排済《ママ》せようとする（略）此言ほど大なる誤謬を含めるものは無い」[44]としているくらいである。このことは自らが加わっている加越能郷友会の活動から得た実感であろう。県人論を直接表現しない尾佐竹猛ではあったが、維新以降の立ち遅れということを通して表現している。昭和一六（一九四一）年八月一一日、金沢市立図書館における「加賀藩の勤王思想」と題した講演は、同年一一月三〇日に上梓されたが、そこでは、加賀藩立ち遅れの要因を四点ほどあげている。第一は交通の不便、第二は韜晦主義、したがって武術、美術・書画骨董には力を尽す。政治家より学者が輩出する。第三は百万石の大封ゆえ、軽々に態度を表現するわけにはいかず、自重の要がある。現状維持派があまりに大きい。第四は幕府の勢力と対立しているが、薩長とは異なり徳川氏に恩顧がある。このことからすれば、尾佐竹猛の郷里加越能および加越能人に対する認識は、本章で取りあげてきた人々の論理とは変わらない。すなわち交通不便、韜晦策、自重策、徳川氏への遠慮の四点である。こうした要因を前提としつつ、本論において加賀藩は「維新回天の事業が立ち遅れた」が、勤工思想は脈々と流れ、今日にいたっているとしている。

しかし、何としても薩長は常に気にかかる存在であった。前節で述べたように、尾佐竹猛はそれまでの地域の性格や事情や時代の制約がありながらも、自らを克服しようとしてきたし、そうした。そこで尾佐竹の描く加越能人の具体的行動や目標を知りたい。そのことについて、人生・処世観と郷土観に分けて考察してみたい。昭和六年四月一一日、九段富士軒において、加越能郷友会主催の「加越能出身本年各大学卒業者招待会」が開催された。その祝辞で、尾佐竹は「維新の新政に当つて人材登用を標榜せられてより約三十年の日子を経て、僅かに局長一人を出したに過ぎない」と加越能人のことを述べている[45]。翌年一一月三〇日の『加越能郷友会々報』第三七号では主催者の一人であった上野松阪屋の議会展覧会で、全国の大臣出身分布図を作製したと記している。さきの『加賀藩の勤王思想』では、石川県出身者で「陸軍中将が一人出ました。それは明治二十七年（略）行政官では初めて局長を出したのが明治二十八年」と時期が遅いことを指摘している。「進取の気象に乏しい」地域であるが、学芸的環境に育った尾佐竹猛が、「立身出世」という時代的な風潮の中で上京し、学校で勉学に励み、昇進する中でもろに感じたことであろう[46]。

ところが、猛は単に職業上地位・上流人の視野で物を見ているばかりではないことは、郷里に関する次の事柄から分かる。猛は『加越能郷友会々報』第三二号に「江戸時代の得難さ庶民史料『加賀藩[47]

農政史』を読む」を寄せている。ここでは同書の著者について「無名の士の独力に基づいた」ものとし、さらに「この大努力を続けるについては無理解な徒より物ずきと目せられ、甚だしきは狂と罵られ愚と嘲られたこともあるであろう」としている。無名な人物への注視、その地道な努力に高い評価をしていることは注目に値する。全くの単なる出世主義者ではないことが読み取れよう。そして、こうした姿勢は自らの賭博・掏摸といった当時は主流ではない研究にも表わされている。

次に郷土・地域観をかいまみる。昭和一〇（一九三五）年の加越能郷友会の総会兼新年宴会は一月二六日、九段坂下軍人会館で開催された。新たに副会長に就任した尾佐竹は、挨拶の中で、『裏日本』といふ言葉が使はれて居ります。此の言葉を聴く毎に吾々加越能人は甚だ不愉快な思ひを致すのであります」とし、さらに「満州国と最も密接な関係にある我が加越能は表日本であります」と強調している。その語気はさらに荒くなる。「見よ、勃興の気運溌剌たる日東大帝国の勢威は大陸に伸びて、朝鮮、満州はその足溜りである。日本の勢力の海外に発展する尖端は日本海沿岸の地方である。日本海は一の庭池に過ぎないのである」(48)と。その後、同会誌には不破志要、千田世成というペンネームで「北日本といふこと」、「裏日本の名称について」、「裏日本といふこと」と題し、裏日本廃称論を主張する。それはまた、すでに見てきたように表日本を中心に展開する薩長への対抗意識でもあった。

4　加越能郷友会との関わり

(1)　主な活動

本節は、尾佐竹猛が上京後、在京団体の加越能郷友会にどのように具体的に関わったのか、ということを目的とする。このことについては、すでに部分にはかいまみてきた。例えば、同会誌に論文を寄せたり、あるいは副会長として挨拶したといったことである。ここでは、それらの事柄を整理しながら、同会における猛の活動を把握してみたい。

なお、郷友会『加越能郷友会雑誌』は『加越能郷友会々報』、『加越能』と改題をするが、以下では時には『加越能郷友会誌』とすることもある。

『加越能郷友会誌』に猛関係記事が見えるのは、明治三九（一九〇六）年が最初である。それは同年上半期分の会費を納めた記事である。しかし、これを入会時期と断定することはできない。それは同誌の初期の残存分が少ないからである。評議員として尾佐竹の名が登場するのは昭和三（一九二八）年三月一〇日である。前号にはないので、この年からであろう。そして、副会長に就任するのは昭和一〇年のことであり、以降、改選ごとに重任となる。そして昭和一八（一九四三）年一月二八日の総裁推戴式では会長林銑十郎に代わり推戴文朗読式辞を述べている。その後、副会長として昭和二一（一九四六）年一〇月一日死去するまでの間、いつの時点までつとめたのかは不明である。あるいは太平洋戦争の激化で休会状態であったことも考えられる。いずれにしても若き時より、加越能郷友会に入会、やがて重職に就任し、会のリーダーとして当たっていったのである。

しかし、最も尾佐竹らしい同会への貢献は何といっても執筆である。資料7は、目下、所在確認ができる『加越能郷友会誌』の中から、尾佐竹猛が執筆したものを抽出した一覧である。昭和四年三月発行の第二一号から昭和一八年七月八日の第一一三号まで、実に四〇件にのぼる。そのボリュームは第二一号の「各地郷友よりの通信」のような五行とごく短文のものもあれば、第八二号の「銭屋五兵衛の財産」のように五頁にわたる論文ともいうべきもの、あるいは第七三・七四号「黒川良安の事蹟に就いて」のように連載のものもある。「旧事叢談」は第一〇一・一〇二合併号より第一一三号（以降は雑誌所在不明）まで連載している。父の遺稿を寄稿することもあった（第九八・九九合併号「卯辰山の開拓」）。さらに同一号の中に二つの作品が掲載されることもあった。例えば第七三号を見ると、実は「裏日本の名称に就いて」も猛筆である。そしてその内容のほとんどは加能・能登の歴史に関するものである。しかもそれは前田利家のような著名人から大穴持像石神社・胎谷寺といった無名の社寺まで対象の幅が広い。いずれにしても、自らの得意とする歴史学により、同会に、そして郷里・加越能のために尽力しようとしたことは事実である。なお、前記したように裏日本に関するものもまとまってある。だが、これとてもその歴史的経緯を含めて述べているものが多い。

資料7　『加越能郷友会誌』における尾佐竹猛(1)

(21)　四・三・一五　　本会総会及び新年祝賀会

各地郷友よりの通信（石川県人について）
(23)　四・八・二〇　旧藩時代の得難き庶民史料「加賀藩農政史考」を読む
(24)　四・一〇・二五　元治甲子　鳳輦衛護に就いて
(27)　五・五・三一　各地郷友短信（県人会について）
(37)　七・一一・三〇　大臣分布図に就いて
(46)　一〇・三・三〇　加越能の弁
(47)　一〇・五・三一　加越能郷友会の発展策如何
(48)　一〇・八・三一　先輩後輩の弁
(51)　一一・三・三一　裏日本といふこと
(52)　一一・六・三〇　能登の地名に就いて
(55)　一一・一二・二五　幕末に於ける東西対立論
——加賀藩勤王始末に対する一疑問——
(58)　一二・一〇・二〇　アーネスト・サトウの七尾から大阪へ
(62)　一三・四・三〇　英国歩兵練法と南郷茂光氏
(63)　一三・五・三一　前田利家公の画像に就て
(66)　一三・八・三一　利家公と近衛公の憲法研究
禁門事変と長大隅守（落木正文）
(67)　一三・一〇・三一　北日本といふこと（不破志要）
副田氏に代つて雲の舎陸翁氏に答ふ（落木正文）
(73)　一四・四・三〇　黒川良安の事蹟に就いて

——佐久間象山との交渉を中心として——
裏日本の名称に就いて（不破志要）
(74) 一四・五・三〇　黒川良安の事蹟に就て（承前）
——佐久間象山との交渉を中心として——（承前）
裏日本といふこと（千田世成）
(76) 一四・七・三一　大穴持像石神社と胎谷寺
(81) 一五・二・二五　島田一郎関係書類（落木正文）
(82) 一五・三・二五　銭屋五兵衛の財産
老の喜び（不破志要）
(84) 一五・五・二五　追記（金沢の旧家里見氏について）
(87) 一五・八・二五　近来の佳言
畑時能の遺蹟に就いて（不破志要）
(88) 一五・九・二五　里見亥三郎の事蹟に付いて（落木正文）
(89) 一五・一〇・二五　齊泰公勤王の一史料
旧事叢談一―三（千田世成）
(90) 一五・一一・二五　「近来の佳言」に就いて（千田世成）
(92) 一六・一・三一　旧事談叢四―六（千田世成）
(94) 一六・四・三〇　旧事叢談七―八（千田世成）
(95) 一六・六・三〇　旧事談叢九―一三（千田世成）
(96) 一六・七・三一　旧事談叢一三―一五（ママ）（千田世成）

(97) 一六・　九・三〇　里見亥三郎伝補遺（落木正文）
旧事叢談一六—一八（千田世成）
(98・99) 一六・一二・一五　旧事叢談一〇—二五（千田世成）
(101・102) 一七・二・二八　旧事叢談二五—二八（ママ）（千田世成）
(105) 一七・　七・二〇　畑時能序文
旧事叢談二九—三一（千田世成）
(106) 一七・　八・（不明）　旧事叢談三一—三三（千田世成）
(107) 一七・一〇・二五　旧事談叢三五—三六（ママ）（千田世成）
(111) 一八・　四・　五　旧事談叢三七—三八（千田世成）
(113) 一八・　七・　八　旧事叢叢三九—四一（千田世成）

(2) 関係の会合

次に尾佐竹猛が加越能郷友会において関係した会合について、追う。資料8は、その出席した会合の内、初出のものをまとめた。すでに述べたように猛は評議員や副会長などを務めたため、会務のための出席は多い。総会兼新年祝宴はいうまでもなく、ほかに評議員会、理事会、例会、臨時総会などである。祝賀会、慰労会、歓迎会への出席も少なくない。東善作歓迎、栄進四氏招待祝賀、前田家の栄進・帰国の祝い、三宅雪嶺夫妻喜寿古稀祝賀、石川県選手の慰労等々ある。講演会にも足を運んでいる。定例のもののほか、寺西秀武・飯本信之・稲葉中将天日光一の関係もある。談話会・講話会にも関与している。定例談話会・漫談的座談会・文芸座談会・中堂海軍大佐座談会などである。学生の激励会にも積極的に出向いた。同資料にある加越能出身本年各大学卒業者招待会や加越能郷友会鶯友会学生会合同園遊会の類である。在京二八会とはいかなる会か分からないが、旧友会とは四高同窓生中心によるものである。その他、壮行会や前田公記念祭などがあるが、最も尾佐竹猛にふさわしいのは加越能維新勤王家表彰会であろう。猛はその準備委員でもあった。このように尾佐竹猛は役員としての会務だけではなく、さまざまな会合・集会に精力的に参加していたことが分かる。[49]

資料8 『加越能郷友会誌』における尾佐竹猛[11]

第四回談話会	三・九・五	九段富士見軒（兼評議員・理事会）
加越能維新勤王家表彰会	四・七・二六	華族会館
旧友会	五・六・二三	丸の内中央亭
東善作君加越能歓迎会	五・	上野精養軒
加越能郷友漫談的座談会	五・九・五	九段富士見軒
加越能郷友文芸座談会	五・一〇・六	九段富士見軒
加越能出身本年各大学卒業者招待会	六・四・一一	九段富士見軒（祝辞）
加越能郷友会鶯友会学生会合同園遊会	六・一一・二五	大久保前田家別邸
栄進四氏招待祝賀会	七・六・一六	丸の内日本工業倶楽部
本会総裁前田侯爵閣下御栄進祝賀会	八・四・二四	上野精養軒
全国警察官武道大会石川県代表選手慰労会	一一・一一・六〜七	神田治作等
三宅雪嶺博士夫妻喜寿古稀祝賀会	一二・五・一六	丸の内東京会館

在京二八会	一三・三・八	神田治作（沢野金沢市長上京）
理事会	一三・四・三〇	赤坂山王ホテル
飯本信之講演会	一四・二・一五	桜田門前法曹会館
寺西秀武氏講演会	一四・三・二八	桜田門前法曹会館
評議員会	一五・五・一八	赤坂山王ホテル
本会秋季例会	一五・一一・一九	駒場前田侯爵邸
稲葉中将閣下　天日光一氏講演会	一五・三・六	丸の内工業倶楽部
阿部特命全権大使壮行会	一五・四・二	丸の内永楽倶楽部
前田利嗣公四十祭	一五・五・一八	駒場侯爵邸
中堂海軍大佐談話会	一六・一〇・九	日比谷法曹会館
前田侯爵閣下歓迎会	一七・五・一九	目黒雅叙園
第二回本会講演会	一七・五・一八	日比谷法曹会館
会長選挙臨時総会並晩餐会	一八・五・二五	目黒雅叙園

(3)　発展策の提起

関わりが深い、この加越能郷友会について、尾佐竹猛は危惧することもなかったわけではない。昭和五年五月『加越能郷友会報』第二七号「各地郷友短信」では「県人会の振はないのは加越能ばかりでないようです」と言っている。このことは同会も振わないと言っていることでもある。会の目的について、昭和一〇年五月の同誌四七号「加越能郷友会の発展如何」では「当初の会員の多くは軍人官吏であり、また郷友会と密接な関係にある育英社の如きも、当初は軍人養成が目的であつたのである」と、その目的が弱まり、年々「老人の会合所とのみなる処がある」と指摘している。さらに次号（八月）「先輩後輩の弁」ではその人間関係について、「即ち封建的ギルド的親分子分の関係があつたのである」と分析している。尾佐竹猛は単に嘆いたり、批判するだけでなく、改善や克服しようとする才能と力量があった。猛は提案する。「社交倶楽部としての機能を充分に発揮することである」（前掲第四七号）、「先輩後輩の関係は社交倶楽部的意味に於て、充分の連絡を要するのである。利益関係に於いての先輩後輩の関係の必要なく寧ろその弊に堪へぬのである」（前掲第四八号）と、社交倶楽部化を力説している。この改革案を主張したのは、副会長にはじめて就任した時であった。同案をどの程度実行できたのかということの詳細は分からない。しかし、前節で見たようにさかんに会誌への執筆をし、会の学芸的向上を図ったり、さらには座談会・歓迎会などで社交に努めていることから、ともかく実行・実践に向けて尽力したことは確かである。こうした方策と実行に、第2節で紹介した子息徇氏の父親像の、「ほんとうの友人」を求めたという尾佐竹猛の姿が重なるようである。

尾佐竹猛は、加越能に強く愛着をもっていたことは、『加越能』第八七号（昭和一五年八月二五日）「近来の佳言」と題した一文に如実に示されている。すなわち、尾佐竹は、『県人雑誌』七月号に和歌山県人上山勘太郎という人物が「羨むべき加賀閥」という題名で、今日は加賀閥が大阪財界に展開しているという記事のことをわざわざ同誌に寄せている。やはり尾佐竹にとって、やがては薩長閥に伍さんする意識が頭中にあったのであろう。すなわち尾佐竹は裏日本・加越能出身によるハンディと克服に努めたのである。

以上、本章では、尾佐竹猛が出身の加越能に対しどのように思い、そして活動してきたのか、加越能郷友会を通して追ってみた。そしてその会活動を通し、現状をどうとらえ、さらに発展させようにしてきたのか、ということをかいまみた。

5　さまざまな郷土との関わり

(1)　高浜へのおもい

筆者は長々、本章を執筆してきたが、それでもやや消化不良気味である。その要因は二つある。ひとつは尾佐竹猛という人は郷里にあってどのように活動したのかということである。もうひとつは本研究のスタンスともいうべき明治大学、とくに校友会・県人会との関わりである。

そこでまずは郷土との直接的な関係について、追ってみる。その前に念頭に置くべきことは当時の同地方における交通事情や気象条件、出身地における親族存在の有無等を考慮しなければならない。ところで、猛は夏休みには高浜に帰省したこと、あるいは金沢において講演会を開いたことはすでに述べた。繰り返しは避けたい。

寛永九（一六三二）年、若狭国高浜出身の助左衛門・助五郎は、現在の石川県志賀町高浜（当時大念寺村）に移り、帳外地に住んだという。その後、同地出身の高瀬清太郎（当時は横浜で貿易商。のちに帰郷）は高浜開祖の碑を建てることを思い立った。高瀬は大正九（一九二〇）年春、同地の出身である東京控訴院判事尾佐竹猛に碑文執筆を依頼、了承された。こうして成ったのが「高浜町開祖之碑」である。選文猛、書は父の保、碑銘は釈宗演師である。碑文には、その依頼に「欣然諾之」、つまり、よろこんでこれを引き受けたと猛自ら記している。釈宗演師とは臨済宗円覚寺の管長であり、若狭高浜に生まれた人であった。建立の式典は無事、大正一〇年孟春に行なわれた。同碑は町場に近い所（旧能登鉄道高浜駅、現バスターミナル）に建立されたが、現在はやや離れて日本海に面した崖地に移設されている。(50)

この高浜の地に岡部文夫という人物がいた。(51)明治四一年四月二五日に生まれ、平成二年に死去した。大正一二（一九二三）年に旧制羽咋中学校第一回生として卒業後、昭和四〇（一九六五）年の定年まで専売公社に勤務した（最後は福井専売局）。中学卒業以後、地域を詠むプロレタリア歌人として活躍。昭和一三（一九三八）年の讀賣新聞懸賞募集の際、二万人余の応募の中から一等（賞金一〇〇円）となった。選者の北原白秋が激賞したほどである。(52)この時、尾佐竹猛は郷里出身のこの歌人に祝文をおくった。その後も猛は同人『加越能』第七三号（昭和一四年四月）を郵送している。

同号には高浜会のことが紹介されている。同会は高浜出身者によるものであり、同年四月二八日、元高浜小学校長長谷川八太郎の上京を機に歓迎会が行なわれ、二四名が出席した。当日の世話役は尾佐竹猛の弟の堅であった。猛は「高浜小学校の史的説明」という講話をしている。母校の校史について、一席ぶったわけである。

本項最後に猛と高浜に関する世俗的な事柄について紹介する。尾佐竹猛の調査研究・顕彰に尽力した地元の室矢幹夫は敗戦直後のことを町広報誌『広報　西能登しか』に次のように記している。弟の堅さんが高浜に来て親交のあった神代の水野左近さんから米や野菜をもらって来たのを見て「私も（高浜へ）行ってくれれば良かった」とつぶやいたとか。そして室矢幹夫らにより復刻された『志賀瑣羅誌』の序文（昭和四五年八月記）には、次のようにある。

先生（尾佐竹猛――筆者注）の友人達は現在高浜町に何人も生存して居られ（る）

(2) 疎開先の福井

尾佐竹猛は昭和一九（一九四四）年秋、福井に疎開した。福井市内、足羽山にある松玄院という寺院である。資料3にあるように、猛は明治三五年七月九日、判事を任ぜられ、福井地方裁判所に赴任、やがて福井区裁判所判事を務めた。この縁で、明治四四年四月一七日、同地の山田まさと結婚した。山田まさとはさきの足羽山松玄院の直下にある著名な料亭（五嶽楼）の子女である。そのため、猛は福井市に疎開したわけである。猛は松玄院において、持参した資料をもとに研究を続けたのであるが、昭和二〇（一九四五）年七月のいわゆる「福井空襲」により、資料のすべてを失った。

その一ヵ月前、福井市役所では国民義勇戦闘隊の結成により、その顧問に推されている。[53] 生産と防衛を目的とする同隊に地域著名人として他の人達と名を連ねただけかもしれないが　詳細は不明である。

(3) 明治大学県人会における活動

明治法律学校・明治大学は開校以来、フランス法に基づき、「権利自由」を建学精神に掲げてきた。時には自由民権の学校ともいわれた。猛入学の頃、同校はその建学精神そのものの時代であったとはいえ、政府補助金無支給等による経営難、法典論争による敗北等が続いた時代であった。その一方、司法試験の高い合格率、卒業生による地方進出などもあった。「山あり谷あり」の時代というべきか、まさしく激動の時代であった。その学校から猛が在学中影響をうけたことは間違いない。卒業後も建学精神に基づく校風・特色といった伝統と関係がなかったとはとてもいいがたい。前節で述べたように尾佐竹猛は明治三五年、福井に赴任した。二二歳の時である。そして早速、一二月の明治大学校友会支部の例会において幹事に選出された[54]。その後、猛は上京するが、大正一〇（一九二一）年六月一一日、明治大学石川県人会の総会で副会長に推され、一一月六日の大会において委嘱された[55]。昭和二（一九二七）年一一月二日の大会にも副会長とし出席、同会では郷里のこと、明治大学の現状が話題となっている[56]。翌年一一月一六日の総会は尾佐竹猛学位授与祝賀を兼ねて行われた[57]。また同五（一九三〇）年一〇月二〇日の総会は校友池田常一君送別会を兼ねて行われているが、尾佐竹副会長は毎月一回の会合や会員死亡の弔慰について、提案をしている[58]。昭和一六年五月三〇日には石川県人会再興の創立総会が開かれている。しばらく中断していたのであろう。この時、尾佐竹は会長に推戴されている[59]。

なお、明治大学石川県人会々員の立場ではないが、昭和六年八月一五日、尾佐竹は金沢市において明治大学創立五〇周年記念式典講演部による講演を行なっている。(60) 石川県校友の多くが参加したのはいうまでもない。

本項では、尾佐竹猛が若くして校友会支部の役員に就任したこと、県人会の会長・副会長として尽力したこと、学校から講演者として派遣されたことを述べた。

おわりに

本章では目下、筆者のめざすテーマ、「大学史と地方」を念頭においた。平たくいえば、近代を迎えた時、地方・地域の青少年がなぜ上京し、修学しようとしたのか、そして修学したあと地方・地域とどのような関わりを持ったのかということである。そのために、まずは、本研究の対象・尾佐竹猛の成育環境を、猛の先祖から追う必要があった。しかし、その前に第1節では先祖ゆかりの金沢藩における教育政策の実態を捉えた。それは革新的・先進的なものとはいいがたいものであったが、一方、下級武士や庶民からは新たな動きが見うけられた。

第2節では、この下級武士・尾佐竹家は政治上・文教上の制約がありながら学芸的能力をじょじょに発揮しようとしていたことが分かった。それが明治期になると学芸的な能力をさらに発揮することができた。父親の世代である。だがそれは一気に実現というわけにはいかず、地方赴任など不本意なこともあった。家族あるいは自身の不本意・不満を背に勉学に励んだのが猛である。地方生活とはいえ、教育に先進的な町場であることは、幸いした。またワイドな視野を持つ親族が活躍していることも励みとなった。さらに父から中等程度の教育を受けることに恵まれた。そのかたわら、自らの住む地域を強く意識し、地誌の執筆につとめたのである。

その後、いちはやく資格と収入を得るため、東京の明治法律学校に入学、親族、家族の支援のもと、全国最年少で司法試験を突破し、判事となった。まさに「青雲の志」、「立身出世」そのものである。

視点や方法上、第1、2節が歴史的分析だとすると、第3節は社会的分析を試みた。つまり地方に育った猛。その猛をとりまく、いわゆる「県民性」である。そのために、ここでは当時の識者の加越能人論、あるいは人国記などの類を援用し、それに子息・徇の父親分析論を加味した。それにより、尾佐竹猛は加越能人（石川県人）の特徴を強くもちつつも、マイナス面の克服（とくに上京後に）に努力したことを指摘した。また、猛自身もそうした加越能人論も認めるところであるが、単なる宿命論・固定論とはせず、維新以後の立ち遅れという形で、その要因の分析に当たっている。それにより、とくに眼目としたところは「裏日本」であった。しかもそれは薩長を意識してのことであった。

ところが、尾佐竹は幕末維新期の勤王に対する加越能人にふれながら、一方、同地の無名人にも注視している。このことは修学・社会生活の結果と思われる。時々、見うけられるこうした尾佐竹の視野・視点は注目に値する。こうした地域・地域人の課題をどのように克服すべきか、尾佐竹の活動を追及したのが第4節である。すなわち在京県人団体・加越能郷友会である。そこで評議員・副会長として尽力、あるいは同会のさまざまな会合・集会に出席した。さらには自身の得意を発揮し、会誌に数多くの執筆をした。さらに、同会が発展するための方策を提案することもあった。

第5節は、第4節が猛の在京における地元・地方のための活動であるのに対し、在地におけるそれを主とした。そのことの事例のいくつかは、他節でも紹介してきたが、本節では郷里高浜における関わり、あるいは疎開先の福井におけるようすをかいまみた。以上のことは当時の制約諸条件をも考慮しつつ、行論したつもりである。最後に明治大学の校友会・県人会のことなどにもふれ、在地・在京時における尾佐竹猛の郷里への思いを知りえたのである。

近代を生きた尾佐竹猛は立身出世の時代、「自由主義」者、「ブルジョア・デモクラシー思想の持ち主」（以上、木村礎前掲書）であったが、その頭中には「下級武士、対薩長、裏日本、無名の士」が常に去来していたのである。極論すれば、尾佐竹猛は二つのハングリーとハンディ、その克服のために近代を生きた。そのひとつは下級武家出身、もうひとつは裏日本（石川県）出身である。今回はふれなかったが、もうひとつあると思われる。官界における私立専門学校出身も加わるかもしれないがそれは今後の課題である。

なお、本章では、冒頭にことわったように明治法律学校でどのようなことを学んだり、学生生活を送ったのかということは紙数の制約上、ふれなかった。また、卒業後の思考・行動に対し、この部分が学生時代に学んだこととの反映部分などと詳細な分析はしなかった。総体的に述べた程度である。ただし、「権利自由」を設立趣旨とした創立一〇数年の明治法律学校から学んだことは少なくないと思われる。

注

（1）『尾佐竹猛全集』全一五巻（ただし一〇巻分は未完、実業之日本社）。『尾佐竹猛著作集』全二四巻

（ゆまに書房）。『木村礎著作集』全一一巻（名著出版）。なお、本文で、「本格的な」とことわったのは、その著者の研究すべてをカバーするものである。例えばタイトルに個人が付いているものなどであり、その人の特定分野に限るものは除いたためである。

（2）石川県教育委員会発行、石川県文教会館所蔵。

（3）その後、天保一〇年にも同様に行なっている。

（4）第六二五号、大正三年四月。

（5）尾佐竹徇「父　尾佐竹猛」（『志賀瑣羅誌』復刻版所収）には「祖父から聞いたところについて（略）尾張の佐竹から来ているとのことである。人質にとられて前田候から命名されたという。人質で大切にされて、やることがなく、仕方なく漢学を殿上人共に講じていたということである」とある。

（6）猛の葬儀は妙円寺（現東京都渋谷区神宮前）にて執り行なわれた。

（7）前出尾佐竹家々譜によれば、この尾内隼太の子息丈助（隼太をつぐ）の時、つまり寛政四年四月七日に改姓。

（8）『新修　小松市史』資料編2「小松旧記」（小松市、平成一二年三月）。

（9）『小松史』史料編「小松旧記」（小松町、昭和五四年一二月、文献出版）。

（10）他には天保一五年「小松城并城下図」、文化一一年春写「小松町并町割」、寛政二年初夏写「小松細見図」。以上、金沢市立玉川図書館所蔵。

（11）金沢市立玉川図書館所蔵

（12）これは、やがて同誌第一三三号、大正四年三月、「半生の経歴」によれば、石川県が小原恒貞に「小学校訓蒙申付候事」となっている。

（13）（14）『日本教育史資料　二』（文部省、明治二三年一〇月）。

(15) 以上のことについては、前掲『石川県教育史』による。
(16) 『石川教育』第一三三号、石川県教育会、大正四年二月。
(17) 新潮社、平成一五年四月。
(18) 『加越能時報』第一一三号、同社、大正七年四月、『加越能郷友会々報』第二六号、同会、昭和七年七月、同会『石川百年史』石林文吉（石川県公民館連合会）、昭和四七年一一月。
(19) 明治大学図書館所蔵「学生名簿」明治二八年八月一日～同二九年七月三一日。
(20) 『加越能時報』第二七二号、大正三年一一月。
(21) 『石川縣史』第四編（石川県、昭和六年三月）。
(22) 『石川県羽咋郡誌』（羽咋郡役所、大正六年九月）によれば、同郡役所は二町三八村を管轄。郡長一・郡書記一三・郡視学一・郡吏員一・雇員五・技手一。庁舎写真もある。『石川県史』第五編（石川県、昭和四九年一一月三〇日）の地図には同郡役所の記載がある。
(23) 第五巻（沿革編）、志賀町、昭和五五年一一月。
(24) 生まれた場所は羽咋町。母あいは北庄隼之助の娘で、尾佐竹家と同じ士族であり、慶応三年一一月一一日に家督相続した保とは明治二年三月三日に結婚している。
(25) 前掲尾佐竹徇「父　尾佐竹猛」。
(26) 前掲『志賀瑣羅誌』では明治二〇年のことで、四一年に東京に移住したというが不明である。
(27) もっとも前出「学生名簿」には「高浜町イ-六十四番」とある。移転しているのか、その「二十一」の地番変更によるものかは目下、分からない。
(28) 前掲『石川県教育史』第一巻、『私立石川県教育会雑誌』第一号、「石川県教育ノ現繕」、明治三一年六月。

(29)「羽咋教育」、羽咋小学校長村井又三郎、昭和七年一二月。
(30)前出・尾佐竹侚「父　尾佐竹猛」には、自分が入らなかった一高、東京帝大に息子が入ったことをよろこんでいたと思われるとある。
(31)平成一三年九月五日、尾佐竹侚家にて。
(32)『駿台』創刊号（明治大学校友会、昭和一四年二月）「明治法律学校時代の思い出」。
(33)『明治法律学校　校友規則並表』という校友名簿について、明治一四年（開校）から三二年（尾佐竹猛卒業）までの石川県関係者を抽出すると、三二名。内、石川県出身者は二八名、石川県への赴任者は四名。教員として杉村虎一、小池靖一も含まれる。
(34)明治大学史資料センター所蔵。
(35)天保二年三月一二日〜明治一七年九月三日。岡部本家七代目。戸長歴任。
(36)本章では、昭和四五年一〇月、高浜町文化財調査委員会発行の復刻版を使用した。
(37)明治大学史資料センター所蔵。
(38)大正四年一月。
(39)一人で何件も回答していることが多い。
(40)『明治文化全集　月報』No・13、日本評論社、昭和四二年一二月、「尾佐竹猛の横顔（一）。」
(41)第一四三号、大正五年一月、「二名士の三州人観」
(42)『加越能郷友会雑誌』は以前には『加越能郷友会雑誌』といい、のちに『加越能』と称した。本章では、『加越能郷友会々誌』として総称することが多いが、必要に応じて正確に称することとした。
(43)陸軍歩兵少佐蚊野豊次「石川県民の有つ郷土性」（『石川教育』第四〇二号、昭和一五年九月）では、金沢藩の保守政策やその教育方針を理由としている。

(44)『加越能郷友会々報』第二一号、昭和四年三月。
(45)『加越能郷友会々報』第三二号、昭和六年七月。
(46)当時の「成績原簿」によれば、卒業時には学年一位、第一回判事登用試験では最年少で合格した。以後、判事の道を歩み、大審院判事となる。
(47)昭和四年八月。
(48)『加越能郷友会々報』第五一号、昭和一一年三月。
(49)尾佐竹猛は加越能郷友会において、同会々誌で見る限り講演をしている例は少ない。ただし、他の会において加越能について、講演をしたことはある。例えば、昭和一四年三月一四日、日本医史学会において「黒川良安の事蹟に就いて」など。
(50)以上は志賀町の故室矢幹夫氏の業績（例：『志賀の里語り』の「高浜・若狭と能登（9）」平成九年三月三日、志賀町立図書館など）による。同氏は『志賀瑣羅誌』復刻の際にも中心となった。明治大学百年史編纂時代には手紙や電話で大変、お世話になった。お会いする予定でいた二ヵ月前（平成九年八月）逝去された。
(51)平成一六年九月の調査で御教示くださった岡部修氏のおじ。
(52)ペンネームの石川鮎人はこの時のみ。
(53)『新修　福井市史』Ⅰ（福井市、昭和四五年四月）。
(54)『明治法学』第五一号、明治法学会、明治三六年一月。その二年後にも再選されている（『明治学報』第七八号、明治学会、明治三七年一一月）。
(55)『明治大学学報』第五七号、大正一〇年六月、第六二号、大正一〇年一一月。ともに明治大学学報発行所。

(56) 前掲誌第一三三号、昭和二年一二月。

(57) 前掲誌第一四七号、昭和四年三月。

(58) 前掲誌第一六八号、昭和五年一一月。

(59) 『加越能』第九六号、加越能郷友会、昭和一六年七月。

(60) 『明治大学学報』第一七七号、明治大学学報発行所、昭和六年八月。

四　地方法律学校の「発掘」と基礎的考察

はじめに

江戸幕府が倒れて明治の世を迎えた時、多くの地域や地方の青年達は希望に胸を大きくふくらませた。それは何よりも、自ら望みさえすれば学問に打ちこみ、あこがれの職業につくことができるようになったからである。また時と場合によっては地域・地方や家を飛び出してでもそれを実現することができるようになったのである。

確かに前代とてもそのような者はいた。農家や商家に生まれ、家業を継ぐべき身でありながら、学問に打ちこみ、藩のお抱えの学者になる者もいた。しかし、それは稀なことであった。また教育を受けることによって専門的な職業にありつける者もいた。しかしそれは例外にしかすぎなかった。それが近代の到来により急激にそうではなくなったから、一層、多くの青少年はわくわくしたのである。

地方にいた彼らの多くは夢と希望を持って上京した。その勢いは正しく大きなうねりのようなものであった。そして中央の学校で学び（中には挫折する者もいた）、そのままその地で職を求める者もいたが、また郷里に戻ったり、あるいは縁のある地方に住む者も少なくなかった。

ところで筆者は永年、一定期間、地域を定め、幕末維新期の教育文化をテーマにして調査研究をしてきた。いうなれば地方教育史とか、地方文化史の研究らしきことをしてきたわけである。この場合は地域・地方の中で教育文化の資料を探し、そして分析するわけである。極端な言い方をすれば、教育文化の主題・方法・内容構成（ひとによっては結論まで）のほとんどを用意して地域や地方に出かけるのではなく、ある程度の予測を立てながらも、実際は地域・地方にある資料を探捜してから考えるのである。あくまで地域・地方の人々の生活が基底にあるという考え方である。であるから、地域・地方の文書はいうまでもなく、モノ資料、時には景観まであらゆる資料から教育文化を考えるという仕方である。そのようにして多くの史料に接していると、従来は等閑視されていた事柄に気がつくようになる。各家の所蔵資料の中からは「遊学日記」、「学費簿」といった私的記録、「成績表」、「卒業証書」といった公的記録、さらには講義ノートや教科書といった教材、さらには保護者の子弟教育の記録等々が見出せる。これらの資料を手にとると、なぜ彼らは町（中央）の学校に行って勉強しようとしたのか、そこではどのようにして勉強したのか、ますます興味がわいてくる。筆者はこうした調査研究を「地方史と大学史」と呼ぶことにした。すなわち、日本の近代史にあって、地方が中央に広がっていくようすをかいまみようとしているのである。

一方、「大学史と地方史」ということも考えている。当時、学校はどのような学生を求めたのだろうか。学校はどのように学生に対応したのだろうか。学生はどのような学内外の生活を送ったのだろうか。実際、現時の大学史研究は制度・組織・校舎校地といったハードの面にはある程度こたえられる力がある。また理事者・教員のことについてもなんとか蓄積がある。しかし、授業・学校行事といったソフトの面、とりわけ学生のことには弱い。また学生が卒業後、学校で学んだことをどのように活かそうとしたのか、といったことへの視野はまだまだ狭い。言い換えれば、この研究は地域・地方に力点をおいて大学を見る場合と都市の大学から地域・地方に迫る、そのふたつの方向から、前者は地域・地方の資料、後者は大学内のそれをまずは手がかりとして日本の近代の大学史を追うことになる。大学（中央）から地域・地方を見るという視点も不可欠なことである。

筆者が、以上のような双方向からの研究をするのは、日本の近代教育、なかんずく大学教育は地域・地方からの要求と大学・中央からの啓発によって成り立ち、歩んできたからといえよう（もっとも、その大学教育も国立の大学と私立のそれとではちがいがあることも心得ておく必要はある）。ただし、本章では前者（「地方史と大学史」）に力点を置く。

なお、ここでは地域とか地方とかといった用語の定義をする余裕はない。しかし、今日は都市近郊でも当時は遠隔地であったことを心得ておきたい。そして、とりあえず、地域・地方は都市に遊学する出発地、あるいは戻る場所といった程度にしておく。

以上のような目的や方法により、本章ではとくに卒業生（時には教員）が各地域・地方に設立した学校を取り上げる。とはいえ、それではあまりに長期にわたるので明治期を対象とし、学校の分野は法律学校に限定した。確かに商科が明治のほぼ後期に設置されるがまだ卒業生は若いし、少ないのである。

1　東日本の事例・新潟法律学校

(1)　新潟青年の遊学熱

明治期、新潟青年の間の遊学熱は相当なものであったと思われる。軽々に各府県の遊学者数を比較すべきではないと念慮しつつも、とりあえず明治三一（一八九八）年四月発行『九大法律学校大勢一覧』[1]所収の「法科大学以下各学校卒業者　府県別人員一覧表」をみると法科大学以下九校（いわゆる「九大法律学校」）の卒業者数は次の通りである。

第一位　東京府五九一名　　第二位　長野県三三四名　　第三位　新潟県二六二名
第四位　山口県二三七名　　第五位　福岡県二一七名

それにしても地方出身者の卒業者が実に多い。しかも新潟県の順位と数字は予想外である。その要因としてはいくつかのことが考えられる。ひとつは新潟は近代以前から海運の要所として栄え、それにより都市が形成されてきたことである。また、新潟県を中心に「裏日本」の形成過程を分析した古厩忠夫著『裏日本』[2]によれば、明治二〇（一八八七）年現在の新潟県の地租納税額は全国第四位、その頃の所得税納税額は第五位、国税総額は第三位という。一方、当時「北越は有名なる訴訟国」[3]と言われた。そのことの原因を突きとめることは容易ではないが、そのことが法学熱を高めたのは確かであろう。まだまだ、新潟若者の遊学を誘発した要因はあろうが、今後の課題としたい。

では、新潟青年達は明治法律学校（のちの明治大学）にどのくらい入学したり、卒業したのであろうか。さきの『九大法律学校大勢一覧』収蔵「法科大学以下各学校卒業者　府県別人員一覧表」により明治三〇（一八九七）年一二月末現在の卒業者数を学校別に追ってみる。

第一位　法学院（のちの中央大学）　八一名
第二位　明治（のちの明治大学）　五七名
第三位　専門学校（のちの早稲田大学）　四三名
第四位　法科大学（のちの東京大学）　三〇名
第五位　和仏法律学校（のちの法政大学）　一九名

次に同表の明治法律学校卒業者数を府県別に並べ換えてみる。

第一位　長野県　九九名
第二位　熊本県　九四名
第三位　東京府　七一名
第四位　新潟県・福岡県・鹿児島県　各五七名

このことを明治三六（一九〇三）年発行の『明治法学』[4]によって見てみよう。そのうち、ひとつは同年五月二九日発行・第五六号掲載「現在生徒府県別表」（明治三五年七月現在）である。それによれば新潟県出身の在学生は五九名で茨城県とともに第六番目に多い。もうひとつは同年八月八日発行・第五九号にある「本校学生卒業者人員府県別」である。このデータは明治一四（一八八一）年一月から同年三六年七月までを校内生は「校内生及校内生タリシ者」と「卒業シタル者」、校外生は「校外生及校外生タリシ者」と「校外生全科ヲ修業シタル者」に分けて統計化してあるが、いずれにしても新潟県出身がかなり多いことが分かる。

(2) 法律温習会

新潟における法律・法学の熱気は同区内（明治二二年市制施行）にあった「法律温習会」という司法関係者の学習会からも読み取れる。同会に関する初出資料は明治一六（一八八三）年一月七日付『新潟新聞』記事である。それは今度の一四日より毎日曜日一二時、新潟小学校で開会する旨、幹事より会員に報告するといった広告である。傍聴は随意であるという但し書きが付け加えられている。このことからすると、この日が同会にとって初会であった可能性がある。この研究会は会員の者があらかじめ討論題を提示しておき、それを当日討論するということが、主たる活動内容である。ゆえに例えば同年二月一七日の会の討論題提出者は長野昌秀と高橋新平（ともに明治法律学校々友）となっている[5]。前後するが、明治一七（一八八四）年一月二〇日付『新潟新聞』記事によれば同一七年一月二〇日の集会より会の中心的な存在の長野（前出）と桑田房吉（やはり明治法律学校々友）が法律の講義をするようになった。また、総会が開かれたことは同年九月一二日付同紙記事から分かる。

同会の規約は目下のところ、発会当初のものは見出しえない。しかし、同一八（一八八五）年一〇月二一日付同紙には幹事長桑田房吉・幹事八尾新輔名で規約改正（特別会員について）が告示されている。

その後、この会は地道に勉強会を積み重ねていった。そして、同一八年一二月一九日付『絵入新潟新聞』は支会設置の動きを報じている。それによれば場所は県内中蒲原郡五泉町（現在の五泉市）であり、桑田らを毎月一回派遣して講義をしようというのである。また、法律温習会自体も外部講師を依頼していることは新潟始審裁判所判事招聘の記事から知り得る(6)。

なお、明治二〇年五月二四日付『新潟新聞』記事によれば、この時、役員は幹事長石井大介（再選）、幹事山森亮（再選）・織田良平、常議員島田脩三・高橋新平・長野昌秀・古閑定・佐々木徹、会員数は五六名という。

(3)　新潟法学協会

前述の法律温習会は明治二一年夏の合併をめざし、規則書の作成・役員選挙等々、その準備にかかった。合併の相手は尚志会である。その模様は同年六月五日発行の『新潟法学協会雑誌』第一号の記事の通りである。

一方、新潟区には豈好同盟会という法律研究団体が存在した。このグループは明治二一年五月二七日の総会で北越法律学会と改称している(7)。

資料 『新潟法学協会雑誌』について

第1号（明治21年6月5日）

雑誌発行之趣旨　同業相議シ同志相謀リ一ノ雑誌ヲ発刊シ法律経済ニ関スル事項ヲ登録シ十九世紀文明ノ民タルニ恥チサランコトヲ期ス

論説　「憲法汎論」　会員長野昌秀

本会録事　法律温習会、尚志会はともに法学研究の目的
前者委員（長野昌秀、古閑定、高橋新平）、後者委員（中沢安麓、永野永吉、斎藤慶吉）数回協議
新潟法学協会と改称
5月18日午後1時に西堀通一番町尋常科新潟小学校内で第1総集会、27名、石井大介が議長に推され、規則を議事
商議員（石高俊三、古閑定、中沢安麓、長野昌秀、石井大介、高橋新平、武藤重象の7名）
幹事（永野永吉、関井常弥、宮沢川蔵の3名）

第一回通常会　4月1日午後1時、前同所で開会、19名出席、議長石高俊三

第二回通常会　4月15日午前9時、前同所で開会、28名出席、議長織田良平

雑報

官令

新潟法学協会雑誌第1号付録

新潟法学協会規則

第1章　目的
第1条　法律経済ノ二科ヲ研究シ進修ノ益ヲ謀ル

第2章　会名及位置
第2条　新潟法学協会ト称シ新潟区便宜ノ地ニ開設ス

第3章　会員
第5条　会費　新潟区内在住者　1ヶ月金15銭
区外　5銭

第4章　役員
第14条　商議員7名　幹事3名　書記1名

第5章　会同
第21条　総集会、通常会、臨時会、商議会
第22条　総集会（3・9月、前年中成績ノ報道、同会計ノ報道、役員選挙、議題討論、論説、模擬裁判）
第23条　通常会（毎月第1日曜日・第3日曜日、講義・演説・議題討論）
第24条　臨時会（開会ヲ要シタル事項ノ審議）
第25条　商議会（毎月第3土曜日午後第6時、事務上ノ商議会計及雑誌原稿ノ審査、議題ノ調査）

第6章　雑誌

第27条 毎月1回雑誌ヲ発行
会同規約
会員名簿
区内69名 区外10名
奥付
編集兼発行 岩田与三次 印刷新田見太忠太
名誉会員（本月25日迄承諾）富田禎次、乾孚志、杉本織之助、土屋為太郎、岩本憲正、渡辺義郎、渡辺八郎

ところで、この二つの法律団体はどのように違うのであろうか。そのことについては明治法律学校々友桑田房吉（前出）が母校・明治法律学校の『明法雑誌』第六三号に寄せた北越法曹界の景況報告で分かる。それには以下のように記されている。両者とも会員は各々七〇名くらいで、新潟法学協会は代言人や民間有志者が多く、また日々の研究や活動の成果を『新潟法学協会雑誌』に掲載している。北越法律学会は裁判官・警察官・その他行政官が会員の中心である。前者の中心は桑田房吉、長野昌秀、高橋新平、石高俊三らであり、後者のそれは土屋為太郎、渡辺八郎らである。両者は対立関係にあるのではなく、普段の交流もあり、土屋や渡辺らは新潟法学協会の名誉会員でもあった。しかも以上のメンバーに共通するのは明治法律学校々友であった。(8)

その『新潟法学協会雑誌』は目下、第一号から第五号までは見うけられる。とりあえず、その第一号分（付録とも）について、資料にまとめてみた。同誌発刊目的、同協会の会則と会員名簿等々が掲載されているが、いずれにしても同会の精力的な活動の実態が分かるとともに、本格的な法律団体であることも認められる。

(4) 校友の政治活動

とりわけ明治一〇年代は「民権の時代」と言われる。そのことは新潟県においても例外ではないし、今日、その研究に当たっている者も少なくない。明治一六年一月二八日付『新潟新聞』は同年同月の「新潟政談演説会」の活動を伝えている。ここには前出の校友の桑田房吉や石高俊三の演題等が報知されている。

また、明治一八年三月七日付同紙は三月八日、区内古町湊座で行われる政談演説会を予告している。その演説者のメンバーにはやはり校友の長野・石高・高橋・桑田らの名が見うけられる。そのメンバーのほとんどは司法関係者、とりわけ代言人（弁護士）であるが、演題は得意とする法律論から平和論まで多岐にわたっている。とりわけノルマントン号事件に際しては特別に政談演説会が開催されている。その弁士の一人に長野の名が見える。(9) この時、明治法律学校およびその校友はあげて一大キャンペーンをはった。新潟でも校友は世論のみならず、母校からも刺激をうけたのであろう。

このように、新潟校友は司法関係に、さらに政治方面にと広く地域のリーダーとして活躍していた。

(5) 新潟法律学校

新潟の法律熱の高まりはやがて法律学校の設立へと進む。明治二〇年現在「新潟県管内公私立諸学校表」によれば「新潟法学校」という私立の法律学校が明治一八年に創立されたとある。所在地は新潟区寺裏通一番丁、修業年限は三年、学校長・設立者は石黒左馬司とある。ただし、その明治二〇年段階では「停業」とされている。次に『新潟市史』下巻(10)所収の近代新潟の諸学校リストをみると、法律を学科にもつところは見当たらない。

ところが明治一九（一八八六）年一月二六日付『新潟新聞』には「法律講究所」開校の広告が掲載されている。それによれば開校は二月一日、場所は新潟区内下旭町三番地、目的は法律講義、月謝は四〇銭とある。その講師陣は六名列記されているが、前記した長野昌秀、桑田房吉、石高俊三、あるいは広江幸（浩）吉、小林鉄之輔と五名までが明治法律学校々友である。さらに同紙の二日付広告では同校は四月より英学も一科として加えて、さらに「新潟法律学校」と改称するとしている。また、授業料は当分徴収しない旨が付記されている。翌月一〇日発行『明法雑誌』（第一四号）も「校友通信」として同様のことを掲げている。おそらく桑田が寄稿したものであろう。ただし、そこには学校名は「法律講究所」ではなく「夜学法律講習所」とある。いずれにしても夜間制の学校であった。なお、この時点では「新潟法律学校ト改称致ス心組」となっている。

その後、五月二一日付『新潟新聞』記事によればまだ「法律講究所」のままであり、果たして校名は改称したのか、否かは分からない。ただし、その記事によれば毎夜七～一一時の授業には四〇余名が学んでいるとある。同校はいつまで存続したのかは分からない。

なお、法律講究所・新潟法律学校のあった位置は前記したように下旭町であり、明治三六年の『新潟市商業家明細全図』という地図の上では「下旭丁」の所である。近隣には当時、県庁、裁判所、小学校などがある官庁街である。

いずれにしても新潟区内校友の法律あるいは政治活動の実績はやがて地域に法律の教育・啓発機関

を開設するまでになった。

(6) 校友会活動

明治法律学校創設時、学監として校内庶務や学生指導に奔走した齋藤孝治(のちに弁護士、東京府会議員)は学校から派遣されて信濃越佐方面を巡行した。その紀行文「佐渡紀行」[11]の出発は明治二〇年六月七日のことであった。その四日目に長岡町で当地の校友稲川次郎次(同地代言人組合会長)や小林鉄之輔(のちに詳述)らと交わり、翌日には新潟にて校友の長野昌秀や石高俊三(ともに前出)と面談し、その後は佐渡に向かった。

同年八月一四日、明治法律学校講師宇川盛三郎は新潟区の旅館で長野昌秀の訪問を受けた。その後、県庁で講演をしたり、新発田で校友代言師の井上敦美(後出)・山口憲(文久二年一〇月生まれ、福井県出身、明治一五年一〇月卒、新発田在住)らと交遊した。八月二四日は高田に赴き、監獄や警察署等を巡見したあと、明治法律学校生徒(帰省中)の来訪を受けた。彼はその巡行報告の最後に地方では皆、本校教員・校員の巡回を希望していると結んでいる。

『明治法学』第一号所収の「信越紀行」は明治三二(一八九九)年七月、新潟・高田・長野における校友会支部設立に岸本辰雄校長以下が臨んだ時のものである。当地で活躍する関係者の熱烈な歓迎の様子がよく分かる。

このように本校と地方校友の尽力により各地に支部が設立され、日増しに活動が活発化した。さきの明治三二年九月発行『明治法学』第一号によればその高田支部の会員名、支部規則あるいは役員等が分かる。また明治三三（一九〇〇）年二月発行同誌第六号の高田支部の通常会の記事によれば、同支部は法学普及のための講話会開催に力を入れている。また明治三三年三月発行の同誌第七号には二月二五日、直江津町で実業家のために開講した第一回「法話会」の景況が記されている。

その後も以上にみたような明治法律学校からの教員らの派遣、あるいは地方校友会の活動は活発に続けられた。明治三三年六月発行の同誌第一〇号には長岡における新潟支部春季総会の記事が掲載されている。それによれば当地の校友弁護士長谷川晋次郎らはその際に催すこととなった法律経済学術講話会へ講師派遣を母校に依頼した。また明治三三年五月二七日から開催された同会には明治法律学校から講師の有賀長文・宮本平九郎、常議員の井本常治の三名が派遣され、講演をするとともに新潟校友と交流を深めている。

なお、前記した支部の法律講話会は新潟支部でも開設された。同誌には、その規則や講義内容が紹介されている。

このように、新潟の校友会は母校と交流を深めることによってますます活動を盛んにしていった。

⑺　校友

これまでにすでに幾人かの新潟校友の名前をあげてきた。ここではそれと重複する部分もあろうが、個別に紹介してみたい。

(a)　長野昌秀

長野は『明治法律学校校友規則並表』（以下、のちの『明治法律学校校友会員名簿』とともに『校友名簿』と称す）によれば文久元（一八六一）年一二月に新潟の武家に生まれた。そして明治一七年九月に校友として認定されている。卒業前に代言人試験に合格したのであろう（一六年七月に代言免許）。帰郷後は同一六年七月に新潟区西堀通で開業、一〇月には古町、一九年には旭町と区内を転居している[12]。

その活動はただ自営の弁護士業に専念するだけではなく、新潟の法曹界の発展のために尽くしてきたことはすでに紹介した。また、政治活動に奔走したこともすでに述べたが、もう少し追ってみたい。長野は明治二一年一月、第六回県議選に新潟区から出馬したが補欠当選であった。しかし、他の議員が辞職したため、同年一〇月に繰り上げ当選となった。そして、次の第七回県議選半数改選（同二三年四月）で当選した。「新潟県有志家　大同派　改進派」という明治二三（一八九〇）年版行の番付（新潟市旭町通の原貞治編集）によれば長野は前出山口憲とともに大同派となっている。つまり彼は自由党の立場にあった。ゆえに、のちの「立憲政友会新潟支部規約」には、前出長谷川晋次郎とともに同党評議員として名を連ねている[13]。

新潟県議会所蔵の県会議事録調査に際し、あらかじめ県議会史編さん室の権平一則氏が作成された「長野昌秀議員発言記録[14]」によれば長野議員は県政のさまざまな分野について発言していることが分かる。その特色を大まかにまとめると、以下の通りである。(1)教育に対する関心をもっていた。それは自らの修学や法学教育が生かされている。(2)人民の立場に立つ民権家らしい思想を体言している。

(3)司法関係者、とくに弁護士としての職業意識を十分に発揮している。その弁護士としては新潟代言人組合会長として弁護士法施行にともなう新潟弁護士会の改組に当たっている。[15]

そして、五月一日の同会総会で会長に就任した。『新潟弁護士会史』には明治二七年度同会定期総会第一日目の議事録が収載されており、そこからは議長として奮闘する彼のようすがかいまみえる。

明治法律学校々友としての長野の活動についても補足しておきたい。彼の母校に対する思い入れは人一倍であることはすでに前項の校友会活動でもうかがい知れた。それだけではなく彼は『新潟新聞』に大々的に広告を掲載し、「曾て生等が薫陶の育恩を受ける明治法律学校」を紹介した。[16]また新潟の地から母校宛の新年のあいさつを校誌『明法雑誌』第九九号に載せている。[17]やがて、明治三二年七月、総会で校友会評議員に当選した。

(b)　**桑田房吉**

彼は安政二（一八五五）年九月、兵庫県に生まれた。『校友名簿』によれば明治一四年二月から一五年二月まで東京府麴町区飯田町四丁目二四番地に住み、明治法律学校の部長（一般学生らの指導係。この時は二五歳）をつとめている。おそらくこの間、学生でもあったと思われる。彼もまた卒業を待たずして代言人になったのであろう。その後、どのような経緯かは分からないが、同一六年にはすでに新潟県庁前で代言業を開いており、また長岡町にも出張所を設けている。[18]

彼も新潟区内で法律、政治、校友会関係等々で活躍した。このことはこれまでにも、しばしばふれてきたとおりである。

ところで、明治一七年一一月二三日付『新潟新聞』に彼の「出獄」慰労会の記事がある。たぶん、政談演説会の際、官憲に拘引されたのであろう。ただし、さきの長野とは全く政治的立場を同じくするというわけではなかった。それは明治一九年三月二六日付『絵入新潟新聞』広告の故小野梓追悼会企画の記事から知りうる。つまり、彼は自由民権運動においては改進党の立場であった。

ところが、桑田は明治一九年一一月二二日、新潟に別れを告げ、上京する。(19) それは東京で代言業をするためであり、さっそく東京代言組合に加入した。(20) また、それまで以上に母校明治法律学校との関わりをもつようになった。例えば『明法雑誌』の第三五号(21)には「未決檻之管轄」、第五〇号(22)・第五一号(23)・第五四号(24)には「人証論」といった論文が掲載された。

その後、明治二二（一八八九）年三月から身体保養のために郷里である兵庫県揖西郡揖保《いぼ》村西構《にしかまえ》（現在の龍野市揖保町）に閉居したことがあったが、(25) やがて五月には神戸で代言業を営むようになり、(26) さらに二三年の『校友名簿』によれば、東京府神田区神保町一〇番地に居住し、代言業務に当たっている。その後、彼は明治三一年九月一日から同三四年三月九日まで神田区長を務めている。(27) そして、明治二七（一八九四）年四月の校友総会で、かつて新潟でともに代言師を務め上京した山口憲（前出）とともに常議員に当選した。(28)

(c)　小林鉄之輔

小林鉄之輔は『校友名簿』によれば、文久三（一八六三）年七月、新潟県古志郡河野村三番地（現在の見附市河野町《がわのまち》）に生まれた。長岡学校『同窓会名簿』によれば同校に学び、その後入学した明治法律学校では学業の傍ら雄弁大会に関わったり[29]、新潟出身在京学生大会の主催をした[30]。明治一八年四月卒業ののちはしばらく東京にとどまっていたが、やがて新潟区に住み、明治法律学校講師等の代言紹介を業とした[31]。また教育活動にも参画し、さきの新潟法律学校設立に関与したり、北越興商会の講師（商法担当）をした[32]。さらに同二〇年二月には北越講法会を長岡に開校した[33]。同館は明治法律学校と提携した法律学校兼代言取次所である[34]。五月、同館に明治法律学校卒業の代言人木下増蔵を採用している[35]。その一方、翌年には彼は東京神田の明法社（明治法律学校系）に出張、訴訟事務を取り扱っている[36]。

その後、明治二二年一〇月から二四年三月まで明治法律学校の部長をしたり、法政学会記者や学士協会幹事等をしている。なお、同三七（一九〇四）年二月の『校友名簿』によれば職業は弁護士・特許代理業、住所は新潟市旭町一番地四五とある。

(d)　石高俊三

石高俊三については『新潟県総攬』[37]に出生から弁護士になるまでが紹介されている。それによれば彼は中蒲原郡赤渋村（現在の白根市赤渋）の庄屋の子として生まれ、少年時代は新発田藩の銃隊に加わり、長岡戦争に関わった。大正五年八月発行の『新潟県総攬』によれば明治四（一八七一）年に上京、法律学を修得し、帰県後、新潟区で代言業をした。同書には明治法律学校のことは記されていないが、とにかく同三二年一一月に推薦校友となった。

帰郷後の彼の活躍ぶりは既述の通りである。それは法律・政治さらに教育方面にと多岐にわたっている。とりわけ、石高について、特筆すべきことが二点ある。ひとつは代言組合で取りまとめに尽力したことである。すなわち、彼は明治一六年三月、新潟代言人組合会長に就任している[38]。その後、再選され、『新潟弁護士会史』（新潟弁護士会、昭和一五年五月一五日発行）によれば同二四（一八九一）年六月時点で会長をつとめている。さらに新潟弁護士会となってからは同会常議員や副会長を歴任している。もうひとつ特記すべきことは法律書の編集・出版に関与したことである。すなわち、明治二〇年二月刊行の平井貞値編『登記法證人規則早わかり』の校閲に当たっている[39]。なお、大正七（一九一八）年六月一日に逝去したことが『明治大学々報』第二二号（大正七年七月号）に報知されている。

(e)　井上敦美

井上の名もいままで幾度か資料で見てきた。彼は明治一七年八月に代言人免許を得ており、早速、同一七年九月七日付『新潟新聞』に代言業の広告を出している。明治法律学校在学中に司法試験に合格したのであろう。中退ゆえに彼が母校より校友として認定されるのは明治三二年一一月のことである。また、井上らは新潟区内に有信会なる代言業の団体をつくり、活動した[40]。そこには石高・長野・桑田らの名も見える[41]。

(f)　高橋新平

高橋新平の名も今までの資料に幾度か登場してきた。彼の場合も明治法律学校の特許校友（明治三二年一一月）であるので、在学中に司法試験を突破したのであろう。そして、明治二〇年三月二〇日付『新潟新聞』によれば新潟代言人組合副会長となっている。さらに『新潟弁護士会史』収載「代言人組合名簿」によれば同二五年三月二八日に同組合会長に当選、以後も同会の役員を歴任した。

(g)　**土屋為太郎**

『校友名簿』によれば土屋は慶応元（一八六五）年三月、長野県の武家に生まれた。明治一六年三月、明治法律学校卒業後、同一九年五月より一年間、同校部長をつとめた。その後、判事となり、新潟地方裁判所や長岡区裁判所に勤務した。この間、新潟区在住中は北越法学館の運営に当たったり、新潟法学協会幹事をした。また、明治法律学校の校友会の活動にも関与した。

(h)　**渡辺八郎**

『校友名簿』によれば渡辺は安政四（一八五七）年八月、茨城県に生まれた。明治一七年一一月に明治法律学校卒業後、二年後に判事試験に及第し、新潟治安裁判所・同始審裁判所の判事試補、同地方裁判所の判事となった。その間、土屋と同様、新潟法学協会名誉会員となったり、明治法律学校校友会の活動に尽力した。

2 西日本の事例・岡山法律英学校

(1) 吉備路の新庄上

現在の岡山県岡山市の高松地区は造山《つくりやま》古墳の所在地、あるいは豊臣秀吉の高松城水攻めの合戦地といえば分かる人もいよう。明治前期に同県都宇《つう》郡役所より発行された『都宇郡誌』(42)折りこみの地図によれば同郡の最北東部に当たる。また同郡誌の「都宇郡各村産物額一覧表」では加茂村（町村制合併により成立）は米が四六七六石と圧倒的に多い。いずれにしても田園の広がる農村地帯である。

この一角、新庄上《しんじょうかみ》は近世の行政区画では備中国都宇郡新庄上村である。同村について、文久元年刊行の渡辺正利編『備中邨鑑』によれば「御高六千石　花房大膳様　御陣屋高松」の項に「八百弐拾九石　新庄村　間埜繁太郎」とある。この地域の支配関係は錯綜しているが、新庄上村は幕末には幕府高松知行所（陣屋は原古才）の旗本花房職補《もとみつ》の領地である。また、文中の間埜氏は地方文書にも名が見うけられる。例えば安政三・同四年の助郷一件文書には「庄屋繁太郎」とある。すなわち、同家は新庄上村の名主であった。

(2) 間野家と正雄

間野家の由緒は間野照雄識による『樗堂遺稿』の「間野家略記」(43)が大きな手がかりとなる。それによれば、同家の祖は和田と称し、花房氏の家臣として新庄地域の大原一帯（小作山古墳あたり）を治めていた（和田氏墓地は現在も古墳の中腹にある）。その後、宝暦頃の忠兵衛正辰代に間野と名乗ったという。やがて、同家は足守藩の支配となる際、新庄上に帰農、名主となり、代々世襲された。幕末からの名主が前記した繁太郎（正成）であり、その後、明治期には戸長を命ぜられた。また、弟の愛次郎は隣地に分家し、加茂村外五ヵ村連合会議長や戸長等をつとめた。この頃の同家は「新庄の間野か、間野の新庄か」といわれるほど家盛をきわめた。同家はいくどか転居したというが、この頃は同村岩崎で邸宅坪数一段歩、数畝の竹藪を有し、「三間流式台付六間箱棟の主屋を中心に（略）仲々宏壮なる構へなりき」という。

この繁太郎の子が正雄（元治元年一月一五日生）である。実は正雄には実兄が[44]おり、隆太郎といったが墓誌によれば明治六年五月一〇日、わずか一四歳で早世した。同人の履歴書[45]によれば、正雄は郷校で小学課程を学んだ。また別の履歴書によれば、明治三年以降管轄した足守藩（のち足守県）の藩校追琢館に学んだ。同校は寛政四年の開設であるが、庶民は追琢支舎が用意されたので、正雄もこちらの方で学んだと思われる。また、さきの郷校とはこの追琢支舎のことをさすのかもしれない。その後、ほど近い庄村（現倉敷市山地）犬養松窓の門に入った。松窓は犬養毅（木堂）の師として有名であるが、当時も儒学者（著書『孫子活説』等）として、教育者（三余塾主）として名の通った存在であった。さらに正雄は石井村（現岡山市岩井）の漢学者山田古矜（岡山藩校教授、廃藩後は省塾主）に漢学を学んだ。その後、岡山中学校（岡山城西丸、旧温知学校、現岡山朝日高等学校）で中等教育を受けた。明治一三年には大阪に出て大阪専門学校に入学した。同校はそれまでの大阪英語学校を明治一二年四月四日に改組した国立の学校であった。だが不安定な経営のまま、まもなく医学専門学校となり、さらに大阪中学校と変わっていく。正雄は同年末に上京、二松学舎に入学した。同校の設立者は三島毅である。三島は天保元年一二月九日、備中国窪屋郡中島村（現倉敷市中島西町）の庄屋見習家に生まれた。松山藩（のちの高梁藩）の藩士としての能力を買われ司法省に出仕、判事となった。その経験と思われるが、二松学舎の教則には皇漢学以外に西洋の法律も加えられている。正雄は三島と同郷の関係から同校を選んだのであろう。というのも、同じころ岡山県の鴨方（現浅口郡鴨方町）に安田繁太郎という少年がおり、やはり岡山の中学校卒業後、三島を頼り二松学舎に入学している。しかし安田は漢学ではなく、本格的な法律を学びたく、創立されたばかりの明治法律学校に入学した(46)。正雄もまた同校に第一回生として入学し、守備よく卒業した。さらに慶應義塾の普通部の別科に入る。この科はのちの明治三〇年には廃止されるが、入学資格は満一八歳以上、修学年限は二年、原書購読・英語・日本作文などが施された。

(3) 帰郷・岡山法律英学校開校

『明治法律学校校友規則並表』（以下、『校友規則並表』）のうち、明治一七年八月刊行分を見ると、正雄は「明治一五年一〇月卒業　岡山県都宇郡新庄上村　岡山県平民　元治元年一月生」とある。このことからすれば、彼は明治一五年一〇月から一七年前半の間に郷里に帰ったことになる。実兄早世のため、家督を継ぐためであろう。しかし、翌一八年一二月刊行の『校友規則並表』には「岡山法律英学校長　岡山区野田屋町」とある。彼は岡山区（のちの岡山市）の中心街で法律と英語の学校を開設したのである。職業欄に明治一八年一月から一九年九月まで私塾を開き英学を教授したとあるのが、それであろう。そこには法律教授のことは記されていないが、母校への報告には校名に英学より法律を先に出しているくらいなので法学も教えたのであろう。また、当時の明治一八年一〇月四日付『山陽新報』には、彼の生家のある都宇郡では英学教授所設立の動きがあると報じているが、正雄の活動と関係があるかもしれない。

ところが明治二一年一二月刊行の『校友規則並表』には「新庄上村一二七番地」と住所を報告している。率直にいえば法律学校はうまくいかなかったのである。その理由は容易に推察できる。例えば明治一六年二月二五日付『山陽新報』には「法律研究会」と題する記事があるが、それによれば代言人の資格をもつ者が、しかも同じ野田屋町で法律の研究会を開いている。正雄は代言人の資格は取得していなかった。また同年八月四日付の同紙の広告には代言人篠野経太郎が同じ岡山区内で代言業と仏法律研究会を行っている。また同じく九月一五日付の同紙広告には岡山区の錦織精之進が、英学の教授をしている。さらに同月二七日付の広告には岡山英語学会が生徒募集をしている。これらの勢力に張り合うには限界があったのであろう。

ところで気になるのは、さきの「一二七番地」である。ここは同じ村内とはいえ、旧宅から離れた、しかも変形の小さな区画である。そのことは前記『樗堂遺稿』にある「明治二十年頃家道大に衰へ」たことと関係があろう。つまり同地に小さな家屋をたてて、居住せざるをえなかったのである。

⑷ 閑谷黌および帯江鉱山の勤務

伝統のある閑谷学校（現備前市閑谷）は明治一七年、西毅一らの努力により、私立の中等教育機関として再校された。しかも同一九年三月には旧藩主の池田家が一時金を拠出した。そこに正雄は採用された。明治二四年刊行の『閑谷黌史』には「十月梱二日間野正雄氏ヲ聘シテ英学教師トナス」とある。小坂清作『及門録』は同校の職員録であるが、明確に正雄の名がみとめられる。ところが彼は同二四年九月には退職してしまう。同校は英語教育を重視していたのであるが、伝統的な存在の漢学に対して予科的な扱いに気持を満たすことができなかったのであろうか。あるいは同校の財政に不安を覚えたのであろうか。『校友規則並表』にはその後も「閑谷教授」とあるが、実際には退職後、何をしていたのかは分からない。そして、同二八年五月より同三五年八月まで帯江鉱山（現倉敷市中庄一帯）に事務長として従事した。同鉱山については地元の池田陽浩氏の『帯江鉱山とその周辺の地域社会』に詳しい。それによれば、元禄年間には産出がみとめられる同鉱山は明治期に坂本金治らにより県内有数の鉱山に成長したという。現在は岡山ゴルフ倶楽部等となっている。この小山の登り口には「小川熊治君功績之彰碑」という採鉱監督の顕彰碑（明治四四年九月二〇日建立）がある。前掲池田書によれば、これら役員は同じ鉱山内でも従業員とは別の役員住宅に住んだというから、正雄もそうした待遇であったろう。

(5) 海外渡航

帯江鉱山を退職した彼は一大決心、アメリカへの語学研修をめざす。三九歳の時であった[47]。行き先はアメリカのサンフランシスコ、期間は一年である。しかし、研修先は決まっていない。願書によれば保証人には竹内正志と都志太郎とある。前者は関谷釁に明治二〇年から二一年まで英学教師を務めたことがあるので、元同僚である[48]。彼らから旅費・学費として一二〇〇円の支弁をとりつけた。結局、彼は妻子を日本に置いて渡航、落ち着いた先はカリフォルニア州バークレーであった。

明治三四年、明治法律学校ははじめて学士号を定めた。第一回卒業生の正雄も「明法学士」と記された証書を手にした。その裏面には明治法律学校長岸本辰雄交付の旨が英文で書かれている。この英文が岸本によるものか、正雄自身のものかは検討を要するが、いずれにしても彼はこの証書をアメリカに持参し、留学先もしくは就職先を探し求める際に利用したと考えられる。

在米中の正雄の写真が二枚残されている。一枚は明治法律学校で教師をしたことがある杉村虎一が明治三八年七月、メキシコ領事として赴任の途次、バークレーに立ち寄った際、在米明治大学校友による会が持たれた時の記念写真である。もう一枚は明治四三年一二月、閑谷釁の教え子・田中治平海軍中佐が練習艦副艦長としてロサンゼルスに寄港した時の記念写真である。

問題はアメリカで何をしていたのかということである。正雄が没した時（大正一五年一〇月一七日）、菩提寺本隆寺第三〇世日彦がしたためた「悟道要文」（同年同月二九日）には「実業に従事」したとある。また「履歴書」[49]もそのようになっている。

正雄は明治四四年二月、一時帰朝の手続きをとり帰国したが、再びアメリカに渡ることはなかった。

⑹ その後について

正雄は在米経験をどのように生かしたのであろうか。前出の「履歴書」によれば、大正二年一月より同五年三月まで大阪ブランチャードランプ会社の通訳兼会計、神戸区綿盤会社英文通信とある。確かに前者の場合は「事務員」（月給四拾円）採用の辞令が遺されている。ところが、翌年には再び私立中学閑谷黌に就職した。「履歴書」(50)によれば教師兼書記である。さらに、それによれば同一〇年四月一日、岡山県より書記に命ぜられているが、翌月二八日には依願退職をしている。これらのことについて、もう少し補足すると、つまり彼が復職した時の同校は、その前年、池田公爵家より三年間毎年千五百円の補助が約束され、学校財政にとって恵みとなった。また彼が退職した年は同校が県営に移管された時であった。

最後に記しておきたいことは正雄と母校の明治法律学校との関わりである。すでに述べたように、彼にとって明法学士の存在は心の大きな存在になったことは事実である。また、その交付の前年・明治三三年七月、校長岸本辰雄ら役員の岡山巡遊の際、彼は校友支部発会式に列席し、懇親を深めた(51)。思えば彼の数多くの高等教育機関修学歴の中で明治法律学校は正規の課程を全うした唯一といってよい学校であり、しかも第一回卒業生という誇るべき存在であった。

実際、初めて携わった岡山法律学校は育たなかった。また彼はその後の人生に本意ではなかったという。だが、より良さを求めて努力したこと、そして教育にはじまり、教育に終わったこと、しかも地域の中等教育に寄与したこと等々、特記すべきことは多い。また、この時期、海外に目を向けた意欲は、その結果はともあれ重要なことである。そして何よりも子孫に知識・教養といった知的財産を遺した意義は大きい。

おわりに

本章は明治期、明治法律学校を卒業したり、同校で教鞭をとった者が地域・地方で法律学校を創設したり、運営の中心になった事例を紹介するとともに、若干の考察をしてみた。具体的には地方から大学をみようとする「地方史と大学史」という観点で試行してみたのである。それによって、日本の近代の歩みは中央（大学）と地域・地方の相関・相乗関係によるものであることが分かってきた。また最近では大学から地方をみようとする「大学史と地方史」の資料発掘に努めている。さらに日本の大学で教育を受けた、教授したものが国外で教育を担っていることまでも分かってきた、「大学史と世界史」というテーマも成り立つのではないかと思うようになった。地方（地域）・中央（大学）・外国、この三つの柱が線で結ばれたのが、日本の近代教育といえよう。そして脱近世という追い風に乗り、ひたすら都市に向かい、学問に励むことによって、希望の達成を図ったのが地域・地方の青年・学生であった。一方、そうした人たちを迎えて一刻も早く、近代国家、近代社会を担う人々を育もうとしたのが、中央の大学（高等教育機関）であった。かつ、そうした流れはやがて近隣諸国に影響を与えていった。

本章は紙数に限度があり、また考察も不充分である。今後、さらにこの調査研究は拡大し、深化させたいと考えている。

注

(1) 三島駒治、東京法友会。
(2) 岩波新書、一九九七年九月。
(3) 『明法雑誌』第六三号、明治二一年七月。
(4) 明治法学会編。
(5) 『新潟新聞』明治一七年二月一六日付。
(6) 同紙、明治一九年九月二一日付。
(7) 同紙、明治二一年六月二日付。
(8) 明治二一年七月五日。
(9) 同紙、明治一九年一一月二五日付。
(10) 新潟市、昭和四八年八月二一日。
(11) 『明法雑誌』第四〇号、明治二〇年七月。
(12) 『新潟新聞』明治一六年七月七日付、同年一〇月一一日付、一九年六月一五日付。
(13) 永木千代治『新潟県政党史』昭和一〇年九月。
(14) 第一一回通常県会(明治二一年一一月二九日〜一二月二八日)から第一九回臨時県会(明治二三年四月一〜七日)。

(15)『新潟弁護士会史』収載「御届」(明治二六年四月)。
(16)明治二〇年一月五日付、同年八月一六日付。
(17)明治二三年一月一〇日。
(18)『越佐毎日新聞』明治一六年四月八・一〇・一二・一三日付。
(19)『新潟新聞』明治一九年一一月一八日付。
(20)明治一九年一二月五日『明法雑誌』(第四五号)。
(21)明治二〇年五月五日。
(22)明治二〇年一二月二〇日。
(23)明治二一年一月一〇日。
(24)明治二一年二月二〇日。
(25)『明法雑誌』第八〇号、明治二二年三月。
(26)『明法雑誌』第八四号、明治二二年五月。
(27)『千代田区史』中巻、千代田区、昭和三五年三月。ご令孫の桑田征史氏のご教示もいただいた。
(28)『明治法律学校校友規則並表』明治二七年一二月。
(29)『毎日新聞』明治二三年一〇月一九日付、『読売新聞』明治二三年一一月一八日付、『明治大学百年史』第一巻。
(30)『越佐毎日新聞』明治一六年六月一九日付、『自由燈』明治一八年六月一七日付。
(31)『新潟新聞』明治一八年一〇月三〇日、『絵入新潟新聞』明治一九年一月一九日付。
(32)『絵入新潟新聞』明治一九年二月四日付。
(33)同紙、明治二〇年二月二日付。

(34) 同紙、明治二〇年一月一二日付。
(35) 『新潟新聞』明治二〇年五月二一日、二六日付。
(36) 同紙、明治二一年五月一八日付。
(37) 富樫悌三著、大正五年八月。
(38) 同紙、明治一六年三月二九日付。
(39) 同紙、明治二〇年一月二〇・二一・二四・二五日付。
(40) 同紙、明治一七年一一月二三・二九日付。
(41) 『新潟新聞』明治一七年一一月二三日付。
(42) 明治二七年三月訂正再版。
(43) 間野照雄『樗堂遺稿』昭和三七年一一月。
(44) 履歴書扣、大正一五年一月、間野忠衛家所蔵。
(45) 履歴書(控)、明治三六年一〇月一二日、同家所蔵。
(46) 『明治大学史紀要』第二号「明治大学創立当時物語座談会」昭和五七年三月。
(47) 「旅券下渡願」・「保証書」・「方法書」・「証明願」明治三六年一〇月一二日。
(48) 『創立三百二十五年記念誌』和気閑谷高等学校、平成七年一〇月。
(49) 『履歴書扣』大正一五年一月。
(50) 和気閑谷高等学校所蔵。
(51) 『明治法学』号外、明治三三年八月。

（付）

　新潟法律学校・岡山法律英学校については拙稿「校友が創った学校」（『明治大学歴史編纂事務室報告』第十九集）や拙著『幕末維新期地域教育文化研究』（日本経済評論社）も参照されたい。

五　地域と高等教育から見た明治中後期中等教育

はじめに

「大学史と地方史」（あるいは「地方史と大学史」）という大きなテーマを掲げて、調査や研究を始めて久しい。その目的は近代日本を解明するために中央と地方の相関を把握することにより、近代日本の特性を解明しようとしたわけである。そのための視点のひとつとして、日本が近代を迎えた時、全国の青少年たちはどっと大都市・東京の高等教育機関をめざした。そこで修学をした彼らは何を学び、学んだことをどのように生かしたのか（あるいはなぜ頓挫したのか）ということを取り上げた。中でもとくに卒業後郷里に帰省した者が、地方中心地において修得してきた学問をもとに専門学校を設立することに注目するようになった。このようにして見ると全国各地にそうした学校を次々と発見することができ、また研究の対象となりうることも分かった。そのことの詳細は筆者の別稿や本書II-四「地方法律学校の「発掘」と基礎的考察」を参照してほしい(1)。しかし、分析を進める中で、いたく気になる点があった。それはこうした地方専門学校の多くが明治後期には廃校、あるいは改編してしまうことである。その理由を明解に表明している学校は多くないが、筆者はそれを政府による教育の国家的な再編や自己資本の脆弱さ等に求めてきた。しかしその後、地域および住民における教育が意識的・構造的に変化していることも考えられるのではないのか、と思うようになった。

この問題を拡大すれば、日本の場合、明治三〇年頃に「上から」の教育体制が貫徹されるとした従前の筆者なりの理解について、地域住民としての対応はどのようにあったのか。つまり従属的であったのか、地域住民としての利益のために読み替えをしたのか等々について、考慮しなければならないという必要が生じてきた。そこで筆者は各地方に設置され、やがて地方専門学校に対してさまざまな面で影響を与えるようになったと思われる中学校に着目することとした。本章ではとりあえず「中学校」・「大学史」・「地域」をキー・ワードとしつつ、明治中後期の中等教育の実態を究明してみたい。

その前にまずはこうした研究により近い、最近のいくつかの中学校史の研究史を素描しておきたい。荒井明夫「明治中期府県管理中学校における「官」と「民」——京都府尋常中学校を事例として——」(2)は日本において資本主義的国家体制が成立する段階、すなわち中学校令公布により中学校が設置される状況について、とくにその際の学校寄付のあり方を区分することによって、見届けようとした。また米田俊彦は『近代日本中学校制度の成立——法制・教育機能・支持基盤の形成——』(3)において近代日本の教育制度の確立について、とくに中学校に注目し、その教育政策を検討、さらにそれを受けた地域の中等教育要求の実態を解明しようとしたものである。

こうした地域への着目は、例えば本山幸彦編『明治前期学校成立史』(4)などのように早い段階からなされている。同書は書名にもある通り、明治前半期を対象に、旧藩の文教と中等学校創設との関わりを県別に追ったものである。その後、こうした府県別明治前期中学校設置状況の検討は神辺靖光『明治前期中学校形成史　府県別編Ⅰ』(5)による、維新期府県政と中学校設置との関わりの分析等々で継続され、成果をあげている。

これらのほとんどは学校教育史の研究者による。その方法は最初に全体的な中等教育の制度史を説き、次にそれに照らして、各府県の教育および学校について傾向をパターン化し、説明していくという手法である。

こうした教育史研究に対し、近年社会学およびその影響を受けた人たちにより、階層や集団移動の観点から論ずる方法が提起された。中等教育史に関しては、天野郁夫編『学歴主義の社会史――丹波篠山における近代教育と生活世界――』(6)であり、学歴を軸に、幕末から現代までの地域社会の変動を描こうとした問題提起的な著作である。階層や集団の移動の実態が地域の構造や教育政策とどのように関わっているのか、あるいは分担した個々の研究分野について時間的・空間的にいかに変化するのかといったことについて論じられており、興味深い。全国的なレベルを概観的に扱ったものは多く見受けられるが、地域を対象とした本格的研究はこれ以外はないに等しいし、歴史学・教育学の分野からのものも同様である。

本章では、こうした天野の中等教育史研究を踏まえ、地域を見るというよりも地域から見ることにより、いささかなりとも発展させたいと思う。そのためには近年の歴史学の成果である地域史論、あるいは生活史論、さらに前記「大学史と地方史」論を活用しつつ、検討してみたい。

1　埼玉英和学校の設立・運営と地域

(1)　地域の環境・条件

本章で取り上げる埼玉英和学校は明治一九（一八八六）年一一月一一日、埼玉県北埼玉郡不動岡村七六番地に誕生した学校である。

同校が立地する北埼玉郡は埼玉県の東北部にある。資料1「北埼玉郡全図」(7)は大正期後半の同郡を表わしたものであるが、一覧のように群馬県とは利根川により境界をなし、その南部にある。郡役所は忍町（現行田市）である。その真東、大まかに言えば郡内中央部に位置するのが本章で取り上げる現在の加須市である。同市は昭和二九（一九五四）年五月三日に加須町ほか一町六村が合併したのであるが、現在は加須・不動岡・三俣・礼羽・大桑・水深・樋遣川・志多見・大越の九地区から成り、これが明治二二（一八八九）年四月一日の町村制施行により誕生した町村である。二〇〇七年度の『加須市統計書』（加須市）によれば、面積は五九・四〇平方キロメートル、人口は六万八八〇六人、地目別面積は五九四〇ヘクタール（内、田一九九四、畑一一三五、宅地一一六八が主）、海抜は一〇・一九七〜一五・〇三七メートルである。このことから察知できるように平坦な土地に広がる田園都市といえよう。この加須市において中心をなしてきたのが明治二二年成立の加須町（加須地区）と隣接の不動岡村（不動岡地区、昭和三年町制施行）である。地勢からも察せられるように、同地域は

資料1　北埼玉郡全図

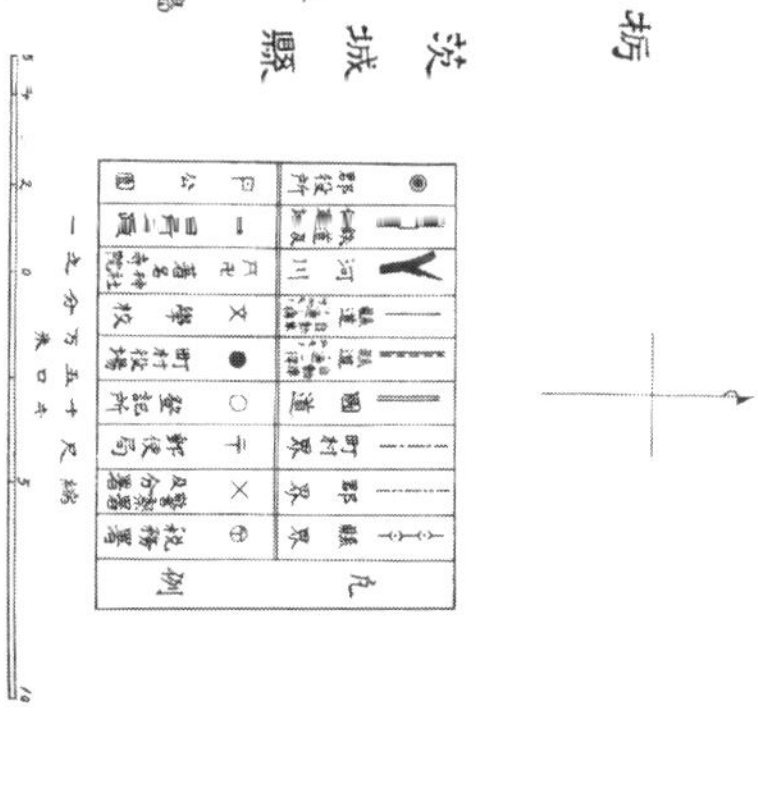

（注）1　加須町
2　不動岡村
3　羽生町
4　行田町（忍町）
5　利根川
（筆者追記）

肥沃な土壌と水利に恵まれ農作地帯として発展、また自然堤防上には集落が形成された。そのために、水田稲作地帯特有の地主小作関係が発展し、小作地率が高かった。また一方、近世以来の商品作物栽培と舟運・陸運の発達により、青縞木綿織物の生産地域や流通拠点ともなった。(8)

(2) 自由民権の風潮

こうしたことを背景に有力農商人が台頭し、政治・経済のみならず教育・文化さまざまな面に影響を与える。その顕著な例としては自由民権運動であろう。埼玉県の場合も同運動を推進したのは自由党と改進党である。荒井悦郎「秩父困民党の成立――自由・改進両党との対比において――」(9)によれば、埼玉県の場合、県北部は自由党員が多く、年齢は低く二〇代の青年層が主力、経済的には上・中層中心という。また神田和枝「埼玉県おける自由党・改進党の組織過程」(10)では明治一六(一八八三)年五月現在のデータとして、自由党員九一名中、北埼玉郡は二〇名であり、隣郡北葛飾郡二一名に次いで多い。

実際、埼玉県内における最初の民権結社は明治八(一八七五)年四月一六日に結成された七名社であり、のちに自由党員として活動する人たちによって県北の熊谷に設立された。また同一一年、北埼玉郡羽生町に結成された民権結社の通見社も、やがて自由党員として活動する同郡本川俣村(現羽生市)の掘越寛介らにより結成されている。さらに明治一五年に結成される自由党埼玉部はこの通見社などが主力となって設立されたものである。

加須市域では明治一一(一八七八)年に常泉村の福島貞次郎らにより愛身社、大越村には榎本近右衛門らにより研究社が設立された[11]。また国会開設をめざし、自由党・改進党等が結成されると前記・掘越らによりがぜん自由民権運動は活況を呈した。例えば明治一六年二月、北埼玉郡成田町（現行田市）の進修館内に設立された法学の研究会である法学義会には賛成員として掘越寛介や岡戸勝三郎といった加須地域の有力民権家が名を連ねている[12]。この加須地域における民権運動は、経営者が民権家のために不動岡村の新井楼を利用したり、あるいは収容スペースの関係で同村の総願寺を使用するといったこともあった[13]。大まかにいえば、前記した地理的・経済的な状況が、こうした自由民権運動を中心とする政治的動向に影響を与えたといえよう。

(3) 学校の設立

目下のところ、加須地域における庶民のための教育機関としての寺子屋は一ヵ村一六名がみとめられ、その多くは近世後期から明治初年のものが多い。その規模はさまざまであるが、寺子数一〇〇名を越えるものが四ヵ所もある。さらに私塾は古注学派のものが一ヵ所ある[14]。問題はその発達の要因であるが、その第一はやはり前述した地域の環境・条件や政治経済的の状況によるものであろう。こうした近世以来の庶民教育機関は、明治期に入ると埼玉県の寺子屋・私塾禁止の施策により廃絶させられるが、その伝統と蓄積のためか、同地域各村で小学校教育が大過なく始まる。

またこの幕末明治期に加須地域では、和算家を多く輩出した。同じく前出の『埼玉県教育史』第一巻によれば加須市は一四の算額を数えており、これは県内郡市では第一位である。この和算は近世後期になると、中央においては形式化・形骸化の傾向も見うけられたが、地方においては実生活との関わりにより一層発展していく。その意味では前記した寺子屋の発達と軌を一にするものであった。

さらに見逃すことが出来ないのは剣術の盛行である。ちなみに「皇国武術英名録」(15)には五五名の武術家が掲載されているが、加須市域は二一名と圧倒的多くを数える。彼らの多くは神道無念流であり、同派の中核的存在であった。こうした武芸の発展は体力や精神力の鍛錬による生業再生産の糧ともなっていたのである。

次には以上のことを背景・基盤として設立された埼玉英和学校について触れたいところであるが、それ以前に、まずは明治期の中等教育に対する施策をかいまみておきたい。その最初の法令は明治三（一八七〇）年二月の「中小学規則」であるが、同法は公布されなかったので、実際には明治五（一八七二）年八月の「学制」頒布によるものが中学校に関しては最初のものである。ここでは下等（一四～一六歳、三年制）と上等（一七～一九歳、三年制）からなり、普通学を授けるところとし、大学予備機関としては位置づけていない。ただしこの学校の場合、実態としては小学校の制度化・定着化の優先政策の影響を受け、有名無実と化した。

さらに明治一三（一八八〇）年一二月の「改正教育令」では中学校を初等科・高等科に編成、各修学年限は四年制とした。その目的は従来通り普通教育をほどこすとしているが、特筆すべき動向はない。

大きな動きが認められるのは明治一九年「中学校令」公布の時である。中学校の目的は、実業に就くためと大学に進学するためとしている。その種類は高等中学校と尋常中学校として、両者とも文部大臣の管理でありながら、前者の支弁は国庫、後者は地方税と分けている。さらに同令では、尋常中学校の設置は各府県一校のみと定めた。

その後、この中学校令は明治二四（一八九一）年一二月に改正され、一府県一校制は緩和されるとともに、高等女学校は尋常中学校の一種とされた。さらに明治三二（一八九九）年二月の改正においては尋常中学校は中学校と改称された。このように中学校も制度として定着すると、次には同校における修身を中心とする国民道徳の徹底に向けて法令が公布された。

埼玉英和学校がこうした教育政策の影響を受けたことは想定できるが、以下、同校の成立について述べてみたい。ただし、同校の開校以前、そして以後については『私立和英学校起原誌』（以下、『起原誌』）という好資料が存在する。この資料は埼玉英和学校の設立・維持に奔走した岡戸文右衛門によるものであり、しかも同校設立以前の学校から説き起こされている。したがって後身の埼玉県立不動岡中学校編集『開校五十年史』（以下、『五十年史』）(16)等の各年史は全く同資料に依拠したり、あるいはそのままに近い記述をしている。その後同校の年史としては『不動百年』（以下、『百年史』）(17)が刊行されるのであるが、同誌の第一章の三節分を執筆した新井淑子（卒業生）はその二年後（昭和六二年三月）に「私立埼玉英和学校の成立過程について」と題して同校の設立以前の学校、および設立の経緯について、やはり前記『五十年史』の多くを引用して、要領よく整理している。(18)

埼玉英和学校を語るためには、それ以前の五校について触れる必要がある。その最初は明治一一年三月一七日開校の不動岡講習学校である。同校は埼玉県が設置した教員養成のための学校である。問題は不動岡村設置の理由であるが、一定の根拠を有する最大の理由は地域の埼玉県属川辺有道（旧第一二番区々長川辺郷左衛門次子）による有力情報の提供と、設置を求めて寄付金募集のために奔走した同区副区長岡戸文右衛門、さらにそれに呼応した下三俣村戸長梅沢与吉ら地域民の力によるものである。しかし同校は明治一三年三月、廃止されることとなった。その後のことについても、以下、『起原誌』で追ってみる。

この不動岡講習学校廃校にすみやかに反応、学資を投じたり、有志を勧誘して中学校設立に奔走したのは前出の岡戸文右衛門であった。その有志者の中には地域有力者であり、不動岡講習学校の財務主管であった多門寺村の網野長右衛門がいる。その網野に対して県下各所に中学校を置かねばならなくなるので、講習学校々舎を利用して私立中学校を設けておくと好都合なる旨を伝えたのは、当時埼玉県学務課長であり、北埼玉郡須加村（行田市）出身の川島楳坪であった。こうして北埼玉郡不動岡村外二九村戸長一同の連名による要望を受けて、県より施設設備の貸与がなされ、明治一三年四月に私立会川中学校が誕生したのである。

とはいえ地域民の公立中学校設置の要望は強く、会川中学校開校日に、さきの二九村戸長により、県宛、公立中学校設立の請願を提出した。実際、川島の言うように公立中学校設置の動きは急速に進み、明治一四年三月、会川中学校は廃止され、同時に公立不動岡中学校が設置され、旧講習学校以来の施設設備を借り受けた。

この不動岡中学校は、三年後の明治一七（一八八四）年七月には中学校通則（同年一月）をうけた埼玉県の中学校資格改定により、羽生中学校（同一四年三月設立）と合併となり、校名は不動岡羽生中学校となった。さらに同じ北埼玉郡内の成田中学校も一八（一八八五）年三月に不動岡羽生中学校と合併になり、北埼玉郡立中学校と称することとなった(19)。

しかし、結局は同校は初代文部大臣森有礼により、明治一九年四月に公布された「学校令」のひとつ「中学校令」の影響をまともに受けることとなった。すなわち同令は、中学校教育の目的として、やがて実業に就くためと、高等教育機関に入学しようとするためとした。その種類は高等中学校、尋常中学校とし、前者は全国五校としたが、問題は後者である。すなわち尋常中学校は各府県に一箇所に限るとしたのである（前記）。その目的は紙数の関係で省略するが、埼玉県では郡立であった七中学校はすべて廃止となる。それどころか公立の中学校は一切消滅してしまったのである。

北埼玉郡立中学校を失ってしまった地域民にとっては中等教育の機会が途絶されてしまうこととなった。細部の経緯はともかく岡戸文右衛門・勝三郎父子を中心に、掘越寛介・細野長左衛門らにより私立尋常中学校を設立することとなった。実現の要因としては第一には地域有力者の奔走によることがあげられるが、また講習学校以来の教育的伝統と実績、そのことと関連して川名渡一・杉山文悟といった実績と熱意のある教師の残留・継続や旧学校の施設設備の獲得、それ以上にこれらの学校教育を包み込む地域の政治・経済・文化の事情（前記）があったからである。

資料2の(1)は明治一九年一一月一五日付で埼玉県に提出した設置の願である。校名は「埼玉英和学校」とされ、生徒定員は一五〇人、教職員六人、一ヵ年経費一八二〇円とある。さらに株主規約書「埼玉英和学校株主規約」をも付している。

また資料2の(2)はその際の学則「埼玉英和学校規則」の一部である。目的としては「中人」以上の職業につくためと、上級学校に入学するためとした。学科や修学年限は普通科（小学校卒業者、三年）と高等科（普通科卒了者、二年）とし、とくに後者では英文学・英語学を主として、政治経済法学の大意も授けるとしている。

以上の資料の「英和」、「株主」、「英文学・英語学」、「政治経済法学」といった文言からはいかにも新時代・文明開化・自由民権をほうふつとさせ、それに向けて地域民によって地域のための教育に邁進する気概を読みとれよう。

2　開校後の実態

(1)　関係者の経営と地域民

埼玉英和学校は明治一九年一二月四日に開校式を挙行した。当日の模様について、『五県新聞』(明治一九年一二月一五日付)は「近郷の老若男女は其盛況を観んとて集ひ寄」ったとし、さらに同校は「北埼玉郡有志者の計画に成りしものなれとも隣郡の人も其美挙を称賛して株主となり」と報じている。この資本主制度は資本金額を五〇〇〇円とし、これを五〇〇〇株(一株一円)に分けて、同志者から募集するわけである。実際には三万五〇〇〇円を学校経営のために募集したのであり、多くの賛同を得た。また各戸長役場では生徒月謝の補助金を支出することとした。

しかし、経営自体は穏やかではなかった。生徒・保護者が納付する月謝では不足し、地方有志者が立替えや醵金をすることも少なくなかった。経営の中心にあった岡戸文右衛門は毎日、手弁当で庶務に当たった。この岡戸以外、網野らも自ら資本金利子の徴収や督促に奔走した。こうした財政窮状ゆえ、岡戸文右衛門によれば同校は「寺小屋《ママ》に近い」状態であった。また教員の住宅は創立関係者らから計二二五〇円を借金し、寄宿生監督も兼ねて新築した。それでも、関係者は「県下唯一の中学校」の誇り、また生徒は「地方民衆の手によつて開校された」という意識の下、業務や勉学に励んだ(20)。授業は会川中学校以来、私塾のような指導をしていた師範出身の川名渡一が中心となり精力的になされた。このことは各年史や『起原誌』(21)でも語られている。その教育実態について、専門教員が多いとして専門学校化を危惧する声もあった。しかしそのことに対してはすぐさま『埼玉教育雑誌』第四二号（明治二〇年三月）(22)で、幹事の岡戸勝三郎は「坂東太郎君ニ応フ」、また同じく富岳次郎も「普通教育所タリ」と題し、普通教授をしているとして反論している。ただし、このことは『教育時論』第七二号（明治二〇年四月）(23)が同校について「昨今は専門の理科教師を聘用せんと熱心なし居らるる程なる」と伝えていることからすれば、地域事情を考慮して「地方農村の中堅人物を造成する」(24)一方、専門的教育あるいは専門学校への準備機関的教育により、特色を出そうとしていたことも否定できない。悩むところである。

資料2　埼玉英和学校規則

(1)　私立学校設置伺

一　名称及位置

埼玉英和学校　北埼玉郡不動岡村七拾六番地

一　教則及校則

別冊之通　但付録株主規約書

一　生徒定員

百五拾人

一　職員定員

六人

一　職員履歴

別冊之通　但シ尚ホ目下採用中ニ付追テ開申可致候

一　職員俸給

月俸金五拾円　一人

同　金廿五円　一人

同平均　金拾五円　二人

同　金拾円　二人

一　敷地建物略図

別紙之通

一　経費予算

一ヶ年支出

金千五百円　職員俸給

金六拾円　雑給

金弐拾円　器械費

金八拾五円　消耗品

金弐拾円　修繕費
金六拾円　借家料
金拾五円　賞与費
計金千八百弐拾円

一　図書器械
別冊之通

右之通設置支度此段相伺候也
明治十九年十一月十五日　右発起人惣代
北埼玉郡本川俣村
掘越寛介　印
同郡間口村
田村四郎左衛門　印
坪井久兵衛代印
坪井久兵衛　印
同郡多門寺村
網野長左衛門　印
同郡下手子林村
岡戸勝二郎　印
同郡串作村
小花盤一郎　印

同郡加須村
根岸七兵衛　印
同郡羽生町
斎藤勝太郎　印

埼玉県知事　吉田清英殿

前書伺出之趣調査候処相違無之ニ付奥印仕候也

明治十九年十一月十五日

北埼玉郡不動岡村連合戸長
鎌田熊太郎印

(2)　埼玉英和学校規則（抄）

第一章　総則

第一条　本校ハ中人以上ノ業務ニ就キ又ハ専門ノ学校若シクハ諸官立学校ニ入ラントスル者ノ為メニ必須ノ学科ヲ授クル処ニシテ、分ツテ普通科高等科ノ二科トス

第二条　普通科ハ小学ノ課程ヲ卒リテ尚ホ高尚ノ学科ヲ修メントスル者ノ為ニ設クル者トス

第三条　高等科ハ本校ノ普通科ヲ卒ナリタル者ノ為メニ設クル者ニシテ英文学英語学ヲ主トシテ、傍ラ政治経済法学等ノ大意ヲ授クル者トス

第四条　生徒ノ希望ニヨリテハ本校定ムル所ノ学科中其一科ヲ専修スルコトヲ得
但シ十八年以上ノ者ニアラザレバ之ヲ許サズ

第二章　入学退学

第五条　入学ハ毎定期試験ノ後試験ノ上之ヲ相当ノ級ニ編入スルモノトス

（略）

第三章　授業規則

第十条　修業年限ハ五年ニシテ前三年ヲ普通科トシ、後二年ヲ高等科トス

第十一条　普通科ヲ三年級ニ高等科ヲ二年級ニ分チ、毎級ヲ前後二期ニ分ツ

第十二条　学年ヲ八月十一日ヨリ翌年二月十五日ニ至ルヲ前期トシ、二月十六日ヨリ七月二十日ニ至ルヲ後期トス

第十三条　授業時間ハ一日五時間トス

（略）

第四章　試験規則

第十六条　試験ヲ分ツヲ小試験定期試験入学試験トス

（略）

注：埼玉県行政文書　明一八六二―一六九

(2)　学校行事と地域

後年ほどではないにしても文教政策、とくにこの中学校の場合は中学校令により、教育内容の統一化が進められた。そのことは私立学校の場合は公立学校に比べれば独自性の余地があったが、それでも影響を受けないわけではなかった。そのうち、教育課程については後記するので、ここでは学校行

事を取り上げ、学校の特色や性格を考察する。

『埼玉教育雑誌』第九八号（明治二四年一一月）[25]には「埼玉英和学校生徒遠足会」と題し、遠足の模様が報じられている。この遠足の始期は定かではないが、明治二四年一〇月の場合は大越村の利根川堤上に向かって行われた。距離は往復五里余、同校参加者は二〇〇余名である。出発して一時間半後、三田ヶ谷村三成学校で同校々長や株主の飲料水・茶菓を受け、それから一時間後、目的地に到着した。そこに松本伴七郎、武正義三郎、菅谷本次郎、小林利十郎、野中平助、榎本甚平等が来た。昼食ののち遊戯をしようとした時、松本氏が舟遊を提案、桟橋が造られ、橋頭には国旗が交互し、「埼玉英和学校生徒を迎ふ」と書した白旗があった。その他飲料水まで用意されており、各小隊ごとに分乗し、途中一小砂洲で遊び、再び乗船し、上陸後、松本氏らに別れを告げた。帰途、三俣では鈴木吉十郎、梅沢与吉、網野豊次郎らによる休息所に立ち寄ったのち帰校、散会したとある。

網野豊次郎とは同校経営維持に尽力していた長左衛門（前出）の長子であり、他の者もそうした関係者である。このことからも一見できるように同校は地域との関係を密にし、また地域民も同校維持のための奉仕をおしまなかったのである。こうしたことは運動会の場合も同様であり、近傍より見物者が参集したり、さらには付近各町村小学生・女学校生・来賓等も競技に参加したり、さらには当日の模様について臨時新聞を発刊し、配付する者もいた[26]。

(3) 学友倶楽部の設立と活動

明治二二年七月炎天の日、北埼玉郡立中学校の学友六〇余名が、不動岡村新井楼で有志懇親会を開会した。埼玉英和学校の中心教師・川名渡一は開会の趣意を述べ、学友の交誼を一層密にするため、学友倶楽部を設けたき旨を論じ、承認された。さらに同氏は北埼玉郡立中学校と関係がある埼玉英和学校生徒をも勧誘したいとして、これも了承された。こうして同二三（一八九〇）年一月一日、埼玉英和学校において、九〇余名出席の下、総会が開催された。川名は発会の趣意を述べたあと、岡戸勝三郎が議長となり、規約の審議や役員の選出をした。部長には川名、幹事には菅谷本次郎（前出）ら四名、常議員には武正美三郎（前出）ら一〇名が指名された。

さらに同二四（一八九一）年八月二日、第四総会が同校にて開かれ、席上、機関雑誌の発刊が建議され、狩野徳二郎ら七名が雑誌規則案起草委員に選出された。その規則が審議されたのは、翌年一月五日、同校における第五総会であり、結局、編集兼発行人に佐藤鉄六、印刷人に田島重吉、他に編輯担当員として三名が当選した。

待望の機関誌『学之力』第一号が刊行されたのは、明治一五年一一月三日のことである。[27] 発刊の辞には「随時之カ論難ヲ嘗ムルハ其益スル所亦尠少ナカラザルベシ」とか、「機関誌ヲ刊行シ部友ニ頒タントス蓋シ口角論議スルハ紙上真理ノ輪幄ヲ競フノ勝レルニ如カサレハナリ」と意気込みを宣言している。たしかに論説の最初では部員角田美之助が「壮士論」と題し、「吾人ハ何ンカ故ニ壮士ヲ以テ国家ノ組織的元素トナス」と喝破している。続いて部員の渡辺竹次郎は「此の濁社会を如何にすべき乎」と題し、「請ふ刮目して現今我国社会の状態如何を達観せよ粃も一片の気骨あり徳操ある憂国の士ハ切歯瞥概措く能はざるべし」と檄を飛ばし、また「政治家には誠心誠意兆民を思ふの忠良なる誠心なく又一の稜々たる気節なし」と批判している。いかにも自由民権運動の余韻を感じとれる文章である。事実、埼玉英和学校は地域の自由民権家が中心となり設立された事情もあり、また開校後も例えば有志北埼玉学術研究会（明治二二年頃結成、町村制・憲法研究）は会場について、不動岡村会場を同校としている。

ところがこの『学之力』は第一号だけで終刊した。その理由は翌年一月に刊行された『学友倶楽部雑誌』第一号「発刊ノ辞」に記されている。すなわち『学之力』は「編輯宜シキヲ得ズ出版許可ノ取消ニ逢フ」ということになったのである。出版条例によって取締りを受けたのである。したがって同誌は今後は「法律ヲ遵守シ」ていくと述べている。また同誌によれば明治二五年八月八日の埼玉英和学校における第六総集会で編輯兼発行人は田島重吉に交代し、それまでの佐藤鉄六は東京神田末広町で営んでいた代言事務を地元の要望で熊谷町に移すという(28)。確かに『学之力』に比べると、「敢て同郷諸士に望む」、「青年」、「分業の利益」、「記臆力」、「遊香記」、「我僕時之助」、「稲作肥料試験の成績」といったタイトルからも察せられるように政論は後退し、あっても鋭さを欠く。しかしいずれにしても、学友倶楽部および機関誌は、卒業生と学校をむすびつける強力な存在であったことは間違いない。

3　校名改称とその影響

(1)　改称事情とその影響

明治二七（一八九四）年四月二六日、埼玉英和学校委員岡戸勝三郎は「御願」[29]をしたため、埼玉県に提出している。その内容は本科の修学年限変更同校規則の学科及程度中の教科書図書について、詳細にわたっている。このことは、すなわち公立中学の規定により近づけることである。目的は公立校並となることにより劣悪かつ貧弱な財政事情を打開しようとするためである。しかし公立校並とすることは、当然、私立学校として失うものも少なくないのであるが、背に腹は変えられなかった。結局は財源確保のために当校の本質を売渡すに等しいことになった。もっとも県当局にとっては、埼玉英和学校を尋常中学校と同等以上とすることは、今だ実現しない県立中学校を代替させることができた。事実、学校建設費より水害対応への優先主義、郡立学校の復活論、県立中学校の開校地抗争等々、とくに県知事と県議会の対立は熾烈を極めていた。さて『起原誌』によれば明治二六（一八九三）年八月、埼玉県は当校を中学校の学科程度と同等以上のものとし、徴兵令第一一条によって文部大臣の認可を仰ごうとして、調査のうえ、九月に具申をした。翌年の五月二九日には知事管内巡回の際、当校を視察して文部省への上申に関する指導をした。それにより六月六日、文部省からの出張により、詳細な実地調査があった。そして同校は名称について、埼玉英和学校ではなく「和」を先にして埼玉和英学校と改めた。書式のうえでは同校から「御願」の形式をとっているがこのことは当然、文部省からの行政指導であることはいうまでもない[30]。こうして明治二七年七月一九日、文部省から、徴兵令第一一号により、中学校の学科程度と同等以上のものとして認めるという告示を受けた。こうして文部省の認可校になったことによって、生徒数は増加することになり、それにより財源の確保にもつながった。

なお、この際、文部省より埼玉県を通じて、資本主制度についても株券自由譲渡は不都合とされ、県への届出とするように、また教科書中のスペンサー『代議政体論』とギゾー『文明史』の二冊は「不適当」として削除の通牒を受けた[31]。これらは自由民権運動高揚時には好んで読まれたり、教材となった書である。

(2) さらなる校名改称

埼玉英和学校は明治三〇（一八九七）年四月、それまでの予備科を廃止し、本科は尋常中学科として、校名を埼玉尋常中学校とした。このことにより同校は名実ともに尋常中学校となり、かつ相変わらず県内唯一の中学校でもあった。こうしたことにより、同校は生徒をさらに増加させ、それにより校地・校舎の拡充を図った。また男女共学であった予備科廃止にともない、別に明治三一（一八九八）年一一月に不動岡女子裁縫伝習所を設立し、川名渡一夫人ぎんを校長とした。同校は明治三八年一〇月には、より一層女子教育の振興を図るため、埼玉女学校と改称し、発展に努めた。

ところで『六十年史』に、関根善作は「母校六十周年を迎えて」と題し、明治三〇年時の埼玉尋常中学校について、次のように振り返っている。

吾々が本科四年（現制度の五年）の時文部省の検定中学となり制限が定まり同時に銃剣百二三十挺の払下げを受け、兵式体操の科目が設けられました。そこで吾々数名が代表となり、発火演習の挙行を願出たのであります。

正確にいえば、兵式体操用銃器の許可がなされたのは明治二九（一八九六）年一二月七日のことである。関連して明治三〇年四月には制服制帽が定められた。そして同年五月からは発火演習を開始するようになったわけである。その模様について『埼玉教育雑誌』第一六六号（明治三〇年七月）[32]には「規律能く整ひ運動熟練にして人々の感賞を博したり」とある。

この後、明治三二年四月一日から、同校は埼玉中学校と改称する。前記したような国家による教育要請は、例えば明治四一（一九〇八）年一〇月の「戊申詔書」下賜に見られるように強まった。翌年一〇月一五日発行の『国民新聞』は「不動岡中学近況」と題し、「近年新校舎を新築して今や四百余名の健児を教育しつつあり」と称賛し、さらに「最近生徒間の階級制度を一変して紀律を軍隊式に改めたる」と結んでいる。このことは極論すれば、新校舎建設の引き換えに軍国教育の請負をも意味することである。

しかし一方、学費に関しては日露戦争を契機とする経済事情は保護者に対して負担を強いた。あるいはまた小学校令改正（明治四〇年三月）による高等科の拡充は並行する学齢である中学校にとってはさまざまな面で痛手であった。さらに当時、叫ばれた「私学撲殺」の声は高等教育機関だけではなく、中等教育のそれにも及んだ。経営規模の拡大等による支出の増大に加え、こうした外圧も加わり、同校にとって拡大の方向は必ずしも安定経営に直結するといえるわけではなかった。

なお、上記のように、埼玉英和学校はその後、校名を改称したが、本章では基本的には図表も含めすべて「埼玉英和学校」とした。

(3) 埼玉英和学校の財務措置

本項では、この間、埼玉英和学校はどのような財務措置をとるのかということを素描する。とはいえ、すでに述べたように同校は文部省認定学校（明治二七年）、私立埼玉尋常中学校（同三〇年）、そして私立埼玉中学校（同三二年）と教育程度の向上につとめた。また例えば明治二三年二月三日には教育大懇親会を不動岡新井屋に開催、当日は郡吏、県議、地域有力者の接待に努めている[33]。

しかし、創立者ら学校関係者を苦悩させるのは学校財政である。明治二六年八月一八日の「岡戸新三郎日記」によれば岡戸勝三郎、網野長左衛門は新井屋にて千家尊福知事に地方税による補助を陳情した[34]。この一件や田島春之助県会議員の発議可決（明治三一年一二月七日）により県や郡から補助金が交付されるようになった[35]。だが、それでも補助金額は年次により変動があり、かつ十分ではなく、株金の獲保、維持基本金の増募にあけくれるばかりであった。もっとも、すでに、川越英和学校を経営していた岡本定（前出）は前記論文「中学校ノ必要及ビ設置方法」において、私立学校は寄付によるが「寄付ハ其基礎薄弱ナリ」しことを指摘している。

4　校外・周辺の声

(1)　中学校待望論

本節の目的は二点である。ひとつは一県一中学校制の余波により公立中学校が皆無という異常事態の中で、県民は中等教育に対し、どのように思い、いかにしていたのかということである。もうひとつは唯一の中学校として認められた埼玉中学校は今後に向けてどのような展望を描いていたのかということである。

ところでその前に改めて埼玉英和学校の設立理由を確認しておきたい。『埼玉教育雑誌』第三四号（明治一九年七月）は開校まもない埼玉英和学校について「私立学校設置ノ上意書」を紹介している。同校の設立事情は、すでに前述したところであるが、ここでは「東京ハ全国書生ノ巣窟ナルヲ以テ少年子弟ヲシテ此処ニ留学セシムルハ甚タ危険ノ至リナリ」とし、北埼玉郡立中学校廃止に代わり、有志で私立中学校を興し、小学校を卒えてなお学ぶことにより「中人以上」の業務に就くためと、「高等専門学校」に入学するための教育をするとしている。

すでに述べたように郡立学校は各郡内の有力者・地域民によって設立され、県の補助をも受けて維持されていたが、一県一中学制という文部省の中等教育策のあと、その一中学校の設立は容易には決定されることはなかった。それは前記したように県知事と県議との感情論をもともなった熾烈な抗争のためである。さらに一県一中学の規制緩和後は県議会内における、いわゆる県北派による北部への誘致運動と県南派による南部への誘致運動をめぐる駆け引きが繰り返されたのである。

こうした中、県民など関係者はどのように思っていたのであろうか。早くも『教育報知』は第一八号（明治一九年二月）に「埼玉県下に中学校なし」と題し、従来の五中学校に補助金を支出すべしとする県会と、完全なる一大中学校を設立したいとする県知事との対立により、同年三月より県内に中学校が存在しなくなることを報道している。

次に県内教育雑誌『埼玉教育雑誌』により主な世論を追ってみる。第三四号は「埼玉学館」と題し、北埼玉郡の齋藤珪次・稲村貫一郎らによって企画された「埼玉学館」の旨趣書を紹介している。そこでは学問なくしては父祖以来の事業を維持発展させることはできない。このたびの郡立中学校廃止により子弟を東京に遊学させるものが増加したが、そこには寄宿所がないこと、十分な監督者がいないことが多い。したがってこのたび東京にそうした施設を設置したという。

一方、第四六号（同二〇年七月）の「教育熱心家」という表題では、萩原龍太郎なる者が、公務の傍ら「騎西講習所」にて埼玉英和学校教師を聘し、英学を授けており、さらにこのたび自宅にて有志一四～五名に英学数学を究めさせようとしているとある。その設置理由は外国人と利を争うためには英学を学ぶ必要があるが、東京で学ぶには資金が足りないためであるという。

さきの『教育報知』では第二一六号（明治二三年五月）に「在埼玉　瓢々生」の通信として「埼玉県学事一斑」という一文を掲載している。そこでは同県は東京近接にしては学事が不振であるとし、その証拠としていまだ尋常中学校はなく、私立の学校として埼玉英和学校があるだけである。したがって専門学校卒業生中、埼玉県出身者は「実に寥々として晨星の如し」と断じている。

さらに同誌は第二五一号（同二四年一月）の「中等教育論　第一」において、そうした要因として文部省の政策を取り上げ、「中学校ヲ破壊スル」ものであり、「人生ニ最モ重要ナル少年青年ノ全期ヲ包括スル」ものであると厳しく批判している。

以上のことからも分かるように、一県一中学制の政策を受け、さらに県内政争により中等教育に出遅れた埼玉県では県内外よりその弊害を訴える声があがった。また地域民によってはやむをえざる措置を構じたり、中学校早期設置を強く要求していくのである。

(2)　公立中学校設置論

当時、県民が中学校とか尋常中学校の設立といった場合、それは公立のものである。『埼玉教育雑誌』第四六号（前出）において森慎一郎は表題に「県立中学校の設立を望む」として、東京に出県するのは県内に尋常中学校がないためであり、いち早い県内設置を訴えている。また元埼玉英和学校教員杉山文吾は同誌第六三号（同二一年一二月）にて「遊学生のことに就きて」と題して、尋常中学校不在の埼玉県内高等科小学生に対し、東京遊学上、心得て当たるべき事柄を五項目にわたって列記しつつも、最後には県内に尋常中学校もしくはそれに代用すべき学校の設立が急務であるとしている。同様の意見は同誌第七七号（明治二三年二月）から第八〇号（同二三年五月）においても会員岡本定は自らの私立学校経営の経験を踏まえ、「中学校ノ必要及ビ設置方法」と題し、詳細に県立中学校設置の方法を論じている。

もっとも県立中学校設置の要望は明治一九年の一県一中学政策以前、つまり郡立中学校時にないわけではなかった。例えば明治一七年六月、北埼玉郡内の成田中学連合会議長古市直之進は埼玉県令吉田清英に宛て「地方税補助費ヲ廃シテ県立中学ヲ興スノ議」により「県下便宜ノ地ニ就キ四個ノ完全ナル県立中学設置スル」べきとしている。(36)

県立ではない公立中学校設置を提案している者もある。『埼玉教育雑誌』の第一〇〇号（明治二五年一月）において須藤周三郎は「郡立中学校を起すべし」と題し、一県一校の制限が改正されたことにより、郡立中学を設置するとともに不動岡と川越の英和学校もそれに引き直すべしとしている。もっとも同人は同誌第一二二号（明治二六年一一月）では「町村立中学ヲ設立スヘシ」という一文を寄せ、創立費は各町村負担とし、県は経常費としての教員俸給三分の二を補助とし、さらに校舎寄宿舎は寺院・長屋を充当すると提案している。

しかしながら県立中学校不在は続き、この問題が解決したのは、実に明治二九年一〇月のことであり、県南浦和町に埼玉県第一尋常中学校が、県北熊谷町に埼玉県第二尋常中学校が開校した。しかし私学の同校にとって大きな問題は明治三四（一九〇一）年四月、川越の第四中学校設立に続いて、同じ県東部の粕壁町に第四中学校が開校されたことであった。しかも通学手段としての鉄道は、東武鉄道が明治三五（一九〇二）年九月六日には、その三年前に開通した北千住・久喜間を加須まで延長したのである。(37)

こうした中で、創立以来、わが子を愛するように同校の維持とくに財務面に甚力してきた網野長左衛門は明治三九（一九〇六）年八月二四日に死去し、また庶務一般に奔走してきた岡戸文右衛門は九月一三日に続いた。その後も草創期中心メンバーが世を去る中、本格的に県立移管を検討せざるを得なくなっていく。同校が県立不動岡中学校として出発したのは大正一〇（一九二一）年四月一日であり、それにより県の管轄となり、県内を対象に人事異動もなされた。

5　生徒の動向

(1)　生徒の通学・家庭状況

埼玉英和学校および埼玉尋常中学校時代の生徒数の概数は、のちの埼玉中学校時代に同校々友会より発行された『校友会報』第一号（大正四年八月発行）の「本校在籍生徒数一覧」によって知りうる。ただし、開校年度の明治一九年度だけでなく二〇年度も第一学年のみである。これを五年ごとに追ってみると、明治一九年度四八名→二四年度八四名→二九年度一四九名→三四年度二二八名→三九年度三六三名→四四年度三三四名であり、全体としては増加の傾向にある。前記した補助金収入等で施設設備の拡充につとめたのは、そのわけである。ただし、すでに述べたように、そのことが学校財政にゆとりをもたらすということではなかった。郡別の生徒数は不明であるが、卒業生数は「本校卒業生郡別表」として年度ごとに整理されているので、概況を知りうる。開校の明治一九年度から二一年度までは、学校が立地する北埼玉郡以外の者は皆無である。郡外の者は三〇年度にはじめて一名、やがて三三年度五名（入間一・比企一・南埼玉一・他府県二）であり、そして三七年度九名（秩父三・大

資料3　生徒父兄資産及職業別調査（明治42年11月19日調査依頼）

村　名	直接国税納額	職業別
北埼玉郡荒木村	120円765	農
〃	639.480	〃
三田ヶ谷村	31.810	(ハソン)
〃	268.990	農
〃	21.020	〃
〃	49.550	〃
〃	23.250	〃
〃	32.990	〃
〃	11.570	〃
〃	無資	〃
〃	41.520	〃
〃	33.510	〃
〃	80.450	〃
〃	36.420	〃
種足村	1254.460	〃
〃	45.090	〃
〃	33.020	〃
〃	254.370	〃
笠原村	206.960	〃
北葛飾郡豊田村	5.860	〃
秩父郡上吉田村	41.330	〃
北埼玉郡元和村	27.770	酒造
〃	109.800	農
〃	83.160	〃
〃	170.000	〃
〃	42.230	〃
〃	44.200	〃
北埼玉郡三俣村	89.445	〃
〃	148.390	〃
〃	12.360	医
〃	259.900	公吏
〃	108.045	農
〃	465.300	会社員
〃	67.285	農
〃	557.640	公吏・会社々長
〃	153.500	農

〃	51.290	〃
〃	278.270	〃
〃	27.030	〃
〃	104.900	〃
〃	.890	〃

注：各氏名は省略した。

里一・南埼玉一・北葛飾一・他府県三）、さらに四二年度二三名（比企一・児玉一・南埼玉六・北葛飾二・他府県三）と増加する。この背景には中学校進学希望者増加や同校の知名度の拡大とともに通学手段の利便化によると思われる。

もっとも明治三〇年四月入学の職員古田英樹が『六十年史』において「あれこれの思ひ出」と題して回顧している「東武線は私が三年生頃に開通したが運転は二時間置きで利用価値が少なく生徒は概ね徒歩で通学したものです」とあるのは東武鉄道が開通以前、そして開通したとしても未整備の頃のことと思われる。またこの表について、興味をひくのは年度ごとの卒業生数であるが、さきの在籍生徒数と同様にその傾向を五年ごとに追ってみる。明治二八年度一四三名中六名→三三年度二一九名中一七名→三八年度三一九名中三六名→四二年度二五八名中四六名であり、人数上は増加の傾向にありながらも卒業率はきわめて低い。

なお「生徒郡別人員表」についてもさきの『校友会報』第一号にあるが、これは残念ながら同誌発行の大正四（一九一五）年六月現在のものであり、それ以前については不明である。しかし傾向は読みとれる。四四一名中、北埼玉郡が三五〇名と圧倒的に多く、次いで南埼玉郡二三名、北葛飾郡一四名の順である。また同表にある「卒業生北埼玉郡町村別表」では手子林村四四名、三俣村四二名、加須町二六名、三田ヶ谷村二四名の順である。もっともこれは町村規模にも左右されるので参考にしかすぎないが、いずれにしても学校近在のものが多いことは確かである。

さらに気にかかることは就学生徒の家庭経済状況である。資料3は明治四二（一九〇九）年一一月一九日に、埼玉中学校が各役場に依頼した「生徒父兄資産及職業別調査書」を整理・加工したものである。当時の全生徒を包括したものではないが、いずれにしても農家が圧倒的に多い。しかし、その資産状況はさまざまである。

このようにして見てくると同校は地域により、地域民のために創立した経緯により、生徒も圧倒的に北埼玉郡、とくに学校近在の者の通学が多い。しかし、やがては郡外の通学者も増加の傾向にあることも否めない。それは前記したように中学校進学者の増加・学校知名度の高まり、さらに通学手段の利便化によるものと思われる。その家庭の経済状況はさまざまであり、多くの者が就学した。こうしたことは地域民により地域のために出発した中学校の特色である。ただし卒業率はきわめて低かった。

(2) 東京との交流

ここでいう「東京」とは地理的位置を示すだけではなく、高等教育の中心地という意味でもある。以下、その「東京」と同校との関わりから、学校のようすを追う手がかりを得たい。

明治期、各地域の民権結社や学習結社が東京より弁士を招聘して講演会や政談演説会等々を催すことは稀なことではなかった。民権運動がことのほか盛んであった北埼玉郡も例外ではない。明治一六年二月、同郡成田町進修館に結成された法学義会は、その規程によれば、第二条に「本会ハ東京ヨリ法学博士ヲ招聘シ講習会ヲ開キ」[38]といったように堂々とうたわれている。

そのことは、民権運動を推進する地域指導者層を中心に設立された埼玉英和学校内においても、想像にかたくない。すでに紹介したように、明治二二年頃に作成された「有志北埼玉学術研究会概則」には第五条に「本会ノ目的ヲ達スル為メ毎会講師ヲ聘シ講義ヲ傍聴スル事」とある。さらに、次章には「本会ノ開場《ママ》ハ左ノ三所トス」とし、成田町進修館、羽生町高等小学校とともに不動岡村の英和学校が掲げられている。とすれば、その埼玉英和学校内、つまり生徒向けにもそのようなことがなされていたと思える。実際、『埼玉教育雑誌』第四四号（明治二〇年五月）[39]には同校について、岡戸宗七郎らの通信として次のように報じている。

予てより同校には生徒中の団結にて講談会てふ一種の討論演説会を組織したりしが実際生徒のみにては其の利益尠きの見込より此度其組立を一変し毎月一回東京より有名なる学士を聘し生徒ハ勿論父兄親戚等に至るまでの傍聴を許して学問上の事柄を演説することになせしし様子なり

また、『五十年史』では、松本直平は「在校当時の思ひ出」と題し、この頃のことについて、次のように振り返っている。

その当時はどうして中々気概があって、よく討論会などをやっては広く天下国家を論じあったもので（略）。だから将来は皆大臣や参議大将を夢みて大言壮語、如何にも意気天を衝くと云った様な勢いであった。

ところが、明治二九年七月、文部省認定校となり埼玉和英学校と改称、三〇年四月、同じく文部省認定校として埼玉尋常中学校とされ、さらに三二年四月には埼玉中学校と改称していくにつれ、教育内容は大きく変化していく。このことについてはすでに述べたとおりであるが、と同時に生徒の気質も大きく変化した。明治三一年四月に入学し、國學院大學に進み、さらに国文学者として有名になった河野省三は『六十年史』の中で「母校と時代の回顧」と題し、次のように綴っている。

明治三〇年、我が国には井上哲次郎、元良勇次郎等の諸学者、杉浦重剛、湯本武比古等の教育家、高山林次郎、芳賀矢一、木村鷹太郎等の文学者たちによつて大日本協会が設立され、雑誌「日本主義」が創刊された頃であつた。私は高等小学時代から少年雑誌の寄稿を楽しみとしていたから、其の思想的影響を被るところも少なくなかった。

こうして彼は二年生の時、学友らと『文友』（のちに『明治文学』）を刊行したり、『中学世界』（博文館）に投稿している。

むろん同地域で東京より弁士を招聘し、講演会を催すことは続いた。例えば明治四〇（一九〇七）年三月二五日付『武総新報』によれば、加須町付近出身の早稲田大学々生某が地方有力者二三名の賛助を得たので、四月二日に加須尋常小学校で、同大学から名士を招聘し、学術講演会を催す予定という。事実、その「通俗早稲田大学講演会」は予定通り開催され、「盛況なりき」と四月一八日付同紙に報道されている。注意すべき文言は「通俗」である。このいわゆる通俗教育は明治期に入ると政策上、実施されるのである。とくに日露戦争後のいわゆる戦後経営としての地方改良運動により意図的・大々的に施行される。したがって当日の演題も「偉大なる国民」（内ヶ崎作三郎）、「現時経済世界に就て」（田中穂積）、「道徳と法律」（山田三郎）、「戦後の教育」（高田早苗）であり、かつての自由民権期に見られた反政府を前面に出すようなそれとは異なる。しかも同会開催は政府が「通俗教育調査委員会官制」により同教育の調査検討をする四年も以前の出来事であることは注目すべきである。同会は翌年には九月二三日に同小学校を会場に、埼玉中学校の役員である網野豊次郎や大越柔郎らが幹事となり、会名を「通俗学術大講演会」とし、弁士は同大学より招いている(40)。さらに明治四二年二八日にも同じ要領でなされている(41)。

こうした東京からの文化人の来遊・啓発活動は地域の成人だけではなく、青少年らに大きな夢と理想を抱かせるのに十分であった。まして大学生が発起するなどすればなおさらである。ただし、その講演内容は時代の先取り的ではあるが、かつてのものとは大きな変質をきたしていたことも事実である。

(3)　東京遊学

地域民が地域のため設立した埼玉英和学校は、学校の経営維持のため官許の道をとることにより、補助を得、施設設備の拡充を図った。しかしそれは必ずしも根本的な安定をきたしたわけではなかった。また一方教育内容はひたすら官の意にそうことが求められ、学校は地域の先進的文化を担うものの当初の校風・気風は失われたり、変容しつつあった。このことについてはすでに述べた。

こうした中、同校および生徒教職員は何を求め、上昇・発展を図ろうと努力したのだろうか。このことを探るために、資料4を概覧してみる。同表は『五十年史』中の名簿により、卒業生の進学先を第一回生（明治二三年四月）から明治期分を数値化したものである。以下、特徴的な事柄について、列記してみる。

(a) 年々、卒業生数は増加し、それとともに進学者も増加し、さらに進学先も多岐にわたるようになった。その傾向は尋常中学校昇格後の、大体明治三〇年代から顕著になる。

(b) 卒業までたどりついた者の多くは、進学を達成することが多い。

(c) 進学者が最も多いのは早稲田大学三七名、次いで東京帝国大学二八名、千葉医学専門学校一四名、仙台医学専門学校七名、陸軍士官学校七名であり、全体としては官立志向が強い。

(d) 年々、私立学校の数が増加するが、圧倒的に早稲田大学であり、次に慶応大学、明治大学、東京慈恵会医院医学専門学校の順である。これらは私立大学の発展を如実に示すものである。

(e) 修学分野としては、文系の場合は政治行政、理系の場合は医歯系・農工、その他としては教育が目に付く。

(f) 県内では、埼玉県師範学校へ進学する者もあるが、多くはない。一方、東京以外の学校も増加の傾向にある。

以上、全体としては東京の高等教育機関が多く、また当時の青少年が志向した法律・政治行政を選択している。また近代化を象徴する医歯学・工学といった理系をめざす者も少なくなかったといえよう。

資料4　卒業生進学先

卒業回	1	2	3	4	5	6	7	8	9	10	11	12	13	14	15	16	17	18	19	20	21	22	23	学校別計
卒業時期（明治）	23・4	24・4	25・4	26・4	27・4	28・5	29・4	30・3	31・3	32・3	33・3	34・3	35・3	36・3	37・3	38・3	39・3	40・3	41・3	42・3	43・3	44・3	45・3	
卒業者数	4	7	5	5	3	4	6	7	15	8	15	17	19	26	28	29	36	40	30	42	46	53	49	
東大法	1		1						2				1								2			7
東大専									1															1
東大医										1		1		2	2	1	1	2			1			11
東大獣医										1														1
東大農科															2		2				1			5
東大農実																	1							1
東大理科																					1			1
東大文																					1			1
早大	1						1							2	1		1	2	1	1	1	1		12
早大高師													1									2	1	4
早大文科													1	1					1	1	1			5
早大法科														1					1					2
早大政治科																	1			1				2
早大理工科																				1			1	2
早大商科																	2	1	1	1			1	6
早大専																1								1
早大土木科																1								1
早稲田専門		2																						2
千葉医専	1						2					1	2		2		1	1	1	1	1	1		14
専大			1	1																				2
専大経済																							1	1
陸士				1					1					2	1	1							1	7
埼師				1																	3	1		5
東京高商						1			1		1			1			1	1						6
東京高師							1			1														2
東北大農								1									1	1						3
東北大工																			2					2
東北農大																					1			1
農大実科								1																1
仙台医専								1	1	1	1			2	1									7
東京蚕業									1										1					2
東京高蚕									1									1	1			1		4
東京商工									1						1									2
ミュンヘン大									1															1
京大工科											1													1
京大法科												1				1				1				3

京大医科																					1	1		2
東法院											1													1
陸軍々医校											2													2
京都蚕業講習所											1													1
東京商船												1					1				1			3
日本医専												1												1
東京音楽学校												1												1
愛知医専													1	1			1		1					4
國學院大													1								1			2
東京高工													1		1					1		1		4
慈恵医専													1			1					2	2		6
海兵														1										1
慶大理財														1			1					1		3
慶大																	1					1	2	4
水産講習所														1										1
東京外語														1	1							1		3
明大															1					1		2		4
明大法科																	1							1
明大商科																				1				1
日大法科																					1			1
日大医科																			1					1
日大																					1			1
伯林大															1									1
仙台高商																1								1
海軍大																1								1
同文書院																1								1
北大農科																	1							1
東洋協会																		2	1	1	1			5
東京蚕業講習所																		1						1
東京美術																		1		2				3
長崎医専																			1					1
新潟医専																			1					1
海軍機関																			1					1
中大																			1	1				2
満州医大																				1				1
関西鍼学																				1				1
電気学校																				1				1
日本歯科医専																				1		1		2
上田蚕糸																				1			1	2
小樽高商																					1			1
東京工科学校																					1			1
商船校																						1		1
東京医専																						1		1

東京歯科																						1		1
東北医専																						2		2
経理学校																						1		1
曹洞宗大																							1	1
師二部																							1	1
京都医専																							1	1

注：1名「早大シカゴ大」とあるのは、早大とした

ちなみに同校第一回卒業生が巣立つ明治二三年四月に発行された『埼玉教育雑誌』第七九号には「埼玉県の学生」と題し、同二二年一一月文部省調査による各官立学校および東京府下私立学校在学者について、埼玉県出身者数を掲載している。それによれば官立学校一八校一一五名、私立学校八三校九一六名とある。その内、在学者が多いのは文官受験予修会（一〇四名・受験予備）、東京法学院（六六名・法・のちの中央大学）、共立学校（六四名・英和漢）、済生学舎（五二名・医・のちの日本医科大学）、国民英学会（四六名・外国語）、成立学舎男子部（四五名・普通）、明治法律学校（三七名・法・のちの明治大学）、東京専門学校（二七名・政法行英・のちの早稲田大学）、第一高等中学校（一七名・のちの東京大学）の順となっているが、文官受験予備校を除けば、前記資料のデータや傾向と大むね一致する。

埼玉英和学校において東京専門学校（早稲田大学）進学者が最も多いのは、埼玉英和学校に尽力した掘越寛介らの影響が少なくないと思われる。すでに述べたように同人は自由民権運動においては自由党の闘士として明治一七年三月には埼玉県会議員として活躍した。しかしそれを辞し、東京の同人社で学んだのち東京専門学校に入学。ここで改進党の大隈重信と出会う。そして再び県会議員に当選したが、同二三年七月の第一回衆議院議員選挙では改進党から立候補して当選。その後も三選をはたしている。こうした事情もあり、同校生が早稲田大学をめざ

したり、前述した早稲田大学通俗講演会が開催されたわけである。[42]

一方、埼玉英和学校出身の在京学生は母校や地域のために連携や協力をすることも怠らなかった。前出『学之力』によれば明治二三年二月一七日より、元同校教員の杉山文悟が首唱して、不動岡中学校・埼玉英和学校出身の出京遊学者による一種の茶話会というべき「尚友会」が設立され、親睦と後進学生への便益につとめている。

また、同誌によれば、明治二五年頃、東京において修学している埼玉県出身学生は「埼玉学友会」を組織した。目的は学事の奨励と学生の弊風矯正であり、夏季休業中は幻燈機を携帯し、県下を巡遊するという。そのメンバーに埼玉英和学校卒業生が含まれることは予想できる。

さらに明治三七（一九〇四）年には同校（当時は埼玉中学校）出身の関根善作・高橋隆造の二学生が中心となり、母校や在京生のために「東京不動会」を組織した。その会合には母校から代表者が特派されるが、他日は『東京不動会誌』を発行したいという。[43] このように、年々増加する在京修学生らは地域や母校と結束して連携・交流をしたのである。

以上、同校生徒が進学、そして東京をめざす状況と要因をさぐってきたが、こうした大学関係者の来遊あるいは卒業生らの協力・交流といった外的要因が、同校の教育や生徒の進路選択上、影響を与えたことは確かである。

ここで、明治四二年八月一一日付の『関東新報』が報ずる記事（「黙然翁の建議」）の一部を紹介する。[44]

中学校は高等普通教育を施す所なりとは文部省の下せる定義なりと雖其実際は高等なる専門学校に入る予備門たらざるもの殆んど皆無なり

今や地方・地方中学校は中央・東京の高等教育への進学機関としての道をたどるとともに、修学者もそれを求めるようになったのである。

(4) 卒業後について

問題は同校、そして進学先専門学校卒業生がどこで、どのような職業などに就いたのかということである。このことに関する資料はきわめて少ない。そこでやむをえず、前節で使用した『五十年史』掲載の名簿により概況を列記してみる。同誌の発行が昭和一一（一九三六）年一一月であるので、調査はその頃のものとしてよい。明治期卒業者は四九四名であるが、死亡者（一〇三名）の住所は記されていないので残りの三九一名について追うこととした。その結果は以下の通りである。

(a)　県内在住者は二一八名、半分以上を占める。

(b)　内、加須地域は五九名である。

高等教育機関卒業者の場合は二一二名記されているが、死亡者を引くと一〇九名である。

(a)　これらのうち、県内在住者は六八名と多い。

これらのことから、同校卒業者の多くは少なくとも県内に居住し、生業を得た者が少なくないことも分かる。この要因は東京など中心地との距離も大きく関係していると思われる。

資料5『加須市史』(人物誌)収載埼玉英和学校卒業者の一覧

氏　名	地区	生　没	学　歴	職　歴
若林金蔵	加須	明治10・11・24〜 昭和50・5・28	加須尋小→英和	製糸会社創立等
野村保之輔	〃	明治19・1・22〜 昭和50・5・28	埼中	自動車会社々長等実業家
矢島保	〃	明治19・3・10〜 昭和23・5・8	埼中	父・民権、町議、銀行頭取
関口茂忠	〃	明治26・4・17〜 昭和49・11・18	埼中	市長
湯橋将三	不動岡	明治19・7・20〜 昭和46・5・29	埼中中退	町長、県議
峯岸貞次	〃	明治34・4・24〜 昭和28・4	埼中→早大	教員、町議
網野六治	三俣	明治19・6・25〜 昭和23・11・27	埼中→早大	無尽創立、村長
堀江専一	〃	明治18・7・21〜 昭和37・5・25	埼中→四高・二高→東帝大	村長
梅沢慎六	〃	明治20・3・26〜 昭和40・11・6	埼中→早大	証券事業
松永伊代	〃	明治27・8・20〜 昭和30・11・17	埼中	村長
宝月福太郎	礼羽	明治5・9・5〜 昭和21・10・14	小→埼中	校長
高橋寅松	〃	明治11・7・31〜 昭和21・11・3	埼中	村長
鎌田和一	〃	明治22・8・31〜 昭和43・10・11	埼中→早大	村長、県議
中山正一	大桑	明治8・4・25〜 昭和32・5・16	埼中→東京専門→幸魂教舎	村長
大越柔郎	〃	明治16・6・20〜 大正5・10・16	埼中→早大	村議、県議
田島耕作	水深	明治12・1・10〜	英和	陸軍中隊長、村

		昭和 22・10・16		議
神田源七郎	〃	明治 18・10・20〜 昭和 14・10・1	埼中→東京高商	埼中教員
神田親太郎	〃	明治 20・11・20〜 昭和 5・12・14	埼中→機関学校→海大	銀行重役、海軍機関大佐
小林辰蔵	樋遣川	明治元・7・29〜 昭和 18・11・7	明大	村長、県会議長、埼中評議員
鳥海茂市	〃	明治元・8・19〜 昭和 22・4・9	不動岡羽生中→埼玉師範	小学校長、村長
田口弥惣次	〃	明治 5・10・15〜 大正 14・5・5	英和→慶應義塾	村長
斎藤与里	〃	明治 18・9・7〜 昭和 34・5・3	樋遣川尋小→埼中→聖護院洋画研究所	日展評議員、名誉市民第1号
田辺喜太郎	〃	明治 25・2・12〜 昭和 39・3・29	埼中→埼玉師範	教員、村長、県議
小花穀一	志多見	明治 26・9・21〜 昭和 22・8・15	埼中	村収入役
赤坂成	〃	明治 24・6・28〜 昭和 40・11・28	埼中→早大	村長
榎本洋進	大越	明治 23・1・27〜 昭和 38・3・15	埼中→明大	村長
増田道太郎	〃	明治 24・11・9〜 昭和 14・12・9	埼中→千葉医専	医院、村長

注：『加須市史』（別巻人物誌、加須市、昭和59年3月）による。対象は明治期就学の者のみ。

次に『加須市史』の『別巻　人物史』(45)を用いて明治期における埼玉英和学校卒業者を摘出することにより、資料5のように一覧化してみた。かなり多数の人物を選択、調査した同書は、むろんこの種の編纂にありがちないくつかの問題点はある。しかし、それでも同校卒業生に関する卒業後の動向について、一定の傾向を知りうるので、箇条書でまとめてみる。

(a)　埼玉英和学校卒業者の多くは地域で就業し、やがて村長・議員等、地域指導者となる。まさに設立当初、同校がめざした地域「中人」以上の教育が生かされた。

(b)　出京し、高等教育を学んだ者は、その後は東京などにおいて活動する場合もあるが、予想以上に地域にもどり、リーダーとなる者も少なくない。また退職後、帰郷し、活動する者もいる。こうしたことは東京とさほど遠い地域ではないということも考えられる。また彼らのもつ地域への意識をも検討しなければならない。

しかし、以上のことについては直接資料を用いたわけではないので、今後精査をしていかねばならない。

おわりに

本章は大体明治の中期から後期、すなわち近代日本の教育において中等教育が実質的に始動するとともに、急速に確立をめざす時期を対象とした。その段階では完全な中等教育確立とはいいがたいが、ほぼ方向性を定めたといってよい。そのような中等教育を考察することは、前後に位置する初等教育や高等教育の研究に資するだけではなく、両者間の教育機関（おもに地域の初等教育と中央の高等教育）としての役割を解明することとなり、ひいては日本の近代教育の特質をも見定めることとなる。

こうした研究は主に教育学の立場から進められてきた。そして近年では、そうした中でも地域を対象として考察を試みる研究も見うけられる。しかしまだまだ地域というよりも中央以外の所という観念に基づくものが多い。

果たして本章がそれを乗り越える論考となったかはともかく地域民、およびそれを取りまく背景や条件あるいは構造を基軸に、具体的には資料に基づくところの地域史・地方史という立場を念頭に置きつつ検討した。その調査研究上の対象の地域は埼玉県北東部、北埼玉郡、とくに現在の加須市、学校は埼玉英和学校（現埼玉県立不動岡高等学校）である。

ただし、本調査の過程で対象とした学校では歴史的資料の保存がほとんどなされていないこと、あるいはかつて行なわれた自治体史編さんが終了後、資料保存の体制が図られなかったこと、関係者に絶家が少なくなかったこと等々、悪条件が重なった。しかし、自治体史編さんの際、悉皆調査がなされたこと、学校記念誌が刊行されていたこと、当事者の筆による詳細な学校沿革誌が現存したこと、近隣の地方史研究者の協力をいただいたこと等々により研究を継続することができた。

地域史・地方史という観点とともに重視したのは高等教育史、とくに大学史の分野である。「大学史と地方史」という課題を掲げ、中央と地方の相関解明することにより近代日本およびその教育の特色を探求しようとする筆者にとって、地域・地方における中等教育の存在を欠くことはできないと思ったからである。

以上のような観点と方法によって調査研究を進めた。各章ごとに大体の小括をしてきたので、ここでは現時点で知得できたことを箇条書にする。

(a) 加須地域は農村地帯であるが、近世後期来、地場産業の発達、舟運の活況等々により地域の中核的な存在となる。それにより寺子屋・私塾等の庶民教育機関、あるいは和算、剣術等もきわめて活発化する。

(b) そのことは明治期に入っても同様であり、地域の指導者を中心に、先進的な文化人・政治行政家が輩出される。その典型的な現れは自由民権運動である。

(c) 彼らはすばやく学校設置策に反応し、地域人士の育成、それによる活発化を図った。具体的には埼玉県の講習学校や郡立学校等の誘致と経営参画である。

(d) しかし中学校の重視と強化をめざす文部省の「一県一中学校」政策の影響により、県内中学校は全廃してしまう。

(e) 以後、自由民権を中心とする県会議員と文部省の意を受けた県知事の思惑の相違、さらに利権に基づく各地の誘致の運動と対立などにより、埼玉県内公立中学校が皆無という状態が続いた。

(f) この間、わずか県内で中等教育を担ったのは、北埼玉郡、とくに加須地域民が前身校を改編して設置した私立の埼玉英和学校のみであった。

(g) 一方、県民はさまざまな立場がありながらも、中学校設置の要望は日に日に強くなった。その声はさらに公立中学校設置へと高まっていった。

(h) 自由民権運動のリーダーら地域民により、地域および地域民のために中等教育に孤軍奮闘していた私立埼玉英和学校はひたすら経営・維持安定のために、文部省認可の道をとった。ところがそれは伝統精神・特色を失う、いわば身を切るようなことでもあった。そして結局は見返りに文部省認定、県郡費の補助を得ることとなった。それでも近隣に県立中学校が設置されるなどの影響を受け学校の財源確保・経営安定化には必ずしもつながらなかった。

(i)　同校は不安定でありながらも進学路線、つまり高等教育機関への予備的性格により、存在感を得るとともに、中学校としての役割を担うことになる。

(j)　だが、さまざまな家庭の事情はあろうとも地域の多くの者が入学すること、すなわち地域の学校としての性格はなんとか維持していた。また交通利便化のため地域外の者も増加していった。

(k)　また進学者の増加は、東京の大学による通俗講演への来訪、あるいは卒業後の出京在学生との連携という外的要因にもよった。

(l)　このように地域をリードする同校、それを支える指導者たちは一面、政府が主導する地方改良運動を維持することともなった。

(m)　意外にも同校卒業生は、地域（埼玉県内）に帰郷、指導者として活躍する者が少なくなかった。

(n)　だが慢性的財政難、近隣公立中学校の新設に加え、同校の公立的変容はついに県立移管に帰結させることとなった。

最後に、(m)で指摘したことは東京にさほど遠くないという距離的なこと、その一方地域高等教育機関が存在しなかったことなどが関連していることと思われるが、今後の大きな研究課題である。また帰郷後、地域の中で具体的にどのような活動をしたのかということも検討しなければならない。

注

（1）「校友が創った学校（その1）」『明治大学歴史編纂事務室報告』第十九集、明治大学、平成一〇年三月、「校友が創った学校（その2）」『明治大学歴史編纂事務室報告』第二十一集、平成一二年三月。
（2）『日本教育史研究』第八号、日本教育史研究会、平成元年八月。
（3）東京大学出版会、平成四年一月。
（4）未来社、昭和四〇年一一月。論文としては、国家主義教育の早い定着を旧士族の国家主義政党・学校に求めた「明治時代における国家主義の一源流――熊本の紫溟会と済々侏の関係をめぐって――」（『京都大学教育学部紀要』Ⅵ、京都大学、昭和三五年一二月）などがある。
（5）梓出版社、平成一八年七月。平成元年発表の紀要論文を集成したもの。なお、同氏には、同書刊行以前に『日本における中学校形成史の研究〔明治初期編〕』（多賀出版、平成五年二月）がある。
（6）有信堂、平成三年一二月。
（7）埼玉県北埼玉郡役所、大正一二年三月。
（8）『加須市史』通史編、加須市、昭和五六年二月。
（9）埼玉自由民権運動研究会『埼玉自由民権運動史料』埼玉新聞社、昭和五九年一二月。
（10）同前書。改進党は一六二名であり、内、北埼玉郡は八名。改進党は地方自治を政策として掲げ、県会議員を組織したという。なお、前掲荒井論文によれば同党員は年齢は自由党より低く、経済的には中下層中心という。
（11）前掲書『加須市史』通史編。資料編Ⅱも参照。
（12）『新編埼玉県史』資料編25、埼玉県、昭和五九年三月。
（13）例えば明治一三年九月三日の通見社員による会合は新井楼、同一二年一〇月一日の埼玉倶楽部北埼玉支部の発会式は総願寺で行なっている。

(14) 寺子屋・私塾のデータは『埼玉県教育史』第一巻、埼玉県、昭和四三年三月。

(15) 新井朝定編、明治二一年四月。

(16) 埼玉県立不動岡中学校、昭和一一年一一月。

(17) 埼玉県立不動岡高等学校、昭和六〇年一一月。

(18) 『埼玉大学紀要』第三五巻増刊、埼玉大学教育学部、昭和六二年三月。なお引用資料として『私立和英学校起原誌』(手書き)ではなく、「私立和英学校起原私記」(活字版、筆者未見)によっている。

(19) 以上、前掲『五十年史』、『百年史』、『起原誌』、『起原私記』による。筆者所蔵。

(20) 『六十年史』、創立六十周年祝賀協賛会、昭和二一年一一月。

(21) 坂東太郎「専門学校タラシムル勿レ」『埼玉教育雑誌』第四一号、埼玉県教育会、明治二〇年二月。

(22) 埼玉私立教育会。

(23) 開発社。

(24) 『六十年史』。

(25) 埼玉私立教育会。

(26) 資料はやや後になるが、『武総新報』第三八号、明治三七年一一月一五日付、『関東新報』第一一二号、同四〇年一一月二一日付、第一七九号、同四二年一一月二一日付。

(27) 発行所は元北埼玉中学埼玉英和学友倶楽部事務所。

(28) 発行所は『学之力』に同じ。

(29) 「御願」、埼玉県立文書館所蔵。

(30) 『五十年史』「私立時代の思出」で卒業生鴨田清俊は、これらのことについて、文部省参事官の「御指導と御注意があった」と述べている。
(31) 文部省文書課午専甲三三五号、埼玉県立文書館所蔵。
(32) 埼玉私立教育会。
(33) 『埼玉教育雑誌』第八七号、埼玉私立教育会、明治二三年一二月。
(34) 同文書について、細田誠氏御教示。
(35) 『埼玉教育雑誌』第一八四号、埼玉私立教育会、明治三一年一二月。
(36) 行田市樋上、岡村文家所蔵。
(37) さらに明治三六年四月一三日加須・川俣間、同四〇年八月二七日には川俣・足利町と順次開業させた。
(38) 『新編埼玉県史』資料編25、埼玉県、昭和五九年三月。
(39) 埼玉私立教育会。
(40) 『関東新報』明治四一年一〇月一日付。
(41) 『関東新報』明治四二年四月一日付。
(42) 掘越美恵子「花あかり――掘越寛介風聞記――」『八潮市史研究』第一一号、八潮市立資料館、平成四年三月。
(43) 太田守男「東京不動会より」『校友会報』第一号。
(44) 黙然翁とは、同記事によれば、同社浦和支局の「後見役たる」近藤圭三のこと。
(45) 加須市、昭和五九年三月。

六　学校建築の歴史的研究

はじめに

建造物は単なる鉄やコンクリートなどの塊による空間というだけのものではない。それを建築する契機・経緯からはじまり、工事の経過、あるいは完成後の利用状況、さらには諸々の事情による改修・改築の必要、といったようにさまざまな歴史がある。いわば、その時代・社会を反映するものである。さらにいうならば、その建造物は人々が「より良さ」を求めて生み出し、利用したものである。と同時に、われわれはその建造物によって育まれてきた（少なくとも影響を受けてきた）ということもできる。シンボルとされ、また駿河台の名物とされてきた明治大学記念館はまさにその典型的な存在といえよう。

その明治大学記念館について、以下、次の順序で追ってみる。

(1)明治法律学校（明治大学の前身）創設以降、キャンパス内に「記念館」という建築物が登場するまで

(2)学内に初めて「記念館」が出現するようす
(3)次の記念館（いわゆる二代目記念館）が再建されるありさま
(4)関東大震災から復興した記念館（いわゆる三代目記念館）について

以上のように明治大学の記念館について、時系列で追った場合、四つに区分できる。そのうち本章では三代目記念館のことが主題になる。

次に、そうした時間よりも、空間（場所）にスポットを当てて、記念館（三代目）を素描する。この場合は、次のような角度から映し出してみたい。

(1)内部について
(2)外部について
(3)周辺から見たようす

最後に時（時間）と場所（空間）の複眼で三代目明治大学記念館を、次の二点について追う。

(1)完成前後の人々の期待と使用規定
(2)その後の利用の実態

なお、本章では明治大学記念館（三代目）とは本館中央部を指す。時としてはその二階以上を記念館とし、一階は別扱い（例えば「銃器室」）をする時期もあったが、ここでは存立約七〇年間の圧倒的多くがそうであったように全階を対象とする。だが、場合によっては広義に解釈して本館全体を対象とすることも例外的にある。

1　明治大学記念館の誕生

(1)　開学以来のキャンパス

明治法律学校は明治一四（一八八一）年一月一七日に岸本辰雄・宮城浩蔵・矢代操によって開校した。その場所は東京府麴町区有楽町三丁目一番地（現在の銀座数寄屋橋付近、「明治大学発祥の地」記念碑立地）旧島原藩邸上屋敷（旧藩主松平忠和所有）である。「迅速二万分一東京近傍　麴町区」（明治一九年）では、数寄屋橋の所に黒いマークが認められる。この屋敷を借用していたのであるが、問題は約四〇〇〇坪の屋敷の内、明治法律学校が借用していた約三七三坪とは、どの部分であるのか、ということである。当時、生徒であった人たちが後年、『明治大学駿台新報』（昭和八年一二月二日～同九年三月三一日）の座談会において語っていることをまとめると、奥書院が横長の大広間になっていたので、ここを「講堂」に決めたという。奥書院というから当然、門（当時は黒塀のある西洋式）から入って奥まった所にあった。当時、講堂というと教室のことを指す場合もある。その意味ではそこは講義のための最も大きな部屋ということであったろう。だが講堂は、本来は儀式や行事、あるいは講演・演説等を行うところである。そのことからすれば、この部分はのちの明治大学記念館的な存在・源流であると思われる。最も知りたいのはこの講堂も含めた数寄屋橋（有楽町）校舎はどのような間取りになっていたのか、講堂では具体的には何をしていたのか、ということであるが、この点は今後の調査を待つしかない。

この校舎は諸般の事情により、明治一九（一八八六）年一二月一一日、神田区駿河台南甲賀町一一番地にキャンパスを移した。校地は借用であり、また莫大な借金を抱えることとなったが、新築、かつ自前の校舎を所持することができた。この南甲賀校舎の間取りは開校当初にはなかった「出版部講法会　明治法学会」、「第三講堂」を、明治二二（一八八九）年に玄関横に増築している(1)。ところで、教室に相当する部分は第一〜三と番号付けをされた「講堂」である。とすればこの段階でも、講堂（儀式等のためのもの）は教場と明確に区別されていないことが分かる。年々、学生数が急増してきたこと、当時の授業は講義に基づく筆記の形式が中心であったので、中規模・大規模の教室が必要であった。そして、その間、必要に応じて学校の行事や儀式のために講堂（第一〜三、普段は教場）を使用すればよかった。まさしく大は小を兼ねる典型である。つまり、初期明治法律学校においては記念館と称する独立した建物や単独の部屋はなく、「講堂」という部分が普段は教室に当てられ、必要により儀式や行事の場にされていたといえる。

なお、以下、明治大学記念館は「記念館」と記す。

⑵　創立三〇周年・移転・初代記念館

明治四〇年代になると、かつては恒久化をめざした南甲賀町キャンパスも移転を考慮せざるをえなくなった。その理由や経緯について、ここではふれる余裕はないので、極力、記念館に関するそれに限定する。移転場所は南甲賀町校舎と道路をはさんで西側、現在の校地（駿河台）である。この地は江戸時代には旗本の中坊家の屋敷であったが、明治になると小松宮邸となっていた。もう少し、詳細にいえばのちに本学が移転する場所は同邸宅の跡地であり、明治三七（一九〇四）年頃には東京電気鉄道株式会社の車庫があった。しかし、一年後、ポーツマス条約反対の焼き打ちにより消滅し、明治大学（専門学校令下）が運動場として小松宮家から借用していた。

新築工事は明治四三（一九一〇）年六月に決められた設計に基づいて始められた。その費用は「明治大学移転新築費概算書」（明治四三年）によれば総計八万六六九〇円である。同資料において、まず注目すべき所は第七号館である。構造は煉瓦造二階で、面積は間口一二間、奥行九間、二一六坪であり、この二階部分が「記念大講堂」とされている。この七号館の建築予定経費は二万七五〇〇円が見込まれている。いずれにしても、この時点で明治大学建築史上、初めて建物に「記念」という名称が用いられたのである。何を記念するかといえば、当時、創立三〇周年とそれにともなうキャンパス移転のことである。その結果、この建物は同四四（一九一一）年一〇月にはほぼ完工した。新校舎の配置図とその内訳書である明治四四年「明治大学校舎建物区別・明治大学校舎建物一覧」によれば、この館は大体予定通り工事されたが、間口は一三間、建坪は三一〇・八坪と広がっている。そして、一階は玄関・器械標本室・商品標本室・会食所・客室、二階は記念大講堂と控室とされた。この面積と室の数と種類から単に学生数が増加していることだけではなく、いかに学校の機能・役割が多様化・多角化していることが読み取れる。なお、この時の配置図等によれば、第七号館は「第八号館」とか、「第八号館　記念講堂」と記されている。だが、同年一〇月刊『明治大学史』によれば、同年六月にこの建物を「記念館」と称することとしたとある。このことからすれば、恐らく本来、公的には「第八号館」とし、いわば通称として「記念講堂」、あるいは「記念館」としたのであろう。このようにして「帝都の中心なる駿河台に於て最も幽邃の地域を占める。明治四四年八月一九日付の『中央新聞』によれば中央部に記念館が落成したとある。

ところでこの建物を建立するにあたってきわめて注目すべきことがある。それは前出新聞記事に「(この記念館は)同(明治)大学出身者及学生の寄付に成れり」ということである。確かに明治四三年七月「明治大学建築資金募集趣旨」という資料に中には学生委員の名が含められている。ということは、この初代記念館建築に当たっては学生による募金活動による度合いが少なくなかったということになる。後述するように三代目記念館建設の募金の際も学生が活躍したことは有名であるが、そのようなことはすでに初代記念館建設の時になされていたのである。学生によるそのパワーは何であろうか。四科を持つ学校となり、いよいよ専門学校ではない大学令下の大学へ昇格をめざす(学士号取得)勢いであろうか。

以上のような大規模な校地移転・校舎新築は明治四四年一〇月に概ね完了した。そして、この移転・新築と創立三〇周年(それゆえに大事業の目安の時期となった)を祝い、同年同月一四日、式典を大々的に催した。その式典において校長岸本辰雄の挨拶に次いで、学監木下友三郎が学事報告をしているが、その終わりのほうで記念館についてふれている。(2)ただそのスピーチで、この記念館は粗末云々、というくだりは本心ではない。木下は後年、記念館新築当時の岸本辰雄の丁寧な使い方について、「五〇周年アルバム集」で回顧している。こうしたことから、新築なった明治大学全校舎のなかでも記念館はとくに重んじられていたことが分かる。それもそのはずである。何しろ三〇周年・校舎移転を記念して建築総予算の三分の一を投じて、ほとんど中央部に建立したからである。この記念館に大学のプライド・関係者の協力心・今後への希望が集約されていたといっても過言ではない。そして前出趣旨書ではこの記念館こそ「永久の記念となさんことに決し」たのである。

2　記念館の再建

(1)　記念館炎上

ところがその五ヵ月後、すなわち明治四五（一九一二）年三月五日のことである。当日、この記念館では午後五時から東京市の講演会が開催され、九時すぎには終了した。しかし、午後一〇時半頃のことであった。明治大学の南隣に住む永井龍男（兄は明治大学商業学校在学中）は『東京の横町』で「十九世紀のヨーロッパの古い町の同業組合の建物をおもわせる」明治大学記念館が「なんだかブロードウエイでいいミュージカルをみたような上等な火事」となったと綴っている。この記念館火災について、当時、出火原因等について、さまざまな流言や飛語があったが、『明治学報』（第二六号）によれば、一階貴賓室と会同室の間に置かれていたストーブはすさまじい勢いで燃え広がり、火勢は隣接する中学校舎（建設中）と七号館にも及んだ。しかし、消防隊等、関係者の必死の消火活動により翌午前一時に鎮火した。記念館は灰燼に帰した。焼失総坪数は約六〇〇坪。大きな衝撃が走る中、関係者・校友・学生らはさっそく片付けにとりかかったり、見舞い客の応接に当たった。先月来、病床に伏している校長岸本辰雄に報告することは苦痛であったというが、なされた。それをうけた岸本校長は翌朝、無理を押して登校し、関係者と復興対策を練った。その結果、中学校の復旧は四月開校前までとし、記念館の場合は一〇月までとした。

(2) 二代目記念館

設計から工事業者、予算等については明治四五年三月七日付の『中央新聞』で大概を知ることができる。それによれば設計は工学士星野男三郎、建築工事は請負業島崎清次郎に依頼した。建築費の工面は焼失した建物が保険に入っていたことが幸いしたが、それだけでは不足のため、それまで蓄積してきた基本金を一部流用した。当時の写真によれば、工事は順調に進められ、一二月には完成の運びとなった。このいわゆる二代目記念館は初代のものに極似している。というよりも、前の記念館を踏襲したものであった。したがって、今日、両者を区別する際は、初代記念館の屋根は西洋切妻を中心に左右に小さいドームを配したものであり、二代目のそれは円形ドームを中心に左右に三角錐を突起させたものとしている。ただ、再建に当たり旧建物に比し、規模を増大しようとする方向性があり、結果として前のものより「十二坪を増加し、且つ失火に鑑みて設計に変更を行つた。其の偉観に於いて旧に優るものがあつた」(3)というから、規模や内部は異なる部分もあった。

初代記念館の炎上は施設・設備だけではなく、さらに大きなものを失うこととなった。それは創立者であり、現職校長である岸本辰雄が火災から一ヵ月後の四月四日、職員会議のために出勤途中、電車の中で卒倒し、帰らぬ人となったのである。直接の死因は脳貧血であるが、「校務に熱心なる余り屢々医師の言に反いて出勤し、其の静養を妨ぐること尠からざりし」(4)ことから察すると火災の処理と学園再建の過労が重なった結果といえよう。

ところで、この二代目記念館は大正時代を生きてゆくことになる。この時代は政府や軍部を中心として国家の再編成や軍備の拡張が推し進められた時期である。しかし、一方、知識人や大衆を中心としてデモクラシーが吹聴された時期である。この二つの波は確実に明治大学にも押し寄せて来た。

大正八年頃のある記念写真一葉が遺されている。それは本学に社会運動家大山郁夫を招き時局講演会を行なった際、記念館前で撮影したものである。人物のうしろには「時局講演会入口」の案内が出されている。なお、のちに唯物論者を標榜する日本史家渡部義通らは明人オーロラ協会を設立し（大正九年秋）、記念館でしきりに熱弁を振るった。大正九（一九二〇）年一二月一一日付の『東京朝日新聞』の記事によれば大正九年一一月三〇日に記念館で行われた学生らにより学長・学監への勇退決議がなされた。世にいう「植原・笹川事件」である。事件は泥沼化し二転二転した。学生らはしばしば記念館を占拠して学校当局と対決した。そのたびに記念館は演説や交渉の場となったり、占拠学生の籠城の場となった。ついに学生と導入警官とは乱闘になり、学生が落下した。また記念館前で撮影された白熱党の記念写真が遺されている。同党は大正六年、法学部政治経済学科の雄弁部学生により結成された学生団体である。彼らは常に「愛」、「自由」、「平等」を唱え、白熱党旗を掲げ「白熱党歌」を高吟した。ほかにもこの記念館はさまざまなことに利用された。いずれにしても、大正という時代のもつ大衆的「デモクラシー」的風潮・気概、そして躍動は新生記念館に似つかわしいものであった。

3　記念館の復興

(1)　関東大震災と復旧活動

その後、明治大学はますます施設・設備の拡充を図った。そしてついに大正九年四月には晴れて大学令による「明治大学」に昇格した。今や政経学部設立の認可を得て、三学部体制（総合大学）をめざそうという時であった。

災難は予期せぬときにやってくる。明治四五年の記念館火災は学園の大移転が大かた終了してまもなくのことであった。そして、この度は大正一二（一九二三）年九月一日、いわゆる関東大震災の発生である。地震の規模はマグニチュード七・九、震源地は相模湾の西北部であった。その被害は関東地方のみならず、静岡や山梨方面にまで及んだ。とりわけ東京府の場合は地震とともに火災も発生した。あいにく、その日は強風が吹き荒れており、火災を増幅させることとなった。それによる被害はさまざまなデータがあるが、死者・行方不明者約一五万人、負傷者約一〇万人、被害家屋約七〇万戸ともいわれている。明治大学が立地する神田区の被害はことのほか甚大であった。同区は地盤が緩く（とくに南部）、家屋の倒壊が相次ぎ、それがさらに火災を誘発し、区内の九割がたをなめつくした。当然、羅災者も相当数にのぼった。神田区の中でもとくに明治大学の南方の神保町・小川町の被害は多大であった。ところで明治大学はどのようであったのか。『明治大学学報』（第八四号）が伝えるところによれば意外なことに地震による被害は本校校舎の場合、記念館の外壁に亀裂が生じた程度であった。それはまだ校舎自体が新築してあまり歳月がたっていなかったこと、しかもそれは台地部と低地部との間に立地していたことが幸いした結果である。ところが職員による必死の防災にもかかわらず、高波のように襲いくる火炎は隣接している錦華小学校（現お茶の水小学校）から本学へ延びてきた。同資料にある焼失リストによれば建物二四棟二九六六坪余、図書六万冊の損害という。そこにはキャンパスのシンボルである記念館も含まれている。さらに「真の大学とは図書館にあり」としてことのほか収集に力を入れてきた貴重書も失われた。これらの焼失は本学にとって全くの大きな痛手であった。当時の写真には瓦礫の上に立ち、蕭然とする富谷姜伍太郎学長と藤森達二図書館長の姿がある。

ただ、不幸中の幸いは本学関係の死者が少なかったことである。『明治大学百年史』（第三巻）によれば三名とある。この数字は、近隣の中央大学の場合は学生死亡者七名ということ（『図説　中央大学　一八八五↓一九八五』）から推測して、おそらく少ない方と思われる。校友および関係者のそのほかの被害は『明治大学年鑑』（一九二六年版）によれば全焼または全壊家屋は校友五〇〇余戸、教職員二七戸、軽微の負傷者三〇〇〇余名という。

地震が発生した当日、大学は夏期休暇中であった。だが、前出年鑑によれば即日、在京学生数一〇名が駆けつけて、さっそく復旧作業にとりかかったという。また、その中心となったのは『明治大学五十年史』によれば体育会学生という。職員が招集されたのは九月五日のことであり、連日焼け跡の整理に尽力した。この間、数回、理事会がもたれ、応急策が検討された。そして、羅災から約一週間たったころ、学生有志が「何か仕事を与えてくれるやうに申し出」を学校にし、毎日焼け跡の整理に奔走した。また、一五日、校庭に在京学生約五〇〇名を集めて富谷学長が檄をとばした際も「学生中母校焼跡の整理を担任すべしと提議する者あり一同之を賛し直ちに服を脱し鍬鋤を購ひ来りて灰燼を始め午後四時作業を止む、その後特志学生数十名引き続き作業に従事することを申合せ連日作業を継続しつつあり」(5)という。記念館跡で作業をする学生の光景を撮影した写真が遺されている。彼らは知らず知らず作成された「明治大学復興歌」を歌い、延べ三八日間、汗水流して跡かたずけをした。学生の活躍はそれだけではなかった。明大学生救護団を組織し、上京学生の不安（とくに住居）にこたえたり、各サークル・団体は自らの特技を披露して、復興資金獲得に奔走した。

始業式は一三日に校庭で行われた。挨拶に立った富谷学長は大学における被害の凄絶さを報告するとともに復旧への奮励を促した。一四日には連合教授会が開催され、入学試験や授業再開のことなどが検討された。また、一五日には、校舎のことなど、それまで理事会で討議してきたことを商議委員会で承認した。このような学校理事者、教職員そして学生らの奮闘により事後処理は順調に進んだ。そして、予定通り、焼け残った校舎や借用したそれなどを利用して一〇月一五日に授業を再開した。

以上が震災復興の第一段階とすると、次は明治大学復興審議会を中心とした総合的なプランニングと実行および仮校舎の建設である。『明治学報』（第八六号）によれば同審議会の状況を報じている。また焼け跡には仮校舎が建設された。その位置や間取りは定かではないがこの一角に一〇〇〇余名収容できる大講堂が設けられた。そして、翌一月一七日にこの講堂で仮校舎竣成式を行っている。このひとコマからも察せられるように、すでにこの時期・段階では記念館（大講堂）は必要不可欠なものであった。

その後の復興事業全体に関する説明は極力、省略し、ここでは復興の概要を一瞥する程度とする。「復興計画には「大ホール」の計画があり、これがのちの記念館に直接関係するところである。「復興概算書」には復興計画の資金関係が記されている。それによれば講堂には　五万円が当てられている。だが、それにしても資金の捻出には苦慮したようである。そうこうするうちに新校舎の図案も公にされてきた。また大正一五年二月『明治大学学報』第一一二号には平面図が、翌月の『明治大学駿台新報』には正面図が掲載された。さらにその八ヵ月後の大正一五年一一月二〇日付の同紙には「本館完成予想図」が示された。

ところで、前出『明治大学学報』第一一二号にはいたく気に懸かることが記されている。すなわち、この復興計画は当初からキャンパスの小平移転が問題とされていた。(6) この一件は『明治大学年鑑』（一九二六年版）が語るように大学経営上、芳しいことではなかった。さらにもうひとつ、大きな学内問題が起こっていた。それは大正一三（一九二四）年冬から始まったいわゆる「お家騒動」である。すなわち法学部教授会と理事会を中心とした法学部長のポストをめぐる対立で、その余波は校友・学生にも広がっていた。結局はいったん辞任した横田秀雄学長（大正一三年一一月に富谷学長をうける）が復職、同学長が辞任した四名分の理事を指名するという形で、同一四年四月二二日に解決した。この事件について、『明治大学年鑑』（一九二六年版）は「之れに依って母校復興に参ずる人々の間に生まれた感情のもつれは、やがて溝となり、今後此種問題頻発を予報せるが如くである」と「この一年　回顧と批評」欄に明記している。また大正一四年九月一二日付の『明治大学駿台新報』は「昨冬より今春に至る数カ月間少々お家騒動より世人の注目さへ引くにいたり。ために、復興事業を遅々として進まざる」状況であったと報じている。

いずれにしても、新体制の下、復興の第一期工事（予科一号館）は大正一五（一九二六）年三月二日に起工された。その第一期工事は八月三一日に竣成した。続いて一二月二日には第二期工事（大学一号館）に取りかかり、昭和二（一九二七）年八月三一日に終わった。

(2) 復興記念館（三代目記念館）

記念館が学園のシンボルとなることは、すでに初代・二代のそれで経験したことであった。しかし、今回の記念館建設は一時は廃校かという巷の声をくつがえす、そのあかしとなるものであった。記念館は連結した各校舎の中央部に位置し、きわめて目に付く存在であった。まさしく復興の目玉的存在であった。

さらに、前出の予想図等の記念館の部分に目を凝らすと大正一五（一九二六）年三月のものと同年一一月のそれ、そして昭和二年八月のものとは全く異なり、当然、後のものほどやがて完成するものに近くなる。このことは当然の経緯かもしれないが、このことからも関係者の意気込みと期待のほどが伺える。

このようにして、記念館建設のボルテージはますますあがったようである。大正一五年一〇月一六日に開催された商議調査委員会では、第六期に予定していた記念館新築を第三期に繰りあげて、すみやかに工事にかかるとした(7)。

商議委員会第三期建築調査委員会が実質上の核となり、工事・予算などのプランを立て、商議委員会で承認をとりつけていった(8)。

昭和二年六月二五日付の『明治大学駿台新報』も記念館の記事を大きく扱っている。同紙は「記念館いよいよ七月中旬起工」と見出しをつけ、続けて高さ八六尺、六階のわが明治大学殿堂は帝都の偉観となるであろうと述べ、最後に他の大学の建築物より立派なものになるであろうという学長の談話で結んでいる。なお、この記事にはほとんど確定的な完成予想図が付せられている。またこの予想図は『明治大学学報』(第一二九号)にも綴じ込まれている。同誌は学報欄で「第三期建築工事彙報」と題して入札の経過を報知している。それによれば競争入札により入札額最低の大倉土木株式会社(現大成建設)が請け負うことになり、七月二五日に契約を締結したという。また工事概要については次のように記されている。

坪数……建坪二七九坪六一三、総坪数一二七一坪九・九、建物高……般軒高五三尺、六階丸屋根高八六尺、各階用途と坪数……地下室―下足場約二〇坪・一階玄関ホール約二五坪、事務室約四坪七、カタログ室約一二坪、新聞雑誌室一九坪五、閲覧室一一三坪五、第一書庫二五坪、図書館事務室約四坪、階段廊下その他三二坪九一三・二階―ホール吹抜約二五坪、休憩室七坪、便所化粧室五坪二、大ホール一三五坪、ステージ二〇坪、廊下階段八九坪一五六・三階―貴賓室約二五坪、控室約五坪、便所化粧室約五坪二、大ホール約二四五坪六五八・四階―食堂約　九坪、控室約六坪、ギャラリーと廊下二一七坪五五九・五階―研究室約三五坪、廊下その他約一二坪・六階―研究室一八坪、廊下その他二一坪二八三、工事完成期……昭和三年三月一三日

　このようにして見てみると記念館は講堂を中心としつつも実に多くの種類の部屋があり、さまざまな機能を有していることがわかる。つまり講堂の面積・規模の拡大とともに、この機能・用途の大々的な多種多様化もこの記念館の大きな特色といえる。

　工事の仕様については昭和三（一九二八）年七月一五日の大学工事部による「明治大学復興第三期記念館新築仕様書」（概要から基礎工事・建具工事までと五〇種の図面）によって分かるが、ここではスペースの関係上、省略する。

　この頃、設計・建築担当の大森茂技師（高等工業学校卒業）は『明治大学駿台新報』記者の訪問をうけ、設計模型の前で談じている。彼は記念館の建築設計は自分の一生の仕事だと意気込みをみせ、さらに建築様式としてグレコローマン・奈良平安式導入の理由について、西洋建築の直輸入では向上している日本人の自尊心を傷つけるものであるからと述べている(9)。いかにも欧米列強に伍し、ますます世界へ進出しようという当時の機運を反映している。問題は「奈良平安式」の実態であるが、そのことについてはのちに述べる。

　なお、参考までに記しておくと、横田秀雄学長はこの七月、定年を機に大審院判事をやめ、学長職に専念することを決意した。それは目下とりかかっている記念館建設を全うし、さらには図書館などの建築をしなければならないと感じたからである。

　建築予算三七万三〇〇〇円という大工事は順調にすすめられた。当時の写真には地盤工事をしているようすが写されている。また冬季（冷凍期）を前にして基礎部分のコンクリート工事を急いだり、やがて頂上部のドームの鉄骨を組んでいる写真も遺されている。こうした関係者の努力により、記念館は予定通り翌年三月に完成し、まもなく祝賀式典がなされた。

(3)　学生のパワー

記念館の意義と設立の声の高まりについてはすでに前節で述べた。それがゆえに工期も第六期から第三期へと繰り上げられたのである。このように記念館早期着工に熱気が高揚していたとはいえ、学内ではきわめて現実的な問題を抱えていた。それは昭和二年六月二五日付の『明治大学駿台新報』にある学長談話から一見できる。つまり記念館は校舎などと違って寄付を篤志家に仰ぎにくい。かといって本学の財政は苦しい、ということである。さらに続けてこのたび学生がこの記念館建設を引き受けてくれることになり、喜ばしいと述べている。

そこで、以下、学生による記念館建設云々について、迫ってみる。既述したように震災による仮校舎の中にも大講堂などは設置された。しかし、これはあくまでも臨時の施設であった。しかも、この講堂は全学的な集会のためには不便であった。例えば盛況であった専門部による学生親睦会「明治三科大会」は大正一三年一〇月一二日、上野公園の自治会館で開催された。[10]

このように大正期の明治大学学生は自らを表現する場を必要としていた。『明治大学校友百年の歩み』（同大学校友会）によれば学生による講堂建設運動はかなり早い時期からあったようである。それが一時、予科校舎増築運動により沈静化していた。しかし、大正一五年四月頃、専門部政経科三年生を中心にして再発し、続いて法学部政治学科三年生もそれに呼応した。このことの契機をより詳しく知るためには同資料にある加藤五六学友会総務委員長（当時）の回顧談は参考になる。すなわち、大正一四（一九二五）年頃、横田学長から学生による記念館建設募金を依頼されたという。つまり学校側の呼びかけが学生の記念館建設運動に火をつけたということである。

ところで、なぜ専門部では政経科、学部では法学部政治学科の学生が中心となったのであろうか。このことについては大正一五年五月一日付の『明治大学駿台新報』は明解に述べている。それは大正一四年七月二八日前後だからである。つまりめざしてきた政治経済学部の独立が実現してまもなくの頃だからである。すなわち彼らには勢いがあったのである。

さて、学生による記念館建設運動はその後、どのように進められたのであろうか。まずは、大正一五年六月一六日付の『明治大学駿台新報』を繙くと、六月二二日の学友会第一回委員会において新役員の選挙が行われており、その結果、議長に加藤五六（前出）が当選している。学生の有志らは夏期休暇中も記念館建設運動に奔走した。秋になると運動はまた活発化し、総務部総務委員会が九月二八日に、新設された記念館に関する特別の調査委員会が一〇月四日に開催された。後者の委員会に出席した横田学長らに大学側の現況等について質問をしたり、学生の負担金額について具体的に議論をしている。そして次回（同月二一日）の調査委員会では在学生年額一人当たり一五円宛分納とした[11]。

一方、予科は同月八日に予科全委員会を開いている。ただ、ここでは募金の趣旨には賛成しつつも、さまざまな意見をかわしたが負担額では結論にいたらず[12]、翌月一一日の同委員会で一ヵ月一五円説が採択された[13]。

同年の法・政経・商三科による第六回明治大学三科大会は一〇月二五日、神宮外苑の日本青年館で催された。『明治大学駿台新報』（大正一五年一〇月二三日付）はこの大会がやがて記念館で行われることを願いつつ、記念館建設募金を議案として提出する総務委員の談話を載せている。[14]その後、一一月一一日の全委員会において一人毎年一五円宛、三〇万円に達するまで募金という提案を可決した。[15]

予科全委員会の議事内容をたたき台に学友会総務委員会は募金額について検討をし、結局、一人年額一一円、総額三〇万円に達するまでという募金案を可決した。[16]そして一二月二一日、記念館建設に関する全委員会を開催し、(1)一ヵ年の寄付額一一円（一ヵ月一円）、(2)昭和二年四月より納付開始、(3)希望条件：学生側より建設委員二〇名を挙げること、学の独立の案、教学の刷新の件ということを決定した。

ついに翌二月二六日、以上の提案は学生大会において可決された。とくに学生大会の意義と熱気について、昭和二年三月一九日付の『明治大学駿台新報』は次のように伝えている。当日は試験期間の最中にもかかわらず、同紙によれば「二千数百名」の学生が大ホールに集まり、記念館募金について審議・可決したという。このことは校史において画期的なことであった。全学の学生が大議論の末、学校の復興・建築について結論まで導いたこと、さらにはその内容に学生の自治権の拡大に関する事柄が盛り込まれていることなど、この出来事のもつ意味は大である。その願書と議事録は昭和二年三月一九日付の『明治大学駿台新報』によれば三月九日付をもって学長に提出された。

これをうけて大学商議委員会は開催された。また、学牛は記念館建設委員を二〇名選定し、四月三〇日、学長宛に届け出た。このようにして、学生も含めた、記念館建設に関する会議がもたれたのは五月三〇日のことであった。昭和二年八月二七日付の『明治大学駿台新報』はこれまでを振り返り、学生らの行動を愛校心の結晶とたたえるとともに完成すれば一大偉観となるであろうと誇っている。

こうした学生による募金運動が万事、順調に進んだわけではない。まず容易に想像できるのは金銭醵出に対する抵抗である。これは彼らが学生の身分であること、さらに当時は恐慌の嵐が吹き荒れていたことを考慮するとなおさらである。そのことは「全明治大学八千の学徒に訴ふ！」のチラシにある「記念館寄付金即時撤廃」という文言が示している。

また、この運動がすべて学生の出資によって建築費が賄われたかのようにうけとられるが、必ずしもそうではない。例えば当時に寄付台帳[17]を括れば学校関係者・校友もまた昭和二年七月九日より記念館建設にむけて寄付をしていることをみとめることができる。

(4) 他大学の場合

次に震災復興に関する近隣大学の場合をかいまみよう。錦町の中央大学は類焼により本館校舎を失った。帰省していた学生は上京し、学校に集まった。そして教職員の指示により東京市の災害復興の労働に従事した。残った校舎の修理やバラック校舎の建設は一〇月末に終了し、一一月一日から授業を開始した（それまでの二ヵ月間の授業料免除）。そしてこれを機に錦町校地は電機学校へ売却し、駿河台へ移転を決した（『中央大学七十年史』）。三崎町の日本大学は大正九（一九二〇）年四月に大学昇格のために建築したばかりの校舎はことごとく焼失した。学校当局は池袋の東京洋裁学校と小石川大塚の日本高等女学校を借用し、仮校舎とした。また大勢の学生により三崎町の焼け跡の整理に当たった。学生らは九月二〇日に学生大会を開き、母校復興への協力を誓った。歯学科の学生は教授らに率いられて、市内の救護に、また宗教科の学生は西神田の住民調査や本所被服廠跡の追悼会に出向いていた。そして大正一二年一〇月一日より授業が再開された。なお、この焼け跡に校舎がよみがえるのは、仮校舎の場合は一一月一〇日、新築本校舎の場合は翌年二月である[18]。神田今川小路の専修大学も類焼により全校舎を失った。九月一二日、在京や近傍の学生は大学仮事務所に集まり、学校救護団を組織する旨、全国同大学学生に趣意書を送ることとした。それにより一六日に臨時学生大会を開き、復興への協力を誓い、二四日には焼け跡の整理に尽力した。そして借用した校舎（立教大学所有）で一一月一日から授業を再開したが、やがて翌年一月八日に仮校舎に移転した。同大学の場合は本格的新校舎新築のために全校友に一口五〇円の寄付を依頼し、昭和三年二月、鉄筋三階建（一部地下室）、建坪二七〇坪の校舎が落成した[19]。

このようにしてみてくると、当時、近隣の大学でも多くの被害を受けていることや学生の協力が少なくないことが分かる。明治大学の場合、学校周辺への協力については分からない。ただ、校舎、それも中核部の建築等に学生が中心となったことは特異なことである。横田学長も「学生生徒の愛校の至誠に依つて出来上がつた記念館を持つて居るのは単り我が明治大学のみであります[20]」と強調している。

(5) 復興記念式典

本来、大学は創立四五周年式典を大正一五年一月一七日に行う予定であったが、震災後のゆえに延期をしていた。だが、横田学長より記念館完成を機に、創立四五周年に重ねてそれを挙行する旨、学況報告があったのは昭和二年六月のことであった。そして同三年一月一三日には復興記念の祝典委員が委嘱され、その第一回委員会は同月二三日に開催された。復興記念祝典は四月一一日より四日間、挙行された。そのようすは『明治大学五十年史』が綴る通りである。あらましを述べると、第一日目（四月二一日）は故岸本辰雄校長胸像の除幕式で始まった。その後、新築なった記念館で式典が催され、終了後、宴会や余興が繰り広げられた。第二日目（二二日）は学生や父母保証人を招待して慰安会を行った。会場は記念館だけでは収容しきれず、仮校舎大講堂も使用した。第三日目（二三日）は記念館大講堂で「記念大講演会」と題し、近隣各町家族招待会を催した。このように記念館は復興記念祝典において多くの人々を収容し、「お披露目」を行ったのである（もっとも正式の記念館の内覧は四月一五日に行われ、校友三〇〇名が出席した）。この間、一号館四階では「明治教育文化展覧会」が開催された。その展示物は学内外のもの一二七三点におよび、観覧者は一万一七三九人に達した。

なお、このあと昭和四（一九二九）年四月二六日、本学校友により復興記念協賛会が催され、記念館講堂に創立以来の功労者の肖像掲額と永年勤続の表彰が行われた。

4　記念館の内と外

(1)　記念館の内部

さてここで記念館について、歴史的に歩みを追うことを一時止めて極力その場所（内部と外部）を紹介する。とはいえ全く歴史的な背景や経過を無視するわけにはいかないし、またすべての場所をとりあげることは不可能である。幸い前項の記念館設計建設の部分で、各階ごとにその用途を詳細に示したことがある。したがってここでは「明治大学復興第三期記念館新築工事仕様書」（昭和二年）の冒頭部分をもとに内部の概要を紹介する。その文言によれば、記念館は校舎の中央にあり、その内訳は、一階に仮図書館、二階以上に大講堂および付属室、研究室等であった。この記念館について、竣工とほぼ同時に早くも見物記が現れている。それは昭和二年三月三〇日付の『明治大学駿台新報』に「記念館を一巡して」と題して掲載されている。その記事は入口部分からはじまっている。よって本章もそこからみていく。入口上部に金色の入学徴章があり、階段がある。この階段をあがった所に創立者岸本辰雄胸像（北村西望作）が復興記念を祝して校友会より寄付され、設置された（のちに金属供出）。正面の階段の一階は木タイルが敷かれている。同階は建築時は仮図書館などに当てられたが、戦時体制下にはその一角の銃器室のスペースが大きくなった。[21] さらに戦後は実験室や書庫等にあてられた。一階・二階の通路には掲示場がある。一階のそこで学生は求人広告を見る。そして二階から五階までは大講堂である。そこは階段式になって、多人数を収容できる。収容の能力は約三〇〇〇人といわれる。椅子は建築時には四人掛一二六個、三人掛一一六個、二人掛八個が設置された。しかし、のちに加藤五六（前出、のち理事長）は「後で聞いたところでは、今も残っている二階を支えている柱もあと五万（一本二万五〇〇〇円）ぐらい出せば取ることができたのにということでした」（平成二年五月三〇日、明治大学百年史編纂の座談会）と障害になる座席の間の柱のことを悔んでいる。天井の窓ガラスからは光線が入るようになっている。舞台の上部に平安期など古代の人物の装飾があるがこれが奈良平安式の由縁である。また大講堂の周辺には二階に書庫、三階に貴賓室・研究室、四階に会議室・研究室、五階に映写室などがある。貴賓室は常時使用するわけではないが、部屋の使用目的上、とりわけ荘厳かつ好位置に設置された。地下は正しく『明治大学駿台新報』昭和二八（一九五三）年七月五・一五日合併号の見物記が見出しに「その名ぞ〝迷路大学〟」と表現する通りである。いわば「雑居ビル」化は年々進行したようである。しかし同紙はこうした環境の中でも「地下に咲く明大愛」と題して三万人学生のために地道に働く人たちの部屋としての「小使室、掃除婦室」を訪問している。また、この地下室に大学当局は昭和三六年四月より印刷所を置き、学内印刷物の作成に当たった。同資料によれば、そこは旧大工室であったという。それ以前は防空室があった。しかし、何といってもこの地下室の「主」はサークルである。作家中沢けいによればここが「迷路となった理由は、各種のサークルが勝手に間仕切を作って利用していたことがある。私が入学した時分に所属したサークルもその一隅にあった。不思議な匂いのする部屋だった(22)」という。ただし、この記念館は長い年月を経る中で改修も行われた。とりわけ大きなものは昭和三五（一九六〇）年の夏休みになされた内部改修である。それは秋に予定されている創立八〇周年記念式典の会場とするためであり、壁の塗り替え、照明の交換、椅子の修理等をした。それほどの工事ではないが、昭和一四（一九三九）年一月には便所の改造をし、大便所・小便所全部の移転、防水等々をしている。

この記念館は幸い大きな天災にあうこともなく、戦災も最小限ですんだ。そのことが六七年間も生きながらえた一因であろう。

(2) 記念館の外

次にその記念館の扉を開いて外に出る。石段がある。ここはどのぐらいの人が立って、向かいの往来や建物を見わたしたのだろうか。そしてどのくらいの人がここにたたずんだり、記念写真をとったのだろうか。例えば昭和五（一九三〇）年四月二六日に本学を見学に来たフィリピン観光団の一行は記念写真を撮るべくここに立った。学生たちは戦地に征く時や無事帰還した時、自然とここに立った。評論家の秋元秀雄が「復員して大学に戻り記念の階段に行けば、仲間が必ず帰ってくる。そんな予感で集まってくるのだった」と回想している。[23]入試において受験生や保護者は食事をとるためここに座った。前庭へ出て、上を見る。昭和三年五月五日付の『明治大学駿台新報』所収「新築記念館講堂拝観記」によれば、正面入口の上部に「森永キャラメル子」が鐘を鳴らしているマークがあるという。なぜそのように呼んだかといえば、まぎれもなく「森永キャラメル」のマークに似ているからである。だが、森永製菓の創立者・校友の森永太平と関係があるのか、どうかは分からない。その下部には円型ステンドグラスが組み込まれている。そこでは老若男女二〇名が太陽の下で万歳をしている。いかにも「権利・自由」を標榜する明治大学、「デモクラシー」が高揚した大正期の名ごり、海外へ進出する昭和初期の時代性を表現している。

記念館の柱は洋風、とくにグレコローマンの様式を表すものが目に付く。ところで各外壁柱の上部には銅板による装飾がほどこされている。日本溶射工業会によれば、この溶射（メタリコン）技術は大正九年、スイスから日本に導入されたもので、当時としては一級の技術という。

さて、記念館の前面は中庭となっている。ここは創立者の胸像（二代目、昭和四〇年一〇月作）などの石碑がある。この付近は地形上、湧水に恵まれ大正一五年の第一期工事の際は古井戸を二ヵ所発見し、埋め立てている。また昭和一九（一九四四）年七月には女子学生が井戸あとに落ちている。記念館階段から正門にかけて板垣を作り、また表の鉄柵に鉄板を取り付けたのは昭和九（一九三四）年一月一四日のことである。学校当局の説明では記念館の学生の「日向ボッコ」姿が授業をうけずブラブラしているようにとられるから覆うという。また間垣にして男女の教場を仕切るためともいう。しかし、昭和九年一月二〇日付の『明治大学駿台新報』では「予科騒動の防止策？」としている。記念館の柵は建立当時から設けられているが、いく度か取り替えられており、その時の学校事情を反映した。その柵の一角に門が二ヵ所ある。第一校舎よりのものが正門とされた。復興工事とともに設けられた正門に門衛詰所が完成したのは昭和八年のことであり、その一一月六日より「門衛」が配置された。前を市電が通り一見のどかな光景であったが、その騒音に大学は悩まされた。

5　記念館の利用

(1)　使用規定

待望久しく、完成間近にひかえた記念館は多くの人々により、あらゆることのために利用されることが予想された。そのために利用・使用上のことについて検討しなければならなかった。例えば完工直前の昭和三年二月二〇日にも「学友会総務ヨリ建議ニ係ル記念館学生使用規定草案ニ関スル件」[24]を審議している。ただ、講堂の使用規定は少なくとも復興式典から約一ヵ月後の五月段階でもまだ定められていない。それは昭和三年五月一二日付の『明治大学駿台新報』の「大ホールの使用」という記事から分かる。同紙によれば審議中の講堂使用規定にある、使用料昼間七〇円程度、夜間一二〇円程度ということでは学内学生団体には相当な負担であり、自由に使用するという復興当初の意義に反するというものである。またこの五月段階では講堂使用規定はできていないことも分かる。その規定がいつ成立したかは分からない。しかし「記念館関係書類」[25]（昭和三年四月～）では、その使用願は九月二一日の三科会からのものから綴じられている。また、講堂使用料がいくらに設定されたかはわからない。同年一二月一日付『明治大学駿台新報』は再び記念館使用規定の記事を掲載している。それによれば学生の総務委員会で審議する予定であるという。

(2) 講堂利用の実態

このように論議されるということは記念館の需要は高かったことでもある。そのことはさきの「記念館関係書類」や「記念館催会参考綴」（昭和四年一〇月～）に綴込まれた使用願の多さからも分かるが、また昭和四年六月二二日付の『明治大学駿台新報』の記事からも知り得る。それによれば昨年一〇月から六月まで、使用総回数は四二回、内大学主催三、学生主催三一、校外主催八であり、会合の種類は学術講演会一四、構内学生各部大会八、音楽・映画等一七、その他三という。

そこで、以下、記念館使用の実態を追ってみる。その際、(1)場所は講堂を主にすること、(2)活動の分野をおおまかに分ける、(3)すべてはとりあげきれないので、おもな目に付くことを中心とすること、を断っておく。まず長い歴史の中で記念講堂が厳粛なムードになったのは式典の時であろう。そのうち、入学式・卒業式についてはさっそく昭和四年三月（卒業式）から使用された。当初は収容に余裕のあった講堂も学生数が増加するにつれて限界となり、場所や方式に試行錯誤のすえ、昭和三六年三月二五日卒業式（学部卒業生六八七〇名）、四月一〇日の入学式（新入生八七三四名）は東京都体育館を借用して挙行した。さらに昭和四〇（一九六五）年度卒業式以降は今日まで日本武道館を借用している。当然卒業式や入学式以外の学校行事でも記念館は使用された。また駿台祭のセレモニーでも使用された。それ以外の、ごくまれに行われる式典のなかには規模の大きなものや印象に残るものがある。とくに昭和四年四月二八日に行なわれた女子部の開校式はきわめて歴史的に注目すべきことであった。だが何といっても記念式典は雄大かつ豪華に記念館を彩る。例えば昭和六年一一月一日の創立五〇周年記念式典は祭典一色に塗りつぶされ、七日間にわたり、講堂を中心になされた。その賑々しさは一年繰り上げて行なった昭和一五（一九四〇）年の六〇年周年、昭和二五（一九五〇）年の七〇周年、昭和三五年の八〇周年も同様であった。このうち七〇周年の際は、一月一七日、昭和天皇の「御臨席を仰ぎ本学総長鵜沢祝典委員長の下に盛大に挙行され[26]」た。また各学部等の記念式典も講堂を中心になされた。

そのような祝典とは対照的な式典もあった。それは昭和一六（一九四一）年一二月九日、すなわち宣戦布告の翌日に行なわれた詔書拝読式が典型的な例である。当日、式典は「厳粛に挙行」され、講堂には「大日本帝国万歳三唱[27]」がとどろいた。厳粛であるとはいえ、おごそかに哀悼をおびた式典は昭和三〇（一九五五）年一二月二四日の鵜沢総長の葬儀であり、会葬した者は五〇〇〇人を数えた。

講演会もしばしば行なわれた。例えば昭和七（一九三二）年五月二五日には明治大学広告研究会主催の広告研究大講演会が開催された。百貨店や広告などについての講演がなされたが、「今日は帝劇、明日は三越」の時代をよく表している。また昭和四年六月一八日の政経学部発会講演会では、平林たい子が婦人解放・男女平等を唱えた。さらに昭和一一年一〇月二九日、同会において鳩山一郎は官僚の政治権力集中を批判し、政党による責任政治を主張した。しかし戦時体制が進行するにつれ講堂では昭和一四年五月三〇日・六月二〇日のように日独伊防共協定による文化協定の講演会（ミュンヘン大学オット・ケルヨイテル教授、ローマ大学カルロ・フォルミッキー教授）、あるいは同一六（一九四一）年六月二七日のような精神国防海洋研究大講演会の類が増加した。しかし、一転して敗戦後の植民地時代になると昭和二五年一一月一七日にはマッカーサー元帥、金融経済顧問ジョセフ・エム・ドッジの講演もなされた。そして三〇年代、労働運動・社会運動隆盛のさなか、そのことに関する講演会も行なわれた。昭和三四（一九五九）年六月一一日に行なわれた松川事件に関する講演会では、広津和郎らが熱弁をふるった。むろん雄弁大会もしきりに行なわれた。本学女子雄弁部が昭和六（一九三一）年一一月二一日に第一一回大会を開き、女子の覚醒を唱えたのもこの講堂である。このように雄弁部ほど、記念館落成により恩典をうけたところはない。故三木武夫元首相のように、彼らは大会で口角泡を飛ばした。大会だけではなく、彼らは練習時にも演壇にのぼり自己に陶酔した。学生による自治活動でも記念館、とくに講堂は学生大会や団交等々さかんに利用された。例えば昭和四年六月一六日には第九回予科自治大会が、昭和三〇年六月一〇日には第八回全学連大会が開催された。大学紛争時には講堂ではなく記念館屋上に籠城することもあった。また前出の昭和四年六月二二日付の『明治大学駿台新報』記事にも見うけられるように、講堂では音楽・演劇・映画等の芸術・芸能関係の催しものや練習が多くなされた。昭和五年九月三〇日に山田耕筰を招いて行なわれた応援歌の練習等々である。さらに昭和三〇年四月一六日の校友会主催によりラジオによる「公開録音と演芸の集い」では会場に約二〇〇〇名が集った。この時代はまだ「ラジオの時代」であった。さらに同年六月一六日に「全明治合唱祭」が行われた。このころ、街中のうたごえ喫茶はどこも盛況であった。時には、講堂でスポーツもなされた。昭和一六年六月二一日には本学空手部主催による第一回全日本学生空手道演武大会が開催された。記念講堂は学外にも開放された。例えば昭和六年六月八日にお茶の水橋落成祝賀会が該講堂で開催されている。

さまざまな事例をあげてきたが、とても紹介しきれない。要するに記念館講堂は多数の人々に、多分野にわたり利用されたということである。記念館で喜んだもの、悲しんだもの、熱弁をふるったもの、さまざまである。昭和二八年四月三〇日、ジャーナリスト小石堅司は自著『明大生活』(28)の中で「本館は学生で充満している。人間がハミだしてこぼれそうだといっても過言ではない」と記念館を中心とした本館の「盛んなエネルギー」のさまをレポートしている。

本章を終えるにあたって最後に記しておきたいことがある。それは記念館が明治大学イコール記念館とまでシンボル化された点である。記念館は映像に、グッズに、書籍にといたるところで明治大学の顔となってきた。この実例も示せば枚挙にいとまがない。したがって、ここでは何点かを提示するだけにとどめたい。記念館さよならイベントの際の記念館歴史展（平成七年一一月）では多くの方により、記念館に関する貴重な記念品を寄贈・寄託していただいた。そこには大学復興記念絵葉書、創立五〇周年記念式典のために作られたペン皿、卒業記念品として製作された校歌入りオルゴール、同じ頃作られたカフスボタンやマッチ、記念館が描かれた絵皿、メダル、壁掛け、記念館が横長に彫り込まれたネクタイ・ピン、記念館が形どられた置時計、さらにソノシート等々が見うけられる。

おわりに

だれがどのようにみても記念館は文明開化の頃、銀座に建てられたあの瀟洒なレンガ造りのようなものではない。さりとて、明治期に規格化され、以降、次々と各地に建てられた例の校舎のようでもない。それは思いもかけない災難にみまわれつつも三たびよみがえった。いわば「不屈」、「剛直」、「巨艦」、「大鳳」という形容が許される気がする。その記念館は学内外の多くのことをながめ、包み込み、永年を生きてきた。それはいつしか学園の、地域のシンボルとなり、人々の心の拠り所や、エネルギーの源となった。確かにこの記念館という建物自体はなくなった。だが、記念館の残したこのような遺産は永遠にうけつがれていくことと思われる。

注

（1）「南甲賀町校舎平面図」。
（2）木下友三郎挨拶『明治学報』第二三号。
（3）『明治大学五十年史』明治大学、昭和六年一一月。
（4）同前書。
（5）『明治大学学報』第八四号。

（6）『明治大学五十年史』明治大学、昭和六年一一月。
（7）『明治大学駿台新報』大正一五年一〇月一六日付。
（8）『明治大学学報』第一二八号。
（9）『明治大学駿台新報』昭和二年八月二七日付。ご子息の大森喬氏のご教示もいただいた。
（10）『明治大学駿台新報』大正一三年一〇月一三日付。
（11）『明治大学学報』第一二一号。
（12）『明治大学駿台新報』大正一五年一〇月九日付。
（13）『明治大学駿台新報』大正一五年一一月一二日付。
（14）『明治大学駿台新報』大正一五年一〇月二三日付。
（15）『明治大学駿台新報』大正一五年一一月一二日付。
（16）『明治大学学報』第一二一号。
（17）無題、明治大学史資料センター所蔵。
（18）『日本大学九十年史』日本大学、昭和五七年九月。
（19）『専修大学百年史』専修大学、昭和五六年三月。
（20）『明治大学学報』第一三八号。
（21）昭和二一年三月二四日「私立大学学部学則中改正について」国立公文書館所蔵。
（22）『さよなら記念館』明治大学、平成七年一一月。
（23）『さよなら記念館』明治大学、平成七年一一月。
（24）明治大学史資料センター所蔵。
（25）明治大学史資料センター所蔵。

(26)『明治大学新聞』昭和二五年一一月一五日付。
(27)『明治大学新聞』昭和一六年一二月一七日付。
(28)現代思潮社、昭和二八年四月。

(付)

本章の資料やその詳細な出典については、明治大学『歴史編纂事務室報告』(第十七集)所収の拙稿「明治大学記念館の歴史とその資料」も参照されたい。

あとがき

本書の刊行目的は冒頭の「刊行にあたって」で記したように、「生きた」大学史活動とは何か、どうすべきかということを模索してきた筆者のつたない蓄積を世に問うためである。ただし叙述の範囲は資料の調査収集論から研究、さらには社会参画論まで、かなり幅広いものとなってしまった。また大学史活動の定立をめざして気負った部分も少なくない。

それでもこれら各論考には大学史活動に加わって以降の、喜怒哀楽をも含めた気持や気概が込められていることだけは確かである。またこうして刊行できたのは、実に多くの方々に教えていただいたり、またお世話になったからである。想い起すと、たくさんの顔が思い浮ぶ。とくに調査先の皆さん、明治大学の大学資料センターのメンバー、全国大学史資料協議会の同士等々、お名前をあげたら多くの頁数を要するので、ここでは割愛させていただきたい。

次に、本書収載の論稿の初出等を掲げたい。

Ⅰ　大学史活動の研究

一　大学資料館の開設（「大学史活動の広がり」改題　広島大学文書館『広島大学文書館紀要』第七号　平成一七年三月）

二　大学資料の調査・収集（「資料の調査・収集をめぐる諸問題」改題　全国大学史資料協議会

『研究叢書』第2号　平成一三年三月）
三　自校史教育の歴史と現状・課題（「明治大学における授業『日本近代史と明治大学』について」改題　全国大学史資料協議会『大学アーカイヴズ』No・23　平成一二年一一月、新稿）
四　大学史活動と地方（『日本の大学アーカイヴズ』全国大学史資料協議会　平成一七年一二月）
五　大学史活動の経緯と課題（明治大学史資料センター『大学史活動』第三十集　平成二〇年一二月）
六　大学史活動の社会的使命（二〇〇九年度全国大学史資料協議会全国大学基調報告大会テーマ（大学史の社会的使命）の意義　平成二一年一〇月）

II　大学史の研究
一　学校創立者・教師と地方（「地域と生活からみた宮城造蔵」明治大学史資料センター『明治大学史資料センター事務室報告』二十七集　平成一八年三月）
二　校友からみた高等教育（「天童が生んだ人物　明治・大正期の教育者」天童市立旧東村山郡役所資料館　平成一六年六月）
三　近代史の中の郷土（『尾佐竹猛研究』明治大学史資料センター　平成一九年一〇月）
四　地方法律学校の「発掘」と基礎的考察（「校友が創った学校（その1）」明治大学史資料センター事務室『歴史編纂事務室報告』平成一〇年三月）〈その2〉「校友が創った学校（その

2)」明治大学歴史編纂事務室『歴史編纂事務室報告』第二十一集　平成一二年三月)
五　地域と高等教育からみた明治中後期中等教育(「地域と高等教育から見た明治中後期中等教育」明治大学史資料センター『大学史紀要』第十三号　平成二一年三月)
六　学校建築の歴史的研究(「記念館の歴史」明治大学広報部『明治大学記念館』平成八年六月)

なお、「刊行にあたって」の中で拙稿「宮城浩蔵　その人と思想」明治大学校友会山形県支部『近代を拓いた明大創立者　宮城浩蔵』平成二一年九月)の一部を利用した。

かつて『村史　千代川村生活史』という自治体史書に、「腐る本」と「腐らない本」ということを書いたことがある。「腐る本」とはすぐに役に立たなくなるもので、「腐らない本」とはずっとためになるものである。そして同書では「腐らない本」をめざしましょうと言いたかったのである。もっとも「腐る本」でも全くの無用な存在ではないことも付け加えた。即効性とか、実用性の面からすれば存在意義は十分にある。とはいえ、やはり今でも寿命の長い「腐らない本」にこだわることには変りない。

ところが欲求はますます高まり、不遜にも「腐らない本」でもすぐに役立つものは書けないものかと思うようになった。書けないかもしれないが、心掛けることはできそうなので、筆をとることにした。結果として目的を達成できたのか、否か、大方の御教示を願うしだいである。

本書刊行に当たっては日本経済評論社代表取締役の栗原哲也氏、出版部の谷口京延氏にはとりわけお世話になった。末筆ながら謝意を表したい。

【著者略歴】

鈴木秀幸（すずき・ひでゆき）

千葉県鴨川市に生まれ、育つ。明治大学（学部・大学院）で学んだのち、埼玉県の公立高校の教員となる。その傍ら、恩師・木村礎先生の指導を受けつつ、幕末維新期の地方庶民文化史を研究する。明治大学入職後は、百年史の編纂、大学史資料センターの設立・運営あるいは歴史学・教育学の授業に当る。2008年に学位（史学博士）を取得する。この間、同大学調査役、千代川村史編さん専門委員長、全国大学史資料協議会々長などを務める。

大学史および大学史活動の研究

2010年10月18日　第1刷発行　定価（本体3200円＋税）

著　者　鈴　木　秀　幸

発行者　栗　原　哲　也

発行所　株式会社　日本経済評論社

〒101-0051　東京都千代田区神田神保町3-2

電話　03-3230-1661　FAX　03-3265-2993

E-mail：info8188@nikkeihyo.co.jp

URL：http://www.nikkeihyo.co.jp/

装幀＊渡辺美知子　印刷＊シナノ印刷・製本＊高地製本所

乱丁・落丁本はお取替えいたします。　Printed in Japan

ISBN978-4-8188-2109-5

明治大学史資料センター編
尾佐竹猛研究
A5判　四五〇〇円

吉野作造らと明治文化研究会を組織し、明治大学の建学理念と深く関わった尾佐竹の維新史、文化史、憲政史を中心に、人と学問そして事蹟を幅広く論じる。

村上一博編著
日本近代法学の揺籃と明治法律学校
A5判　四三〇〇円

人々の権利と自由に必要な法学の普及とそれを担う法曹の養成を目的として開校された明治法律学校（明治大学の前身）の資料により黎明期日本法学教育の発展を実証的に解明する。

渡辺隆喜著
日本政党成立史序説
A5判　六八〇〇円

近代日本の政党形成期（明治前期）を中心に、地租軽減の自由民権運動の消長を考察しながら、地域の利害を反映させた政党の形成過程をみる。

木村　礎著
戦前・戦後を歩く
―歴史家の語るわが人生―
四六判　二九〇〇円

日本村落史研究に半世紀近くを充てた著者が、明治大学を去るにあたってまとめた自伝的七〇年史。あの太平洋戦争をどうとらえるか、それは歴史家として重い課題であった。

木村　礎著
少女たちの戦争
四六判　一六〇〇円

勤労動員として徴集された東京下町の女学校の生徒たちは、昭和二〇年の東京大空襲を境にそれぞれ数奇な運命をたどってゆく。当時彼女たちの教師であった著者が綴る。

（価格は税抜）

日本経済評論社